の言語認識

語」という

想

イ・ヨンスク

岩波書店

はじめに――言語と「想像の共同体」

言語とは、人間にとって最も自明な何かである。素朴な話し手が母語を話すとき、話し手は、自分が何語を話そうと意識して話しているのでもないし、また文法家がするように、その母語の規則に引きあてながらことばを発しているのでもない。そのような話し手にとって、自分が「〇〇語」を話していると教えられる知識そのものが本質的に疎外された知識であろう。この意味において、ある個人が、自分が〇〇語あるいは「国語」を話していると教えられ、意識させられたとたんに、人間にとっての、ことばの新しい歴史が、すなわちことばの疎外の歴史が始まるのである。

すなわち、わたしたちは、とくに反省的意識を介入させないときには、対象化された「〇〇語」を話すのではなく、ただ「話す」だけである。しかし、「話す」ということに根拠が求められたり、なんらかの目的意識が芽生えるならば、「言語」はわたしたちの「話す」という素朴な行為に先立って存在する実体として君臨するようになる。つまり、「話す」ことが「言語」を作りだすのではなく、どこかに存在する「言語」というものが「話す」ことの隠れた基礎と見なされるようになる。その時はじめて人間は、迷いなく「言語は伝達の手段である」という定義を下すことができよう。なぜなら、それまで言語は、言語外的状況から意のままに抜き出すことのできる「手段」ではなかったはずであるから。たしかに「言語は伝達の手段である」という定義は、完全に誤りであるとはいえないにせよ、言語の歴史的な疎外性を忘れさせるという点で、それだけでは虚偽たらざるをえない。

したがって、言語が人間の話す行為から離れて存在する実体として想像されることと、言語がコンテクストから任意に抽象することのできる中性的な道具であると認識することは、ひとつのコインの裏表の関係をなすといえる。その点からいえば、言語を民族精神の精髄とみなす言語ナショナリズムと、言語をあくまでコミュニケーションの手段としてしか考えない言語道具観は、おなじ言語認識の時代の双生児なのである。こうして高度なイデオロギー性を帯びた、まさに「言語」の時代が始まるのである。

ベネディクト・アンダーソンは、言語は「想像の共同体を生み出し、かくして特定の連帯を構築する」(1)能力をもっていると述べている。なぜなら、「いかに小さな国民であろうと、これを構成する人々は、その大多数の同胞を知ることも、会うことも、あるいはかれらについて聞くこともなく、それでいてなお、ひとりひとりの心の中には、共同の聖餐《コミュニオン》のイメージが生きている」(2)からであるという。そこにおいて言語は、まさにこの共同の聖餐の場であり、聖霊を浴びたパンであり、あるときは、その聖餐の主宰者でもある。

アンダーソンによれば、この「共同の聖餐」は、その集団が「ひとつの言語」を共有していることを暗黙の前提にしている。ところが、ある社会集団が同一言語の共有を意識し、そこに大きな価値を見いだすということは、いったい、いつでも、どの場所にでも生ずる疑うことのできない自明の事実だろうか。アンダーソンは、「ネーション」とは、眼に見える制度ではなく、「イメージとして心に描かれた想像の政治共同体」だという。けれども、言語そのものの同一性も言語共同体の同一性も、「ネーション」の同一性に劣らず想像の産物なのである。すなわち、ひとつの言語共同体の成員は、たがいに出会ったことも、話をかわしたことがなくても、みなが同じ「ひとつの」言語を話しているという信念をもっている。経験でいちいち確認できない言語の共有の意識そのものは、政治共同体と同様に、まぎれもなく歴史の産物である。そして、「ネーション」という政治共同体と「ひとつの言語」を話す言語共同体というふたつの想像とが重なり結びついたとき、そこには想像受胎によって生まれた「国語」(national language)という御子がくっきりと姿を現わすのである。

よく知られているように、「国語」という制度が近代国民国家を支える必須項目として出現したのは、フランス革命のときであろう。そこにおいてはじめて、フランス語は「国語」(langue nationale)として「国民」(nation)の精神的統合の象徴となった。しかしそのとき、フランスにおいては、ヴィレール・コトレの勅令やアカデミー・フランセーズなどが作り上げたフランス語そのものの同一性の意識がすでに自明の公理となっていた。革命家たちは、このフランス語の伝統をそのままできあいのものとして受け継いだ。

ところが、あらゆる場合において、このように「言語」そのものの同一性、また「言語共同体」の同一性がすでに確立されていて、そこに国家意識あるいは国家制度が注入された結果、「国語」が生まれるわけではない。すなわち、日本の「国語」の誕生の背景は、フランスのそれとかなり異なる。

近代日本においては、「日本語」という地盤が確固として存在した上に「国語」という建築物が建てられたのではない。むしろ、「国語」というはでやかな尖塔が立てられた後に、土台となる「日本語」の同一性を大急ぎでこしらえたという方が真相にちかいだろう。「国語」がさまざまなイデオロギー的洗礼を受けて生まれた概念であることは、いまでは広く認識されているのに対し、「日本語」は言語学的に承認された中立的な客観的実在であると考えられているかもしれない。しかし、「日本語」という何の含みもなさそうなこの概念も、ある種の意識の構えの中からしか生れてこない。こうした「日本語」という概念もまた問題をはらんでいることについて、亀井孝は次のように適切に論じている。

「しかしながら《それではそもそも日本語とはなにか》ともしここにひらきなおってそう問うならば、これはもはやけっして自明の概念ではない。なんらの抽象の操作をまつことなしにすでに言語そのものが一個の統一として実在の対象としてわれわれのまえにまずあるわけではないからである。(3)」

「すなわち万葉集のことばと二十世紀の日本の言語とがその実質においていかにことなったものであっても、なおかつこれらをわれわれがともに〝ひとつ日本語のすがた〟としてうけとるようにみちびかれてきているとすれば、このばあいそれはすくなくとも直接には純粋な意味での言語学の影響によるものではなく、ある固定した観念の独断である。そういう独断は歴史を超越する形而上学的な絶対の存在を暗黙のうちに——いわば神話として——仮定するそういう思想からのひとつの派生である。」(4)

ここでは時間的連続に保証された言語の通時的同一性だけが論じられているが、おなじことはもちろん共時的側面についてもいえる。今、「日本」という政治的・社会的空間に住むあらゆる人々が、何よりもまず、「ひとつ日本語」を話していると信じなければ、概念としての「国語」など成立するはずもない。いうまでもなく、現実の言語にはさまざまな地域的・階層的・文体的変異がかならずある。しかし、たとえそうした変異性がいかにばらばらなものであったとしても、それをまさに「変異」として把握できるのは、背後に共通で同一の尺度があるからこそである。つまり、「国語」の成立にとって、もっとも根本的なのは、現実には、どんなに言語変異があったとしても、それをこえたゆるぎない言語の同一性が存在するという信仰をもつかどうかである。現実の言語変異は二次的なものであり、想像される「国語」の同一性こそが本質的のものだという言語意識が、絶対に必要なのである。

もちろん、「国語」の体制実現のためには、「標準語政策」によってこうした言語変異をできるかぎり消滅させねばならない。しかし、言語の完全な均質性は言語そのものの本性からは実現できることではない。「国語」においては、現実の言語政策のかたわらに、かならず、さきに述べたような想像演出がともなわなければならない。

近代日本の国語意識のありかたをあきらかにしようとする際に、「国語」概念の成立過程が「日本語」の同一性そのものの確認の作業と並行していたことは、しばしば見過ごされがちである。それは、その作業が「国語」というまばゆい建築物をたてるときに、重要でありながら目立たない地盤づくりであるからである。また、「日本語」の同一性とは、手でつかみにくいプラトニックな言語意識でもある。だからこそ、鋭くて、すこぶるこまかい網をもった視覚をもたないかぎり、それはそのまま見逃されてしまう。しかし、「日本語」の同一性を、何の疑いもない自明の前提としているかぎり、「国語」の概念がもつ、あの不思議な威力を解きあかすことは困難であろう。そこで、日本における「国語」の概念が成立する以前にあって、「ひとつ日本語」の存在にまったく確信がもてなかった人たちの思考過程を明らかにしておく作業が、どうしても必要になってくるのである。序章では、まさにこのことを論じた。

日本の「言語的近代」は、そもそも「日本語」という言語的統一体がほんとうに存在するのかという疑念から出発した。「国語」とは、この疑念を力ずくで打ち消すために創造された概念であるとさえいえる。「国語」はできあいのものとして存在していたのではない。「国語」という理念は明治初期にはまったく存在しなかったのであり、日本が近代国家としてみずからを仕立て上げていく過程と並行して、「国語」という理念と制度がしだいにつくりあげられていったのである。

「国語」という概念の起源を論じるさいに、本居宣長以来の「国学」の伝統がとりあげられることがよくある。しかし、わたしはここでそのような視点はとっていない。あくまで、「国語」を日本の「近代」、というよりも「言語的近代」に固有の表現としてとらえている。その理由を説明しておこう。「国学」において「日本精神」と「日本語」との結びつきが明確なイデオロギーのかたちで表明されたことはたしかである。しかし、国学者たちが理想とした言語は、『古事記』などの古代文献のなかにとどめられた、「からごころ」の要素が入りこまない「やまとことば」であった。けれども、それは「国語」ではなかったし、あえていえば「日本語」でもなかった。

たしかに「国語」は「日本精神」と「日本語」との結びつきを表現する究極の概念であった。こうして戦前の植民地においては、「日本語教育」ではなく「国語教育」がほどこされ、それがあらゆる「同化政策」の根幹にすえられたのである。となると、日本の植民地支配の「思想的根拠」には、このような「国語の思想」があったことになる。この「国語の思想」がどのように形成されたのかを調べるなら、日本の植民地主義の思想的根源がいっそうあきらかになるだろうし、他方では、「国語」という概念を手がかりにすることで、日本の植民地支配が近代日本の存立にとって付随的な副産物ではなく、日本の近代そのもののなかに深く根ざした本質的なものであったことを論証することができるだろう。

そして、「国語」は日本が植民地を放棄したのちも生き残った。「敗戦」は「国語」の理念の終焉をしめすものではない。現実の植民地はなくなっても、その「思想的根拠」であった「国語」の思想はけっして滅びていない。「国語と国家と」において「国語」の像をはじめて明確に描き出した上田万年、そしてその上田を継承した国語学者保科孝一が夢みた「国語」の体制は、戦前よりも、むしろ「戦後」の現在の日本の言語状況によほどちかいのである。このことは、「国語」の思想史からみれば、「戦前」と「戦後」のあいだに絶対的な断絶がないことをしめしている。

わたしは、明治初期に「国語」がおぼろげな姿でもって登場してきた状況をふまえたのち、上田万年から保科孝一につらなる系譜をもっとも重視した。もちろん、「国語」の思想を担った重要なひとびとが他にもいることは承知しているが、「国語」の理念を政治的、思想的な面からだけではなく、「言語」に即して理解するためには、この系譜がもっとも決定的な意味をもつと考えたからである。「国語」とはまずなによりも「言語イデオロギー」であるとするならば、「言語」そのものに即した分析のしかたがどうしても必要になる。わたしは、ともすれば思想史、政治史、文学史などに還元されてしまいがちな「言語の思想史」が、それ自体で独自な輪郭と固有の構造をもつことを立証しようという野心をもって本書にとりかかったのである。

わたしは、この「国語」の理念の歴史を、日本の「言語的近代」とのかかわりのなかで言語思想史的な視点から論じていきたい。そうすることによってはじめて、日本の植民地主義の思想史的基盤だけでなく、日本語の「近代」そのものの特質をも浮き彫りにすることができるであろう。

以下に本書の構成を一覧しておく。

序章では、「国語」以前の日本語が自立した統一体としてはとらえられていなかったことを論じる。

第一部「明治初期の「国語問題」」では、明治初期からほぼ明治三十年代までの「国語」概念の変遷を論じる。文字表記と文体の問題は、のちに「国語」の内実が問われるようになったときに最大の問題となったが、第一章と第二章のふたつの章はその歴史的前提を理解するためのものである。第三章では、明治初期から明治三十年ごろまでの時期を対象として、「国語」概念がどのような思想的背景のもとにつくりあげられていったかを跡づける。

第二部「上田万年の言語思想」は、近代日本における「国語」理念の形成のうえで決定的な役割をはたした上田万年の思想をとりあげる。第四章で上田の伝統的国学批判と近代言語学の受容という側面をとりあげたのち、第五章では、有名な講演「国語と国家と」にさまざまな方面から光をあて、上田の言語思想の基盤を明らかにする。第六章は、上田が、近代言語学にもとづく国語学の創出と標準語制定に代表される国語政策とのあいだをどのように結びつけていたかを論じる。

第三部と第四部は、上田の忠実な弟子ともいえる保科孝一の活動をとりあげる。

第三部「国語学と言語学」は、近代日本における「国語学」のありかたと保科孝一の構想した「国語改革」の方向づけとの関係を論じる。第七章を国語学者保科孝一の概括的な紹介にあてた後、第八章では「国語学史」のパースペクティヴをめぐる言語学と伝統的国語学との対立を論じる。さらに第九章では、「言語学」と「伝統的国語学」が学問的にきびしい対立関係にあったばかりでなく、「国語」の理念をめぐる「国語学」と「言語学」との対立が、すぐさま現実の「国語問題」における保守派と改革派の立場に結びついていたことを論じる。保科孝一とともに、山田孝雄と時枝誠記もこの第三部の主役である。

第四部「保科孝一と言語政策」は、ある意味で本書のもっとも重要な部分である。保科孝一は、上田万年がうちたてた「国語」の理念に忠実にしたがいながら、ほぼ五十年にわたって日本の「国語政策」を主導してきた。ここでは、保科は国内における「国語教育」の分野だけでなく、国外の植民地統治における「国語政策」にどのように関与していたのかを、時代的文脈のなかで論じる。まず第一〇章で「標準語」の概念について論じたのち、第一一章では植民地朝鮮、第一三章では「満洲国」、第一四章では「大東亜共栄圏」に対してそれぞれ保科がおこなった政策的提言を分析することで、保科の「国語」の理念の内実を明らかにする。また第一二章では、近代日本における「同化」概念と言語政策との関連を論じる。

なお文献の引用のさいには漢字の旧字体を新字体に改めた。ただし、仮名遣いは原文にしたがう。原文のルビ・傍点・圏点などは省いた場合がある。注は巻末に一括した。

目　次

はじめに――言語と「想像の共同体」

序章　「国語」以前の日本語――森有礼と馬場辰猪の日本語論……1
一　森有礼の日本語論……1
二　馬場辰猪の森有礼批判……14
三　馬場辰猪の言語的空白……22

第一部　明治初期の「国語問題」

第一章　国字問題のゆくえ……28
一　「書くこと」と言語の表象……28

二　前島密の漢字廃止論……32
三　洋学者の仮名文字論とローマ字論……36
四　明治十年代の国字改良運動……40
五　明治三十年代の国字問題……45
第二章　言文一致と「国語」……54
一　言語的危機と言文一致……54
二　国字改良から言文一致へ——前島密・西周・神田孝平……58
三　物集高見とチェンバレンの「言文一致」……61
四　東京語と言文一致……68
五　普通文と言文一致……75
六　帝国意識と言文一致……78
第三章　「国語」の創成……84

一　「国語」の受胎……84
二　明治初期における「国語」概念の変遷……89
三　大槻文彦と「国語」の成長……97
四　「国語」の理念の創成……101

第二部　上田万年の言語思想

第四章　初期の上田万年……112
一　「国文」から「国語」へ……112
二　青年文法学派と全ドイツ言語協会……123
1　青年文法学派の「上からの革命」……124
2　全ドイツ言語協会の言語純化運動……130
第五章　「国語と国家と」……139
一　「国語」の政治的洗礼……139

二　〈母〉と〈故郷〉……146
三　「国語」のために……153
第六章　「国語学」から「国語政策」へ……158
一　国語学の構想……158
二　標準語と言文一致……163
三　国語政策と国語学……173
四　教育される「国語」……177
五　〈国語〉から〈帝国語〉へ……180
六　その後の上田万年……185

第三部　国語学と言語学

第七章　忘れられた国語学者保科孝一……192
一　上田万年から保科孝一へ……192

二　「国語」と植民地……199
第八章　国語学史をめぐって……208
一　国語学と言語学……208
二　保科孝一の『国語学小史』……212
三　国語学の体系化……217
四　山田孝雄の『国語学史要』……224
五　時枝誠記の『国語学史』……226
第九章　国語の伝統と革新……231
一　言語学と「国語改革」……231
二　仮名遣い改定をめぐって……237
三　山田孝雄と「国語の伝統」……240
四　時枝誠記と言語過程説……249

第四部　保科孝一と言語政策

第一〇章　標準語の思想 …… 262
一　「標準語」と「共通語」 …… 262
二　「方言」と「標準語」 …… 265
三　「標準語」から「政治的国語問題」へ …… 269
第一一章　朝鮮とドイツ領ポーランド …… 272
一　朝鮮とポーランドの「二重写し」 …… 272
二　国語教育と同化政策 …… 276
三　『独逸属領時代の波蘭に於ける国語政策』 …… 280
四　「学校ストライキ」と「三・一独立運動」 …… 285
第一二章　「同化」とはなにか …… 293
一　植民地政策と同化政策 …… 293

二　植民地朝鮮における「民族語抹殺政策」……300
三　「同化」とはなにか――「教化」と「同化」……305
第一三章　満洲国と「国家語」……315
一　多民族国家「満洲国」……315
二　「政治的国語問題」と多民族国家……317
三　オーストリア゠ハンガリー帝国における「国家語」論争……321
四　「国家語」の構想……326
第一四章　「共栄圏語」と日本語の「国際化」……336
一　「満洲国」における「カナ国字論」……336
二　『大東亜共栄圏と国語政策』……340
三　『世界に伸び行く日本語』……344
四　第一回国語対策協議会……348

五　第二回国語対策協議会……354
六　国語改革と日本語の普及……360
七　「国粋派」の反撃……363
八　「共栄圏語」の夢……369
結　び……372
注……381
あとがき……427
岩波現代文庫版あとがき……429
参考文献

序章　「国語」以前の日本語——森有礼と馬場辰猪の日本語論

一　森有礼の日本語論

明治以降の日本において national language としての「国語」の積極的価値が論じられるとき、必ずといっていいほど引き合いに出される人物がいる。ただし、それは、その人物が熱烈な「国語愛」の模範を示したからではなく、むしろ逆に、許すことのできない言わば「言語的売国奴」がかつていたということを思い起こさせるためである。その人物とは、明治政府の初代文部大臣となった森有礼のことである。

当時アメリカ弁理公使の任にあった森有礼が、イエール大学の著名な言語学者ホイットニー(W. D. Whitney)に宛てた一八七二年(明治五)五月二一日付の書簡[1]、そして一八七三年(明治六)刊行の英文著作『日本の教育(*Education in Japan*)』の「序文[2]」で示したいわゆる「日本語廃止論・英語採用論」は、それ以後非難のまとになることはあっても、支持されることはまったくなかった。森の議論は、軽率な愚論として嘲笑されるか、言語道断な暴論として攻撃されるかのいずれかであった。けれども、その嘲笑や攻撃は、必ずしも森の議論を正確に理解したうえでのものではない。以下にその代表的ないくつかの例を見てみよう。

「明治の初め、森有礼が弁理公使として亜米利加合衆国に居つた時、わが国語は欠点が多くて教育上の役には立たないといふことを説いて、国語を全廃して英語を以て国語としようと考へて意見を発表して、欧米の学者の意見を求めたことがあつた。それを受けた欧米の学者はその大胆極まる計画を冷笑するもの、(セイスの如く)又その無謀な企が国家の基礎を危くするものであると教へたもの(ホイットニーの如く)もあり、又返事をしなかつた人もあつた。」(山田孝雄[3])(傍点引用者)

「江戸時代の国学者が、当代の口語を俚言とし、俗語としてこれを卑め、ひたすら古典の言語に憧れたやうに、明治時代の人々は、先づ自己の言語文字の混乱の甚しいことに対して悲観説を抱いた。〔……〕あるものは、ひたすらに欧米の言語文字に憧れ、国語を廃して欧米のそれを採用することを以て理想とした。森有礼の国語廃止論はあまりに有名であるが、高田早苗、坪内逍遥の主張の中にもそれと同じやうなものがあつた。」(時枝誠記[4])

「明治の初年に、森有礼が、日本語廃止、英語採用論を唱へ、アメリカの言語学者ホイットニーにたしなめられたことは、有名な話であるが、当時、このやうな考へを持

つてゐたものは、必ずしも森一人に限らなかつたやうである。」(時枝誠記[5])
「明治の初年に森有礼、すなわち後に文部大臣になられた森子爵が、日本語のすこぶる複雑にして不規則であるのに鑑み、これによつて国民教育の実績を挙げていくことのはなはだ困難であるのに気付かれまして、むしろ英語によつて教育する方が得策でなかろうかとゆう意見を抱かれたことがあります。」(保科孝一[6])
「西洋のすぐれた文明に接したわが知識人のうちには、その西洋崇拝のあまり西洋語をもつて国語に代えようとする国語変革論すら現われた。支那大陸の文明を背景として漢字・漢文が初めてわが国にはいつてきた時、たちまちそれが公式な文字・文章とされたと同じ現象は、明治維新に際しても起つた。即ち明治五年森有礼がアメリカへ大弁務使として行つていたときに発表された英語採用論が、この現象を代表する。」(平井昌夫[7])
「当時の我が国の思想家や有識者の多くは西洋文明こそが唯一の文明であると信じ、それに同化することが日本を切り開くと考えていた。従ってヨーロッパの「音韻文字」にひかれており、進んでヨーロッパの言語を国語として採用しようとする国語変革論まで生まれた。明治五年六月、後の文部大臣森有礼は、大弁務使として米国滞在中、漢文の代わりに英語をもって日本語とする説を、エール大学言語学教授ホイットニー(W. D. Whitney)に送った。」(大野晋[8])(傍点引用者)

ここで森有礼の罪状をあばく検事さながらの陳述には、曖昧で奇妙なものが含まれていることを見のがしてはならない。森の意図するところを正しく把握しないままに議論を進めていくこの手法には、日本人の言語意識を解くひとつの鍵がかくされているからである。

第一、森がなにを目指したかにかんしての論者の記述はまちまちであり、しかもその記述自体に曖昧な点がみられる。たとえば、山田孝雄は、森有礼が「国語を全廃して英語を以て国語としようと」したというが、「国語を全廃して英語を以て国語」とするとはいったいどのような意味なのだろうか。この意味不明の文を理解可能なものとするためには、はじめの「国語」は日本語のことを指し、つぎの「国語」は「国家の言語」あるいは「公用語」を指すというように解釈しなければならないだろう。しかしそのとき、文意は鮮明になるが、山田の「国語」という語の使い方がきわめて乱暴なものだということがよくわかる。

大野晋は、森有礼が「漢文の代わりに英語をもって日本語とする」ことをめざしたというが、これは先の山田のことばと同じく曖昧な文である。この文を理解するためには、「日本語」を言語の固有名詞としてでなく、「日本で用いられる言語」という普通名詞としてとらなければならないだろう。

わたしはささいな点をあげつらって、あげ足とりをしようとする意図は、まったくない。どうして、後世の論者たちがひとりとして森有礼の主張を的確に理解することができなかったかということに注目したい。それは、森有礼の議論の前提となっている言語意識が、明治以降に確立したそれとは根本的に異なっていたからである。いまは自明となっている「日本語」や「国語」という概念も、森有礼の言語認識の枠組みのなかでは、とうていつかみきれないかすかな煙のような徴候にすぎなかった。

しかし、森をとりあげる論者たちは、このような細かいけれども重要な点にはまったく関心がないようである。時枝誠記がまとめたように、「明治の初年に、森有礼が、日本語廃止、英語採用論を唱へ、アメリカの言語学者ホイットニーにたしなめられたことは、有名な話である」というおおざっぱでありつつ、しかもセンセーショナルな面をそなえたあらすじがあれば十分だった。こうして、その議論がつぶさに検討もされないまま、森有礼は西欧崇拝のあまり「日本語廃止、英語採用論」を説き、それを英語国民であるホイットニーに逆にたしなめられたという言い伝えがひとり歩きしてしまうことになった。

いったい森有礼はなにをいいたかったのだろうか。まず有名なホイットニー宛書簡の冒頭部分から見てみよう。

「日本の話しことばは、帝国の人民のますます増大する必要に適合せず、音声アルファベットによったとしても、書きことばとして十分に有用なものにするには、あまりに貧弱である。そこでわれわれのあいだには、もしわれわれが時代の歩みを共にしようとするなら、豊かで広く用いられるヨーロッパ語のひとつを採用すべきであるという考えがひろまっている。[9]」

森有礼は、「商業民族」である日本が「急速に拡大しつつある全世界との交流」をすすめるためには、英語を採用することが不可欠であるという。けれども、森有礼は、けっして日本語の使用をやめるべきだなどとは一言も述べていない。森はつづけてこう論じている。

「これまでの日本のあらゆる学校は、何世紀にもわたって、中国語を用いてきた。まったく奇妙なことに、われわれは教育の目的のために、われわれ自身の言語による学校も書物ももっていない。〔……〕日本語のための学校が切に求められているのに、いまだに教師もいないし教則本もない。求められている目的を確実にするためにとるべき唯一の道は、まず純粋な音声表記の原則にもとづいて話しことばを適切な書きことばに転ずることから始めることである。[10]」

たしかに森有礼は「日本帝国への英語の導入[11]」をつよく主張している。しかし、それは「日本語の廃止」とはまったくちがうレベルの問題である。なぜなら、そこではいわゆる「通商語」としての英語の必要性が説かれているだけだからである。他方で、森は、もっぱら漢文に基づいたこれまでの教育方法を改めねばならず、日本語による教育法の確立を求めており、そのための日本語のローマ字化さえ提言している。これはどうみても「日本語を廃止すべきだ」という主張ではない。それに似た主張が見られるとしたら、それはホイットニー宛書簡ではなく、むしろ『日本の教育』「序文」の方であろう。全集解説者のアイヴァン・ホールが指摘するように、このふたつの著作のあいだには、日本語の扱いをめぐって微妙な論点のちがいがある。[12]

その一方、英語に対する森有礼の見解は一貫していた。森の英語採用論は、きわめて実利主義的な理由にもとづいていた。森はホイットニー宛書簡で「商業世界においてアジアでも他の地域でも優越した英語のような言語を採用しなければ、日本の文明の進歩はまったく不可能になる」という。『日本の教育』「序文」ではもっとはっきりと、「英語を話す種族の商業力」を獲得することこそ、「商業民族」である「われわれの独立保持の必須条件」であるとまで述べている。そして、こうした実利主義にひそむ極端な合理主義は、けっして森を従順な英語崇拝者にはさせなかった。森は、英語には「正書法に語源あるいは発音にもとづいた法則、規則、秩序が欠けていること、大量の不規則動詞があること」が「英語の日本への導入」を困難にしていると考えた。そこで森は、「日本国民の使用のために英語からすべての不規則性を取り除くことを提案する」[13]にいたる。たとえば、動詞活用では saw/seen や spoke/spoken のような不規則変化を廃止して、seed, speaked とすること、また、正書法に関しては綴りと発音を一致させるために、though ではなく tho と、bough ではなく bow と書くことを森は提案している。

これが森の簡易英語論である。これについてホールはつぎのように述べている。「〔森のホイットニー宛書簡の〕内容は日本の国語廃止論よりもむしろ英語廃止論といってもいいくらいで、森は書翰の全八ページ中六ページにわたって、日本語でなく英語を攻撃しているのである。」(14) そして、森とホイットニーとの最大の争点は、じつは英語をめぐる問題、森が提案したこの「簡易英語(simplified English)」についてのものだったのである。

これに対してホイットニーは、日本が欧米文明を摂取しようとするのなら、あるがままの英語を受け入れなければならないという。森が提案するような「簡易英語」は、かえって「日本人と英語国民とのあいだの障害」(15) となるというのである。たしかにホイットニーは、「土着の言語」である日本語による教育こそが、日本の社会的文化的発展にとっての必須の課題であると述べている。けれども、そのためには日本語をローマ字化し、「状況の許すかぎり迅速に英語の富を取りいれて日本語を豊かにする」(16) 必要があるという。そのうえホイットニーは、「日本で中国語のしめていた地位を英語にゆずり、英語を学問語、古典語(the learned tongue, the classical language)にする」ように提案している。(17) すなわち、ホイットニーは、これまでの漢文／日本語の二層言語状態(diglossia)にかえて、英語／日本語の二層言語状態を確立するべきだというのである。ホールが指摘しているように、このような英語の地位は、中世におけるラテン語やイギリスの植民地における英語の地位に対応している。(18) こうしてみると、「日本語廃止、英語採用論」を唱えた森有礼が、英語国民であるホイットニーから逆にさとされたというのは、事実の本質をはぐらかした、たんなる知的ゴシップにすぎない。

そして、森とホイットニーは、ある一点では共通の認識すらもっていた。それは「中国語」が日本語にもたらした影響についてである。「中国語の日本語にたいする影響は、つねに有害で嘆かわしいものであった。中国語から完全に脱却するならば、日本にとってはかりしれない利益がもたらされるであろう」[19]というホイットニーの意見は、『日本の教育』「序文」のなかの次のような森の発言と呼応する。「〔日本の〕書きことばの文体は中国語同然である。あらゆるわれわれの教育機関では中国の古典がもちいられてきた。〔……〕中国語のたすけなくしては、われわれの言語はけっして教えられてこなかったし、いかなるコミュニケーションのためにも用いられなかった。これこそわれわれの言語の貧しさのあかしである。[20]」

森のいう日本語の「貧しさ」とは、たんに日本語の通用範囲の狭さのことだけを言っているのではない。「中国語」すなわち漢字、漢語、漢文に支配された日本語は、けっして自立した言語ではないと森は考えた。この意味で森有礼は、雲のうえを歩く夢想家ではなく、明治以降の「国語国字問題」の核心をすでに見据えていたといえる。こうして森は、「簡易英語」を導入することで、日本語の近代化にとって最大の障害となっている中国語の要素を追放しようとした。そして、そのことは同時に、「コミュニケーションの脆弱で不確実な媒体」[21]である日本語の放逐にまですすむべきものだった。

しかし、森はほんとうに「日本語の廃止」を唱えたのだろうか。すでに述べたように、ホイットニー宛書簡にはそれについてのひとこともない。森が「日本語の廃止」らしきことをはっきりと主張したのは、『日本の教育』「序文」のつぎの箇所だけである。

「日本における近代文明の歩みはすでに国民の内奥に達している。その歩みにつきしたがう英語は、日本語と中国語の両方の使用を抑えつつある。〔……〕このような状況で、けっしてわれわれの列島の外では用いられることのない、われわれの貧しい言語は、英語の支配に服すべき運命を定められている。とりわけ、蒸気や電気の力がこの国にあまねくひろがりつつある時代にはそうである。知識の追求に余念のないわれわれ知的民族は、西洋の学問、芸術、宗教という貴重な宝庫から主要な真理を獲得しようと努力するにあたって、コミュニケーションの脆弱で不確実な媒体にたよることはできない。日本の言語によっては国家の法律をけっして保持することができない。あらゆる理由が、その使用の廃棄の道を示唆している。(22)」

しかし、ここで次のことを見逃してはならない。この最後の部分で森有礼は、「日本の言語(the language of Japan)」といっており、けっして「日本語(Japanese)」とはいっていない。事実、森はこの引用文のはじめの箇所では「英語は、日本語と中国語の両方の使用を抑えつつある(23)」と述べている。もちろん森は中国の運命に思いをはせているのではない。森の目はもっぱら日本だけに注がれている。森有礼は、「日本の言語」はJapaneseとChineseの無秩序な混合状態からなっていると固く信じていたのだ。つまり、森にとって「日本語」がすなわち「日本の言語」ではなかったのだ。

森有礼の「日本語廃止論」とはよく言われることであるが、重要なのは「廃止」の当否ではなく、むしろ「日本語」の概念規定である。この点でホールの次のようなコメントは示唆に富んでいる。「国語問題をめぐる森の書いた文にも、森の相手や論敵の書いた文にも、“Japanese”と“Chinese”(言語を意味するが)という表現がよく出てくるのである。しかし、その意味するものはいくぶん複雑なものなので、おのおのの場合において、読者自身が、ここにはいったいなにを意味しているか、とよく考えなければならないのである。[24]」

たとえば、右で問題にした箇所でのJapaneseとは、漢語要素や漢文文体を排除した「やまとことば」を指し、Chineseとは、日本で用いられる漢字、漢語、漢文を指すと考えたほうがよい。いまは自明のものとなっている「日本語」という概念そのものが、森有礼にとってはまったくそうではなかったのだ。

森有礼が「日本の言語」の最大の問題点と考えたのは、話しことばと書きことばとの間に埋めることのできない絶望的な隔たりがあるということだった。ホイットニー宛書簡では森はこういっていた。「日本の話しことばは、帝国の人民のますます増大する必要に適合せず、音声アルファベットによったとしても、書きことばとして十分に有用なものにするには、あまりに貧弱である。[25]」その一方、「現在日本で用いられている書きことばは、話しことばとまったく関係がなく、ほとんどが象形文字でできている。それは混乱した中国語が日本語に混ぜ合わされたもの(a deranged Chinese, blended in Japanese)であり、すべての文字そのものが中国起源である。[26]」

このような日本の言語状況のもとでは、「日本の言語」は単一の等質的な「日本語」ではありえなかった。森有礼は、これほどの言語的分裂を超えるに足るだけの「日本語」の一体性を思い描くことができなかった。このことがまさに、後代の論者たちがさまざまな的はずれの議論でもって森有礼を責めたてる理由である。森に対する批判は、つぎに述べる馬場辰猪を例外として、すべて「日本語」が「日本の国語」として身をさだめたあとの観点でなされている。森有礼は「日本語の廃止」を意図していたと憤慨する人々にとっては、「日本語」が「日本の国語」として確固不動の地位についていた。しかし森有礼が考えた「日本の言語」の姿は中空をさすらっていた。また、後の時代になると「日本語」は「日本の国語」として目鼻だちのはっきりしたひとつの顔をしていたが、森の考えた「日本語」はぼやけた複数の顔をしていた。森有礼の議論でもっとも本質的なことは、森が「日本語」を「日本帝国」という政治的統一体と同次元の言語的統一体として把握することができなかったことなのである。

くりかえすが、「日本語」をひとつの統一体として把握すること、それはいまでは疑うことのできない前提として君臨しているが、それ自体は歴史のなかで作り出された新しい認識なのである。森有礼の議論は、近代日本の言語思想史のかくされた部分を照し出してくれる炬火である。

「日本語」すなわち「日本の国語」という認識は、近代日本の言語意識が暗黙の前提とすると同時に、その言語意識が最終的に到達すべき理念的目標でもあった。また、それはいわずもがなの倫理であり道徳でもあった。ところが、森有礼の議論にはその認識が完全に欠けている。とすれば、さまざまな論者が森有礼の発言にいらだったのは当然であろう。先にあげた森有礼の批判者たちは、「国語国字問題」の個々の論点に関しては対立しあっていても、森有礼を共通の敵とみなした。歴史的仮名遣いと文語文を擁護する山田や時枝のような伝統主義者であれ、言文一致とローマ字化を支持する保科や平井のような国語改革派であれ、森有礼を非難する点では異ならない。つまりそれは、森有礼の言語意識が、明治以降の日本の知識人の言語意識全体と対立する異物であり、日本語に対しての「不倫」の輩だったからである。そうであるからこそ、森への反駁においては、理論的批判よりもむしろ、理解し難いものに対する不安をこめた苛立ちと、風俗を乱す非道徳的な危険分子に対する許しがたい憤りとが先に出てしまう。

さらに悪いことに、森有礼は近代日本の言語意識にとって最もふれてほしくない部分を、慎みもなくさらけだしてしまった。森有礼は、日本語が「けっしてわれわれの列島の外では用いられることのない、われわれの貧しい言語」であると無謀にも断定してしまった。日本の知識人がいくら虚勢を張ったとしても、この有無をいわせぬ事実はたえず気にかかっていた。それを田中克彦は、日本の知識人には「母語ペシミズムの伝統」があるといい[27]、鈴木孝夫は「日本人は深層意識の中で日本語を呪っている」と述べている[28]。ただし、このことはあくまで公言できない秘密にとどまっていなければならなかった。知識人たちは森有礼の議論に対してほとんど神経症的な対応をみせてきた。かれらがもっとも恐れたのは、森有礼の議論には、いわば「嘘であってほしい真実」が含まれているのではないかということだった。これ以後、近代日本は、この病んだ言語意識を治癒するために、あるいはそれを無理やり否定するために、さまざまな方策をもとめて身もだえしていくことになる。もしかしたら、のちの「大東亜共栄圏」の構想も、この森有礼の指摘した悪夢がそのエネルギー源のひとつになったのかも知れない[29]。

二　馬場辰猪の森有礼批判

右に見てきたような森有礼の議論は、国外で英語の著述として著わされたためもあってか、当時すぐには日本国内で、反響を呼び起こさなかった。しかし、おなじく国外にいた馬場辰猪は、いちはやく森の議論に注目し、きびしい批判の矢を投げかけた。馬場はのちに自由民権運動の代表的闘士として有名になるが、このときは、まだロンドンの一留学生の身分で、法律の勉学にはげんでいた。ただし、馬場がとりあげたのは『日本の教育』

「序文」に示された森有礼の意見であり、したがって森のホイットニー宛書簡、とくにそこで述べられた「簡易英語」論は視野の外にあったことに注意しておく必要がある。

馬場辰猪の森有礼批判は、じつに徹底したものであった。その後の批判者たちが、ひたすら森有礼に感情的抵抗を示すにとどまっていたのに反して、馬場は一冊の日本語文法を書き上げることによって、森の議論の根幹をなす認識、つまり日本語は不完全な言語であるという認識をくつがえそうとした。それはたいへんな知的な緻密さと骨折りとをともなう作業だった。なぜなら、当時、記述的な体系性をもって書かれた日本語の文法書は一冊もなかったからである。こうしてできあがったのが『日本語文典』と通称される英文の著作 *An Elementary Grammar of the Japanese Language*[30]であった。森有礼は、思いもかけず、口語日本語の最初の文法書を生み出すきっかけを作ったのである。そして、馬場はその序文で、簡潔ながら正鵠を射た森有礼批判を展開した。

その序文において馬場が意図したのは次の二つの点である。ひとつは、日本語が英語にくらべて劣った貧弱な言語であるという森の主張を否定すること、もうひとつは、英語を唯一の公的言語として採用するときに生じるに違いない社会的不平等に注意を喚起することである。

すでに見たように、森は日本語が漢語漢文の助けがなくては、教育にも近代的コミュニケーションにも用いることができないと指摘し、そのことに日本語の貧しさのしるしを見た。それに対して、馬場は次のように反論する。「漢語の伝来以前にも、われわれは伝達手段として何らかの言語を持っていたはずだ。われわれは、漢籍、漢文学を取り入れたので、やまと言葉では表現不可能な漢語や語句の使用を余儀なくされ、その結果、われわれの言語を教えるにも漢語の助けを必要とするようになった。これは、一国が他国から古典文学をとり入れるときに概して起こることである。というのは、後者には、前者の言語範囲内に同義語や相当語句を見出せない言葉がつねに数多く存在するからである(31)。」

馬場は、異なる生活習慣をもつ民族はそれぞれ異なる概念を構成するから、語によっては正確な翻訳ができない場合もあるという。そうした語を外来語のまま取り入れるのは、けっして日本だけに限ったことではない。じっさいにローマ法の英語訳には多くのラテン語がそのまま使われている。「これは英語の貧しさを示すものではなく、ただ、考え方や習慣の相違を示しているだけのことである。したがって、ある言語が他の言語の助けを得て教えられるということは、その言語の貧しさを証明するものではない(32)」と馬場は述べる。

このように、漢語漢文が日本語におよぼした影響にかんしては、馬場辰猪は森有礼よりはるかに楽観的であった。だが、馬場の論点は、日本における漢文の地位を擁護することではなかった。ただ日本語への漢字漢語の浸透を理由にして日本語を不完全な言語だと決めつけてしまう森有礼を批判することであった。そこで馬場は、漢文と日本語の関係を、ラテン語と西洋近代語の関係とパラレルにおいて、森有礼が信奉する西洋近代語とくに英語の地位を相対化しようとしたのである。明治以降の「国字国語問題」の中で、東洋の古典語としての中国語の地位を西洋のラテン語のそれにたとえることは、しばしば漢字漢語を擁護する主張と結びついてきたが、ここでの馬場の議論はそうした漢字漢語擁護論とは、本質的に異なることに注意しなければならない。

馬場は、今の日本語が文句なしの完全な言語であると主張したかったのではない。馬場の言語観には、ある種の健全な相対主義が認められる。いずれの言語にもそれぞれ、長所と短所がある。森有礼がとり入れようとする英語も、けっして例外ではないというふうに。「この二種類の言語（英語と日本語）には、ともに、完全な点、不完全な点が併存しているのであり、英語のある単語を日本語に翻訳することができないのは、「習慣や考え方の相違」によるにすぎず、英語の日本語に対する絶対的な優越を示すものではない(33)。馬場は、正書法と発音においては、むしろ日本語の方が規則的であり、英語に優っているとさえ述べている（ただし、すでに見たように、この点については森有礼もまた英語を批判していたのだが、馬場はそれを知らなかった）。しかし、個々の長短をこえて、「記憶を助ける想念記号としての機能(34)」という本質からみるかぎり、それぞれの言語のあいだに優劣はありえないのである。

こうして馬場辰猪は、『日本語文典』をつうじて、「口語日本語のどの部分にもなんらかの規則が見出されること、また日本語には、八品詞、その細分類、動詞の時制・法・態・

統辞法等が存在していること」、つまり「文法自体に関するかぎり、日本語は普通教育の基礎を教えるのに十分完全な言語である」ことを証明しようとした[35]。馬場は、「文法」を書くことがその言語の存在を確認し、さらにその言語を話す言語共同体の自立性を表示する最大のあかしとなるという社会言語学的先見性をもっていた。

それだけではなく馬場は、森有礼の議論にひそむ政治的・社会的意味をはっきりと見抜いていた。馬場は次のように論じる。歴史のうえでは、ある民族が他民族の言語を話すようになったことは、たしかにある。しかし、それは征服民族による強制の結果であり、みずからすすんで他の民族の言語を採用したのではない。この点で、森有礼は議論の前提そのものをとりちがえている。しかも、「たとえある民族が征服者の強大な力に屈して言語の採用を余儀なくされる場合でも、その民族が、何百年ものあいだ使い慣れ、それゆえもっとも便利である自民族の言語を捨て去ることはなかった」と[36]。したがって、一民族の言語を取り替えようとする森有礼の試みは、根本的に実行不可能、かつ無謀な企てである。

しかし、馬場がもっとも強調したかったのは、次のことであった。すなわち、こうした強圧によるしかない外国語の導入によって生じる二言語併用の体制は、かならず、国民に悲劇的な結末をもたらすであろう。そこには、言語の壁によってへだてられた社会階級の分裂が生じるであろう。「当然のことだが、国民のうちの富裕階級は、貧困な階級がたえず縛られている日常の仕事から解放されているので、その結果、前者は後者より多くの時間を言語の学習にあてることができる。もし国政が、さらに社会の交流のすべてが英語で行われることになれば、下層階級は国民全体にかかわる重要問題から閉め出されることになる。それは、古代ローマの貴族が jus sacrum(神法)、Comitia(民会)等から平民を排斥したのと同じことである。その結果、上層階級と下層階級は完全に分離し、両階級のあいだには共通する感情がなくなってしまうだろう。こうして、かれらは一体となって行動することができなくなり、統一から生れる利点はまったく失われてしまうだろう。このような弊害はインドに現われている。〔……〕母語による普遍的な国民教育を実施する方法をとらないかぎり、こういった弊害は必然的に存在するであろう。[37]」

ホイットニーも、たしかに森を批判する際に、英語を採用することで一部の知識階級と大勢の民衆のあいだに社会的断絶が生れることがあると指摘していた。だが、そう言いながらも、ホイットニーは、すでに述べたように、みずからの意見と矛盾するような仕方で、英語を日本の「古典語、学究語」にするように勧めた。そしてホイットニーは、このような言語的断絶状態の例として、ラテン語が知識人の言語として君臨していた中世ヨーロッパを示すにとどまっている。それに対して、馬場辰猪は、同時代のウェールズ、アイルランド、スコットランド、そして植民地インドにおける英語の支配と二言語併用のおよぼす政治的・社会的問題を指摘したのである。いうまでもなく、ウェールズ、アイルランド、スコットランドはもともとゲール語地域であり、英語(English＝イングランド語)は外から侵入した支配言語であった。その意味では、英語国民であるホイットニーよりも、馬場辰猪の方が、よりアクチュアルに、より鋭い視線で、植民地における言語的支配の問題をとらえていたのである。

馬場辰猪のこのような森有礼批判の視点は、他の批判者たちには、まったく見られない。かれらは、森有礼が「国語」の伝統を無視して、むやみな西洋崇拝に陥っていると声をあらだてる。ところが、馬場辰猪は、伝統破壊をたくらむ西洋崇拝の嫌疑で森を弾劾することも、熱狂的な「言語ショーヴィニズム」におぼれることもなかった。馬場の主張の根幹は、言語が社会的支配の道具となることを拒むことであり、政治的民主主義をささえる言語的民主主義を実現することであった。この点で萩原延壽の次のような指摘は、すこぶる興味深い。「森は〔英語の採用による〕国際的な利益を優先させ、馬場は国内的な影響を憂慮した。しかし、「英語採用論」の可否という問題をめぐって交されたこの二人の議論が、はしなくも露呈したのは、日本の近代化にたいする二つの道、つまり、後年、藩閥政府と自由民権運動によって、国権と民権のいずれを優先すべきかという形ではげしく争われた論点ではなかったろうか(38)。」

森有礼と馬場辰猪の対決は、ひとつの真剣な対話とも論戦とも言えるものであった。ところが、問題の本質をとらえそこなった者たちは、森有礼を批判したと同様に、馬場辰猪への評価も、みずからの立論に有利とみるかぎりにおいて我田引水式におこなった。

その典型が、山田孝雄による馬場への賛辞である。

馬場辰猪の『日本語文典』の画期的意義が論じられる際に、国語学者山田孝雄が『国語学史要』で馬場に捧げた絶賛は、いわば保証つきの評価として、よく引き合いに出される[39]。そこで言われているように、たしかに馬場辰猪の『日本語文典』は「日本口語法の全般に通じて組織的に研究したもののはじめ」であり、「わが国語学史上貴重すべき一大著述[40]」であるにはちがいない。だが、山田孝雄が馬場辰猪を「国語擁護の大恩人[41]」と称賛したかげには、純粋な学問的評価とは異なる意図がひそんでいたことを見逃してはならない。

後の章でくわしく論じるが、山田孝雄は、現代の話しことばではなく、過去の古典の文語にこそ「国語の伝統」の本質があると考え、そうした復古的伝統主義の立場から、歴史的仮名遣いを擁護し、漢字制限に猛烈に反対しつづけた。しかも山田は、「万世一系」の「国体」と「国語」の神聖な伝統とをかたく結びつけた。山田としては、「国語改革」はただちに「国体」の変革に結びつく許しがたい陰謀だったのである。そこで山田は、漢字制限と表音式仮名遣いを主張する当時の国語改革派の動きに反対するために、まず「国語」を軽んじる森有礼をそうした国語改革の先駆けと位置づけた。そのうえで、その森を批判する馬場をその対極として自分の陣営に引き寄せたのである。

実際のところ、馬場辰猪の日本語文法は、おおよそ英文法の枠組みにしたがって組み立てられている。たとえば、動詞は現在・過去・未来の時制をもち、それぞれ主語の人称と数にあわせて活用するとされている。ヨーロッパ語の文法に日本語をおしこめることは、山田孝雄がもっとも憎悪したものであるにもかかわらず、森有礼を批判したというただ一点だけをとらえて、山田は馬場を「国語擁護の大恩人」とほめたたえるのである。

このようにして、馬場辰猪は、山田孝雄によって言語的愛国主義者の権化に変身させられてしまった。しかし、馬場が英語の導入に憂慮したのは、けっして国語の伝統が損なわれるからではなく、一部のエリートだけが英語をあやつり、それ以外の国民が教育から疎外される危険があったからであった。そこには「国語」の神聖な伝統を保持しようとする考えはみじんもなかった。いかに山田が馬場を賛美しようとも、言語的民主主義をこばむような山田の言語思想には、馬場辰猪が生きていたならば、森有礼に対すると同様にきびしい批判を投げかけたにちがいないと思わせるものがある。

三　馬場辰猪の言語的空白

森有礼に対する馬場辰猪の批判は、じつに的確であった。しかし、『日本語文典』に示された日本語のすがたと、馬場辰猪自身の著作における言語実践とのあいだには、はなはだしい隔たりがあった。

馬場は『日本語文典』において、「話されるままの日本語(the Japanese as it is spoken)」の体系的な規則を示そうとした。文法といえば過去の文語をあつかうものときまっていた時代に、馬場は果敢に話しことばをとりあげることによって、のちに近代言語学が市民権を与えることになった記述主義(descriptivism)を早くから、いわば本能的に実践していたのである。次のような話しことばそのままの文例は、いまならあたりまえのように見えるが、まさに馬場の学問的勇気と決意によって『文典』の中に登場したものであることを忘れてはならない。「Watakushi《ママ》 wa ik-imasu〔わたくしは行きます〕」「Watakusi wa ik-imasita〔わたくしは行きました〕」「Watakusi wa ik-imasho〔わたくしは行きましょう〕」などなど[42]。

しかし、馬場辰猪はこの「話されるままの日本語」を、けっしてみずからの著作では用いなかった。じつは馬場自身が書いた著作は、すべてが英語で書かれている。現在読むことのできる彼の日本語の論説は、すべて他の人による馬場の演説の筆記なのである。ロンドン留学中やアメリカ亡命中の馬場が書いた書物やパンフレットだけではなく、アメリカに亡命する直前に書きはじめた『馬場辰猪自伝』すらも英語で書かれている。さらに、ロンドン滞在中の日記はもちろん、日本での日記ですら、そのほとんどが英語で書かれたのである。

馬場は民権運動家のなかでも、ずばぬけてすぐれた雄弁家として名をあげていた。ところが、萩原延壽が指摘したように「馬場は、日本語で話したけれども、日本語で書くことはしなかった。書く時に使用したのは英語である」[43]というおどろくべき事実があるのである。萩原延壽はその理由のひとつとして、馬場の知的教養のほとんどすべてが「英学」から来たものであって、他の知識人たちのような「漢学」の素養が馬場には決定的に欠けていたことを指摘している。

ここでどうしても想起されてくるのは、日本語が漢文によって支配されていることは「日本語の貧しさ」のしるしであると述べた森有礼のことである。森のこの指摘は、馬場の致命的な弱点を突いていた。皮肉なことに、馬場辰猪の言語実践そのものが、森有礼の説を裏打ちしていたと言えよう。他方、言語の階層性に対する馬場の批判は、将来のことではなく、馬場がそのなかに生きていた日本の言語状態そのものを言いあてていた。ただ、そこでの支配言語は英語ではなく漢文であるだけのちがいであった。馬場は文章語として漢文体をついに習得しえなかったため、日本の書きことばの世界から追放されたままだったといえる。森の英語採用論を批判したその馬場辰猪が、英語でしか文章を書けなかったというパラドックスは、まぎれもなく当時の日本の言語状況を象徴的に示すものである。森も馬場もそのいずれもが、確固とした「日本語」の世界を両足で踏みしめることができなかった。というよりも、当時の日本語には、そのような地盤が存在しなかったのである。なぜなら、「より多くの時間を言語の学習に割くことができる」言語的特権階級だけが、ステイタスの文体である漢文訓読体を独占していたからである。

漢文訓読体の支配圏から脱却するには、どうしても「言文一致」の理念が必要となる。しかし、その理念が実を結ぶためには、蛮勇と呼んでも過言ではない、危険を覚悟した言語冒険が必要であった。小説『浮雲』（一八八七年／明治二〇）で言文一致を実行した二葉亭四迷は、思うように文章が書けないと、まずロシア語で書いてから、それを口語日本語へと逆翻訳したといわれる。漢文の桎梏からみずからを解放するためには、今では信じられないような言語的苦闘が必要であった。ところが、馬場辰猪においては、『日本語文典』で示した口語日本語と、当時の公的な書き言葉であった漢文訓読体のあいだには、越えがたい深淵が横たわっていた。そして、この言語的分断を埋めるために馬場が訴えた表現手段は、なんと外国語の英語であった。これは、けっして馬場ひとりだけの限界ではなく、明治初年の言語世界の限界でもあった。

森有礼と馬場辰猪は、明治初期のゆれ動いている日本語をまえにして、それぞれ異なる日本語論を展開した。森は、日本語が近代国家を担いうる統一体ではないと判断し、その処方としていわゆる「英語を国語として採用する」論を提唱した。一方馬場は、英語の採用は、日本の国民的統一性を破るものとして、それをしりぞけた。しかし、その馬場を待ちうけていたのは、森もはっきりと指摘した、日本語の話しことばと書きことばの越えることのできない深い溝であった。「国語」はこのジレンマを解消することによってはじめて実現することができるはずであった。いな、「国語」は、まさにこのジレンマを解消するために生まれたのだと言うべきであろう。それゆえに、国語は、同時にふたつのレールの上を走らなければならなかった。ひとつは、「言文一致」によって書きことばと話しことばを和解させること、いまひとつは、「国語」の統一性という前提とそのささえを政治的な国家意識、さらには「国体」イデオロギーに培われた国家意識にもとめることである。

たしかに「国語」を、一部の文化的エリートの独占から解放して、国民全体の言語表出をカバーできる言語的統一体としてとらえるかぎり、書きことばと話しことばの妥協は、不可欠なものとして要求される。だが、日本の場合、こうした「国語」への意識の目覚めは、「国家」意識、「帝国」意識の高揚によって達成されたのである。

このような日本流の「国語」意識の成立の背景には、時運とも言うべき当時の日本の政治状況と、またそれに敏感に反応しながら、科学的近代言語理論を持ちこんだ、ハイカラ言語学者上田万年の導きがあった。この上田万年こそ、日本の「国語」の思想を理解するにあたってもっとも重要な鍵となる人物である。明治前半にさまざまなかたちで展開した言語的格闘が、上田の「国語」の理念のなかに流れこみ、ひとつの明確な解答を与えることになるのである。上田の言語思想は第二部でくわしく検討するが、その作業の前提として、第一部では、明治前半の最大の言語問題であった国字問題と言文一致の展開、そして上田以前の「国語」概念の流れをあとづけておきたい。

第一部　明治初期の「国語問題」

第一章　国字問題のゆくえ

一　「書くこと」と言語の表象

言語の本体はあくまでオトであるという近代言語学の認識からすれば、たしかに文字は言語にとってたんなる外皮にすぎない。化粧や衣装をいくら奮発してみても人間の体にはなんらの影響も及ぼさないのと同様に、言語をどのような文字で表記するかは、言語の本質にはかかわりのない「外的な」事実となる。したがって、言語学がその研究対象とすべきはオトの研究である。より具体的にいえば、単位としてのオトが音素、形態素、統辞などのそれぞれのレベルで、たがいに関係をとりむすぶやりかたが、その研究領域となるだろう。

しかしそれにもかかわらず、どのような文字表記を採用するかの問題に、どうして人々はあれほど情熱をかたむけることができるのだろうか。また、ほんとうに文字の問題が言語にとって付随的なことであるなら、フランスのアカデミー・フランセーズ、日本の国語審議会、韓国の国語研究所やハングル学会などは、どうでもいい仕事にかかわって莫大な労力を無駄についやす滑稽でおろかな団体ということになってしまう。

文字の問題になると、人々があまりにも感情的になりすぎて、根拠のない同志意識や敵対意識を深くいだくのは、巷の人々が言語学を知らない素人だからではない。ことばを話しているのは巷の素人たちであり、言語の真髄も言語学者が独占すべきではなく、この素人たちの話すこと、そしてことばに対する意識のなかにこそあるはずである(じつは、文字の問題に熱狂するのは、プロの言語学者でも同様である。一例を出すと、韓国でハングルだけを使うか、それとも漢字を入れるかをめぐって激論になり、とうとう椅子を投げるほどの肉弾戦にまでいたったこともある)。

ここでまず、言語の本質は、ほんとうに言語学がいうような意味での「構造」もしくは「体系」にあるのかどうかを検討してみよう。

言語学者コセリウは、ソシュールによるラング／パロール、つまり体系と実現体の二分法にかえて、体系／規範／実現体という三分法をとるべきだという(1)。構造言語学が厳密な意味でいう「体系(Sistema)」とは、消極的で弁別的な単位がたがいにつくりだす相互関係の網であるかぎり、それは「なにを実現すべきか」ではなく、「なにが実現されるべきではないか」を定めるのみである。だから、その意味で体系は、言語の可能性の領域を限定するだけだという。しかも、「体系」は言語学が学問的関心から構築する抽象的形式であり、それがすぐさま言語の現実態を決定するわけでもない。それにたいして「規範(Norma)」は、なんらかの実現体の積極的な類型をつくりだす。だからといって、規範は個々の発話の実現体そのものでもなければ、それらのたんなる総和でもない。規範の役割とは、あくまで体系のさしだす潜在的な可能性を積極的な現実性に変換することにある。

ただし、コセリウのいう「規範」は、少なくともふたつのことなるレベルでとらえなければならない。ひとつは具体的な言語行為が実際にしたがわねばならないパターンとしての規範であり、もうひとつは話し手が言語にたいしてあてがう価値づけの総体としての規範である。いいかえれば、前者の規範は現実の発話がしたがうべき「型」であり、後者の規範は話し手が言語をどのように思い浮かべるか、つまりは言語の「表象」であるといえる。そして、話し手が日常的に「〇〇語」という姿で言語を思い浮かべるとき、ひとびとはまさにこの言語の表象としての規範を思い浮かべているのである。

文字の問題の多くは、この「規範」の領域に属する。第一の意味での規範、つまり「型」やパターンとしての「規範」が、「書く」という活動を支配していることはいうまでもない。オングがいうように、無意識に「話す」ことはありえても、無意識に「書く」ことはありえない。「書く」ことは、書き手の意識をできるかぎり統御することを要求する。(2)「書くこと」はあらゆる点で規範に支配される活動であるからこそ、そこから生まれた

「書かれたもの」は規範をつくりだし強化していく力をもつのである。

しかし、第二の意味での規範、言語の表象を生み出す規範をつくりだすにあたって「書くこと」がいかに重要であるかは、しばしば見すごされがちである。この意味での「規範」の重要性が増大したのは、ひとえに「文字＝書くこと」が出現し、言語を「書かれたもの」のすがたで表象できるようになったときからであろう。いったい文字のない時代に、ある言語の「全体」が表象できただろうか。オングのいうように、声の文化におけることばとは、一瞬のうちに生まれては消え去る出来事の流れなのであって、声に出されずにどこかに潜在的に存在しているはずの言語の「全体」などという抽象的観念は生じるはずはなかったにちがいない。

したがって、どのような文字で書くか、また、その文字でどのように書くかという文字の問題は、たんなる表記法の技術の問題をはるかにこえて、言語がどのような姿で表象されるべきかという言語の規範的表象の成立の問題に深くかかわっているのである。

明治以来、日本がたえず悩みつづけてきたいわゆる「国字問題」は、こうした視点からとらえねばならない。日本語をいかなる文字で書くかという問題は、「日本語」をどのように表象し価値づけるかという問題と密接にかかわっているのである。

二　前島密の漢字廃止論

よく知られているように、近代日本の国語国字問題は、一八六六年(慶応二)、当時の幕府開成所反訳方であった前島密が、十五代将軍徳川慶喜へ上申した建白書「漢字御廃止之議」[3]によってその幕をあける。まず、その建白書の趣旨を要約しているともいえる冒頭部分を見てみよう。

「国家の大本は国民の教育にして其教育は士民を論せす国民に普からしめ之を普からしめんには成る可く簡易なる文字文章を用ひさる可らす　其深邃高尚なる百科の学に於けるも文字を知り得て後に其事を知る如き艱渋迂遠なる教授法を取らす渾て学とは其事理を解知するに在りとせさる可らすと奉存候　果して然らは御国に於ても西洋諸国の如く音符字(仮名字)を用ひて教育を布かれ漢字は用ひられす終には日常公私の文に漢字の用を御廃止相成候様にと奉存候[4]」

前島の議論をささえているのは、言語さらにはその音声の記号である文字は、けっして真の知識の対象ではなく、その知識を伝達するためのたんなる道具にすぎないという功利主義的な言語道具観である。このような観点からすれば、文字はできるだけ忠実に音声に対応するべきであり、文字言語は「万人一目一定音を発する利」をそなえていなければならない。真の知識は「コトバ」ではなく「モノ」のなかにあるという実学思想が、前島の漢字反対論の核をなしていた。こうした立場から前島は、漢字という文字が近代的知識の獲得と伝達にははなはだそぐわないものであると考えたのである。

さらにここに、漢字反対論を生み出したひとつの重要な要因として、中国文明からの離脱の意志と西洋文明への志向を指摘することができる。前島は、アメリカの宣教師ウィリアムから聞いたという次のようなことばを共感をもって引用している。「支那は人民多く土地広き一帝国なるに此萎靡不振の在様に沈淪し其人民は野蛮未開の俗に落ち西洋諸国の侮蔑する所となりたるは其形象文字に毒せらるゝと普通教育の法を知らさるに坐するなり。[5]」前島は、音声文字と形象文字の対立が西洋文明と東洋文明との対立を凝縮してあらわしているとみなしたのである。

前島によれば、日本が政治的にも文化的にも停滞した根本の原因は、「無見識なる彼国〔中国〕の文物を輸入すると同しく此不便無益なる形象文字をも輸入して竟に国字と倣て常用するに至[6]」ったことにある。しかし幸いにも、日本は日本独自のものでありながら西洋とあい通じるものをもっている。それが「音符字」の仮名文字である。前島は「御国に於ては毫も西洋諸国に譲らさる固有の言辞ありて之を書するに五十音の符字(仮名字)[7]」があるという。日本に仮名文字という音表文字があるということにこそ、中国がおちいっているような危機から日本を救いだし、近代化へとふみだすための可能性があると前島は考えたのだろう。

ただし、前島は漢字廃止を提言したからといって、漢語まで廃止しようとはしなかった。「只彼の文字〔漢字〕を用います仮名字を以て其言辞を其儘に書記するは猶英国等の羅甸語等を其儘入れて其国語となし其国の文字綴を以て書記すると同般(8)」であるという。つまり、近代ヨーロッパの俗語がラテン語からの遺産を滋養としながら、その支配から脱けだして近代国民国家の言語となっていった過程は、日本語が漢語漢文にたいしてとるべき道をはっきりと指し示していると前島はとらえていた。前島が最終的に目ざしたのは、まさに漢字廃止による文章の簡略化とそれにもとづく普通教育の実施によって、近代国民国家の基礎となるべき〈国民〉を創り出すことであった。

維新後の一八六九年〔明治二〕に前島は、「国文教育之儀に付建議」を明治新政府に提出する(9)。そして、それに付した「国文教育施行の方法」のなかでまたもや前島は、近代的国民教育を確立し、「国家富強の実学を国民に普及」するために、「漢字を廃し仮名字を以て国字と定め」るべきであると強く主張した。そして、具体的提案として、漢字廃止の計画もふくむ五期七年にわたる「国文教育」計画案を描きだした。

こうしてみると、前島の仮名専用論には、のちの一部の国学者にみられるような復古主義はいささかなりともふくまれていない。すでに「漢字御廃止之議」のなかでも前島は、「国文を定め文典を制する」には「古文に復し」てはならず、「今日普通の〔……〕言語」をもちいるべきであると説いていたが、「国文教育施行の方法」では、より精密にその第一期計画の目標をつぎのように説明している。ここには一種の「言文一致」の要求の萌芽さえみられる。

「広く府藩県に選て和学、漢学、西洋学者各々三名乃至五名を召し、国字を以て裁する国文の体を創定せしむ

国語国文の典範を選ばしむ

〔略〕

（注意）新選国語は漢語西洋語を論ぜず之を容納し、文章は古雅を主とせず近体の俗文を主とす」(10)（傍点引用者）

さらに、学制発布の翌年の一八七三年（明治六）に、前島はまたしても政府にむけて建議書「興国文廃漢字議」を執筆した（ただしこの建議書は実際には提出されなかった）。

しかしながら、前島が幕末から明治初頭にかけて次々とあらわしたこうした建議書は、ほとんど無視され、ときには嘲笑や敵視さえむけられた。前島のこれらの文章は、一八九九年（明治三二）になってやっと、国字改良の先駆者として前島の功績をたたえるために刊行され、ようやく公の目にふれるようになったのである。(11)

前島は同年帝国教育会国字改良部長に就任、翌年には文部省嘱託により国語調査委員長に任命される。ところが、そのとき前島の役割はもはや終わっていた。功利性を尊ぶ前島

の素朴な実学主義ではたちうちできない問題が、そこには横たわっていたからである。

しかし、前島はたんに建議書を政府に提出しただけではない。前島は言行一致の誠実な実践者でもあった。それをよくあらわしているのが、一八七三年(明治六)二月から翌年五月にかけて前島が発行した「まいにち ひらかな しんぶんし」である。[12]前島はかれの主張どおり、この新聞の記事をすべて平仮名だけで分かち書きした。明治政府の発した数多くの布告、また、つぎつぎとあらわれた多くの新聞も、漢語だらけの(明治になって激増した日本製漢語もふくめた)漢文訓読体で書かれていたことを考えると、前島の発刊したこの平仮名専用の新聞は、まったく革新そのものであった(ただし文体は文語であるが)。残念なことに、この画期的な前島の実践も、数々の建議と同様に、いささか性急に理想を追いもとめたせいか、さほど実を結ぶことなく、あとを継ぐ者さえもあらわれなかった。ここでも前島は先駆者たるにとどまるしかなかった。

三　洋学者の仮名文字論とローマ字論

前島密が漢字を廃したのちに国字にしようとしたのは、アルファベットとおなじ音声文字である仮名文字であった。しかし、なんの未練も残さずにきっぱりと中国文明から脱却しようとするなら、アルファベットをそのまま用いたほうがよいのではないかという議論が提出されても不思議はない。

仮名文字論とローマ字論は、文明開化の推進力となることをめざして当時著名な洋学者たちを総結集して設立された明六社発刊の『明六雑誌』での重要な論点となった。『明六雑誌』第一号(一八七四年/明治七)に掲載されたのが、西周の「洋字ヲ以テ国語ヲ書スルノ論」[13]である。前島とおなじように西は、漢字が日本の文化的発展を阻害する最大の原因であると考え、この現状を打破するためには文字の改良が必要であると主張する。しかし西は、母音と子音の結合した音節をあらわす仮名文字よりは、一個一個の音声を忠実に書きあらわすローマ字のほうが優れているという。

西が日本語のローマ字化を積極的に主張した最大の理由は、現在ヨーロッパの文化習俗が急激に移入されているときにあって、「何ソ独リ文字ヲ取ラサルノ説アランヤ〔……〕人ノ長ヲ取テ我カ長トナス　亦何ノ憚ルカ之有ンヤ」という実利的欧化主義以外のなにものでもなかった。西はローマ字で国語を表記することからうまれる利点を具体的に十項目にわたってあげているが、言文一致(西はこのことばを使っていないが)の実現と教育文化の普及のほかに、外国語(もちろん西洋語)の学習が容易になること、洋書の翻訳のさいに学術用語がそのまま原語で移入できること、ひいては「此法〔ローマ字表記のこと〕果シテ立タハ凡ソ欧洲ノ万事悉ク我ノ有トナル」ことを強調する。洋学者主導の初期のローマ字運動の根底にあるのは、じつにこうした西洋文明への同化の渇望であった。

ただし、西の提案したローマ字表記法は、単語の雅俗両方の発音を同時にあらわすために、綴字と発音を区別しようとした。たとえば、omosirosi は「ヲモシロシ」とも「ヲモシロイ」とも読ませるというように。これではいったい、ローマ字表記の利点がどこにあるのかわからない。それほど西のローマ字論は浅薄なものであった。

『明六雑誌』にあらわれた仮名文字論としては、清水卯三郎の「平仮名ノ説」(第七号、一八七四年(明治七)五月)がある。[14] 清水によれば、欧米諸国の文明の進歩は「言語文章ノ相同キ」ため教育をはばひろく普及させることができたことによる。したがって、日本も「言語一様ノ文章」をもつことで「天下ニ藉キ民ノ知識ヲ進マシムル」ようにしなければならない。そのための最良の手段は、ローマ字よりも平仮名をもちいて文章をつづることである。なぜなら、日本にはすでに平仮名の伝統があり、一般の民衆にもっともよく知られているから、というのである。

だが、ローマ字論の極端な欧化主義とまったく反対のところで、仮名文字論は意外な欠点をあらわしてしまった。仮名専用文では、どうしても語彙と文体が仮名文の伝統に引きずられて擬古的にならざるをえなかったのである。この弱点は、西洋語の翻訳にあたってはとくに致命的であった。

清水は「平仮名ノ説」を発表するまえに、化学入門の訳書『ものわり の はしご』(一八七四年/明治七)を仮名文であらわしていた。[15] 清水のこの仕事は、明治のかなり早い時期になされ、しかも自然科学をあつかった点など、たいへん画期的であった。けれども、その和文体の文体はもちろんのこと、化学用語の訳語はいまからみるといかにもおちつきがわるい。たとえば、「おほね」(元素)、「ほのけ」(空気)、「すいね」(酸素)、「みづね」(水素)、「すみ　の　す」(炭酸)等々といった具合である。このことは、福沢諭吉が、初等科学をあつかった『訓蒙窮理図解』(一八六八年／明治一)において、名詞類の訳語にはけっして和語はもちいず、漢語であらわしたのと、鮮明な対照をなしている。しかも、そこでの福沢の訳語は、いまでも物理学や化学の用語としてほとんどそのまま使われている。

これは揺れ動いていた近代日本語が、あるときに一定の方向へ運命づけられていったことを物語っている。そして、日本語においては、「さんそ」という表記は十全たる文字表記ではなく、「酸素」のふり仮名としてしか感じられないような言語感覚まで生み出してしまったのである。

ともあれ、ローマ字論は西欧文明への接近、仮名文字論は伝統との連続をその特徴としていた。しかし、仮名文字論とローマ字論は、改良の方向はちがっても、漢字という敵をもっていた点では共通していた。この両者を根底で結びつけていたのは、なんとしても中国文明圏から脱出しようという強い願望であった。

四　明治十年代の国字改良運動

明治十年代なかばになると、国字改良は結社的運動の性格を帯びてくる。仮名文字運動のほうは、一八八二年(明治一五)に「かなのとも」「いろはくわい」「いろはぶんくわい」が結成され、翌年の七月にはこれら三会が合併して「かなのくわい」が結成された。ローマ字運動のほうでは、一八八五年(明治一八)一月に「羅馬字会」が創立された。[16]この両会の運動の実態についてくわしくのべることはさしひかえることにする。ここでは、はじめ「かなのくわい」に参加したのち、「羅馬字会」結成の原動力となった人物、外山正一についてふれてみよう。

外山正一は、一八八四年(明治一七)一一月四日の「かなのくわい」席上で、「新体漢字破」[17]という少々おおげさな題の講演をおこない、翌一二月にそれを刊行した。この「新体」という表現は、一八八二年(明治一五)に外山が僚友矢田部良吉、井上哲次郎とともに編んだ詩集『新体詩抄』を思いおこさせるが、外山は「新体詩」による「詩の改良」にひきつづくかたちで、「文字の改良」にのりだしてきたのであろう。事実、外山とともに矢田部も「羅馬字会」に参加しているのである(井上は留学中であった)。ともあれ、その「新体漢字破」の冒頭で外山はこのようにいう。

「余は漢字を廃さんと云ふ組ならば其主張する所の仮名使抔は如何様でもそんなことには少しも構はず、少しでも人数の多き組を賛成なさんとするものなり、否漢字を廃さんと云ふ者ならば月の部でも雪の部でも仮名者流でも羅馬字者流でも少しも嫌なく何んでも御座れ一々之を賛成なさんとするものなり、今の時に在ては余は漢字程嫌なるものは他にはあらざるなり(18)」

こうした意見に理屈をつける思想は、前島密や西周にもみられた功利的言語道具観と西洋文明追随主義であるが、外山にあってはそれが戯画的なまでに徹底している。

外山は、知識にはふたつの種類があるという。ひとつは、社会に有益な技術や事物を対象とする「真正の知識」であり、もうひとつは「真正の知識を人に伝へ若くは人と思想を交換する為の方便にすぎざるの知識」である。言語や文字は、後者の「方便にすぎざるの知識」であり、「之を知りたる計にては少しも益のなきもの」である。だから、「言語たり文字たり何と云ふて一つに限るにあらず何んでも知識を伝へ思想を交換するに便利なるものがよし」ということになる。

言語や文字のような「方便にすぎざるの知識」を身につけるために「真正の知識」を学ぶ時間が奪われてしまうなら、そのようなものはすぐに廃止しなくてはならない。まさにそれが漢字の場合である。漢字があるために「国の進歩」も「富の増殖」も阻害されてしまい、西洋文明との距離はますます大きくなるばかりである。「其れが虚だと思ふなら、清仏事件〔一八八四―八五年。これにより現在のベトナムは仏領インドシナとなる〕が論より証拠、漢字を多く知つたとて、其れで戦争《イクサ》は出来ぬなり、〔……〕西洋人を相手では、漢字抔ではおつつかず、我れが漢字を学ぶ間に、彼は電気を使ふなり、我れが手習するひまに、彼は船をば堅くする、手習抔に莫大の、時を費す人民が、西洋人を相手にし、戦争《イクサ》抔とは尾籠敷《オコガマシ》」(19)と外山は痛烈である。

外山はこの講演を、まるで自由民権運動とキリスト教運動を揶揄するかのように、「漢字を廃することは国会開設よりも宗教改良より急務」であるということばでしめくくっている。東京大学の同僚加藤弘之とともに「優勝劣敗」を説く社会進化論の主唱者となっていた外山にしてみれば、自由民権運動とキリスト教運動の思想的基盤であった天賦人権論を批判しておかないといられなかったのだろう。外山の「新体漢字破」は、文字における社会進化をうながすものであったと同時に、社会変革の芽を未然につみとってしまう一方策なのであった。

ただし、このときすでに外山は、仮名文字論からローマ字論への転換にふみきっていたようである。というのは、同年〔一八八四年／明治一七〕六月の論説「漢字を廃し英語を熾に興すは今日の急務なり」(20)においてはすでに、漢字を廃したのちの「万全の策は仮名よりは寧ろ羅馬字を用ふる」ことにあると述べているからである。そして、その利点として、ローマ字を用いれば西洋語の原語をそのまま使うのに便利だという点を強調している。外山によれば、日本の現状は欧米諸国の文明を「ひた真似に真似て」「智識をまる取」しなければならない段階にあり、社会進化からみて劣敗者である漢字をふりすて、「国権」と「国産」の振興をめざすべきときなのである。

それでは、これほどまでにヨーロッパかぶれであった外山の実践したローマ字文は、どのようなものだったのだろうか。つぎにその一例を示す。

NYOSHI NO KYŌIKU TO YASOKYŌ KAIRYŌ NO HŌ.

Toyama Masakazu.

Hito no kengu wo shiran to hossuru mono wa nani yori mo mazu sono haha no kengu wo toubeshi. Kuni no kaika wo susumen to hakaru mono wa yoroshiku mazu sono kuni no fujin wo kairyō suru koto wo tsutomezaru bekarazu.〔以下略[21]〕

何のことはない、当時の漢文訓読体をそのままローマ字にうつしかえたにすぎなかった。これは外山にかぎらず、他のローマ字論者にもみられた一般的傾向であった。どれほど極端な欧化主義に心酔しようとも、文章はいぜんとして漢文訓読体であるという、明治の知識人に共通した矛盾——もちろん当時は矛盾とも感じられていなかった——が典型的にここにあらわれている。

この文体の問題は、仮名文字論者にもふりかかってくるものだった。仮名文字論者の文章は、ローマ字論者のものとはちがい、「なりけり」式の擬古文調がほとんどであった。

その一例をあげよう。

「かなもじにて、ふみ、かゝむには、ひとの、みゝに、いりやすくして、むげに、いやしからぬ、ことばを、えらび、なるべく、かんごを、もちひぬことを、こゝろがくるこそ、かんえうならめ。」（藤野永昌「かなのみちびき」一八八三年（明治一六）一二月一五日）[22]

この文体の問題こそ、「かなのくわい」と「羅馬字会」の影響力を弱めたひとつの内部的要因であり、このことはさまざまな論者からの批判の的となった。

たとえば、末松謙澄は、ロンドン滞在中にあらわした『日本文章論』（一八八六年／明治一九）のなかの「文章の体裁」[23]という章のなかで、いかなる文字をつかうにせよまず文体の標準をさだめなければならないとのべ、「羅馬字会は片仮名交の漢文体を直写するに過るの傾向あり仮名会は之に反し偏屈至極の古言に拘泥するの形跡あり是れ予が両会の為め取らざる所なり」[24]と両会の文章のありかたをきびしく批判した。とくに「かなのくわい」への批判には手きびしいものがあり、かれらが「国学の古風を回復」しようとするのは時代を逆行させるようなもので、とうていおこなうことはできないと末松はいう。末松によれば、文字の改良は言語文章の改良の一部にすぎず、最終的な目標とすべきは言文一致なのである。それまでは国字改良運動に従属していた言文一致の要求が、「かなのくわい」「羅馬字会」の実践を反面教師にして、より切実なものとしてうかびあがってきたのである。

五　明治三十年代の国字問題

のちに初の政党内閣首相として「平民宰相」と呼ばれるようになる原敬は、大阪毎日新聞社社長の時代に、国語国字問題についてかなり積極的な発言をのこしている。そのうちのひとつ「漢字減少論」(一九〇〇年/明治三三)で、原は次のようにのべている。仮名の会も羅馬字会も、現在どのような状態にあるのか聞くこともない。会員はまだ存在しているが、いまだなんの成功も見ていない。「吾輩は固より仮名の会員でもなければ羅馬字会員でもない、故らにその会を弁護する意志は毛頭ない」「その会の主張した所もドンナものであつたか、今日では実は記憶し居らぬくらゐである」と。[25] それほど時代は変化していた。

論説の題名がしめすとおり、原は漢字節減をつうじてやがては漢字全廃に到達すべきであると主張しているのだが、その原によってこのように両会が評されるほどであったのは、国字問題が時代精神のなかでしめる位置がすでにずれてしまっていたからである。明治二十年代後半から三十年代にかけて、ふたたび国字問題が活発に論じられるようになったときは、その背景に、日清戦争によって強められた反清意識と国家主義の高揚があったのである。

すでに『勅語衍義』(一八九一年/明治二四)を書いて天皇制イデオローグの第一線にたっ

ていた井上哲次郎が、反漢字をとなえて新国字制定を主張した一方、雑誌『日本人』によって国粋主義を主張していた三宅雪嶺が漢字擁護を唱えたことは、けっしておどろくべきことではない。なぜなら、一見すると相入れないようなこのふたりの文字に関する立場は、じつは同じ精神的土壌から生まれたからである。

井上哲次郎は、一八九四年(明治二七)四月(八月には日清戦争開戦)におこなった講演「文字と教育の関係」(26)においてつぎのようにいう。西洋ではわずか二十六文字のアルファベットですべての書物を著わすことができるが、漢字の数はほとんど無限であり、さらにそれらの無限の組み合わせがある。そうなると、「我々の方で漸く其書方を覚ゆる時には、最早彼の方では、智識を開発する所の学問をして居る」と井上は嘆いている。漢字が日本の文化を停滞させている主犯だというこのような見解は、これまでの漢字反対論者、とくに欧化主義にもとづくローマ字論者がつよく主張したものであって、井上の見解がとくに目新しいわけではない。

だが、ここから先が井上がほんとうに言いたかったことだった。つまり、「日本人が支那の文字を用ふる間は、多少支那の文字から支配を受けて行かねばならぬ、それが実にいやな事」であり、「今日では寧ろ見下げて居る国の文字から支配せらるゝと云ふことは、誠に残念」というのである。井上によれば、漢字によって「文字の独立」がさまたげられていることは、ひいては、「思想の独立」「国の独立」をあやうくすることにつながるのである。井上は、漢字を捨てることこそ、日本が「支那」から完全な「独立」を勝ちとる道であると確信していた。

けれども、井上はローマ字論、仮名文字論、漢字節減論のいずれをもとらず、それぞれにたいしてこう批判をくわえる。井上は、かつてはローマ字を支持していたが、いまやそれが「大に非なりと云ふことを悟」ったという。ローマ字は理屈からいえばもっとも便利であるが、「日本人の感情」にあわない。この「日本人の感情」こそ「国体」を維持する基本原則であって、これは理屈ではどうにもならない。仮名文字論は「祖国を思ふ感情から起つた」ことは敬すべきだが、仮名文の長たらしさを見ればわかるように「是れは退歩になる」。漢字節減論について井上は、ことばはますます増えていくのにこれを減らすなどとは「少し馬鹿気て」いるという(ここで井上は文字と単語を混同しているのだが、いまそれは問わない)。

結局井上が主張するのは、前二者のもっていた「改良の精神」をひきつぎ、文字を「成るべく精密に我々の意を顕はし、成るべく単純にして、思想を叙述し、交換するに便利なる器械」にすること、つまり「是迄ある所の平仮名からして単純なる文字を造り出だす事」である。そして、そのような新国字が制定されたあかつきには日本も「欧羅巴の教育と一様に進んで行く」ことができるようになるというのである。

あえて前島密と比較するならば、前島の論のなかで中国を「侮蔑」できたのはいまだ西洋諸国であったのだが、井上にあっては、もはやためらいなく日本が中国を「見下げる」ことができるようになった。そして、これと対応するかのように、議論の全面にあらわれてきたのが特異な「国体」概念である。前島は「興国文廃漢字議」(一八七三年/明治六)のなかで、国語国文の制定は「僻古家ノ所謂国体ヲ正シ名義ヲ明ニスルノ論」[27]とはなんの関係もないと断言していた。ところが、その「国体」が井上の論では堂々と論拠のひとつとしてあげられている。これはいうまでもなく、一八八九年(明治二二)の大日本帝国憲法発布、翌年の教育勅語発布にはじまる時代状況を反映している。

しかし、井上の論がけっして「僻古家」のものでなく、あくまで「改良の精神」の土台の上に立てられたものであることに注意する必要がある。つまり、井上のいう「国体」は、明治初年の国学者たちがかかげた復古主義的なものとはことなり、近代国家体制の枠組みにおさまり、さらにそれを支える概念であった。だからこそ、井上がローマ字批判の根拠とした「国体」は、文字は思想の伝達のための「便利な器械」でなければならないという、西周や外山正一も説いた功利的文字観とすこしのすきまも残さず接続することができたのである。

これに対して、三宅雪嶺は「漢字利導説」(一八九五年(明治二八)八月)[28]で、それまでとはちがった漢字擁護論をくりひろげた。三宅は、漢字にはたしかに多くの欠点があるが、漢字そのものを廃止することには反対だという。漢字廃止を国家的事業にするには、莫大な努力と費用が必要であり、むしろ「強て漢字を廃止することを務めんよりは、寧ろ漢字を利導することを務めんこそ妥当」である。『康熙字典』には四万七千の漢字があるといっても、印刷所の漢字活字は五千で足り、日常生活で知るべき漢字は二千字から三千字ですむのだから、これくらいなら学習方法を改良すれば覚えるのにそれほどの困難は生じない。つまり、漢字反対論者が非難する漢字の学びにくさは、「漢字其物の性質よりは、之を学ぶに順序の宜しきを得ざるに在り」という。

それでは、三宅が「漢字の利」とするのは、何のことだろうか。三宅は次のようにいう。「漢字の利は東亜思想を得、東亜攻略、東亜商略を扶くるに在り随て漢字記習の旁ら漢文を学ばんことを要す。〔……〕略ぼ漢字を知り、其配合の理を解せば、交通の上眼東亜を一括するを得んか[29]。」さらに三宅は、その人口と社会状況からみて、「支那」はフランスやドイツのように「之を一国とするよりも一の大陸とする方当然」であり、「大陸の思想を得んが為め、大陸に対する政略商略を機敏にせんが為め、大陸の文字を学ぶに汲々たるべき」であるという。とくに三宅は、中国諸地方のさまざまな言語のちがいをこえて漢字が共通の伝達手段となっていることに注目している。つまり、三宅がほんとうに主張したかったのは、漢字は「東洋交通の具」としてけっして欠くことができないということであった。

この三宅雪嶺の議論で注意すべきは、いつのまにか「支那」が脱政治化されて、たんなる中性的な地理的概念である「大陸」にすりかえられていることである。井上にとってのように、漢字は敵国である「支那」の文字ではもはやなく、政略商略の対象としての「大陸」の文字となった。

表面上、井上と三宅は対立しあったが、同時にかれらはたがいを補完しあう関係にもあった。井上はより〈内〉へ、三宅はより〈外〉へと眼をそそいでいたのであった。それゆえ、井上の新国字論と三宅の漢字節減論は、国語調査委員会の決議事項のなかに同時にふくまれることとなる。そして、井上も三宅も、一九〇〇年(明治三三)に文部省内におかれた国語調査委員となり、さらには一九〇二年(明治三五)三月に設置された国語調査委員会の委員に任命される。

ここで、この国語調査委員会の発足の経緯について簡単に記しておこう。一八九六年(明治二九)に設立された帝国教育会は、一八九九年(明治三二)一〇月に「国字改良部」を設け(その部長は前島密であった)、国語教育政策の分野での活動をくりひろげていった。そして、この帝国教育会は、一九〇〇年(明治三三)一月二六日に「国字国語国文ノ改良ニ関スル請願書」[30]を政府、国会にたいして提出した。

その請願書はつぎのように主張する。日本語の文字、文体、文法はいずれも確固とした標準がなく、まったくの無秩序が支配している。そのため「我が学生竝に児童は此の言語文字の学習の為に、其の学校生涯の大半を徒費して、他の有要なる知識を得るに暇あらず」といった状態になっている。日本が「世界の競争場裡に馳聘する帝国」となったからには、「此錯雑、紛乱、不規律、不統一なる文字言語文章」を改良することが急務である。なぜなら、「文字言語文章の良不良は国民教育の振不振に関し、国民の開否、強弱、貧富に関し、従て又国家の勢力の張弛優劣に大関係を有す」るからである。そのためにはまず「国字」の問題から着手しなければならない。漢字節減論、仮名文字論、ローマ字論、新国字論とさまざまな改良案は、「漢字の不便不利なるを認めて之を排斥するに於ては何れも皆一致」しているが、それらの間の得失についてはさらに研究調査が必要である。そして、帝国教育会は「凡そ国字国語国文の改良は本来国家が国家の為に調査討究して其の実行を期すべきもの」であるという立場から、つぎのような請願を内閣、文部省、各省大臣、貴族院と衆議院の両院議長に提出する。

「国字国語国文ヲ改良シ、及ビ之ヲ実行セン為ニ、政府ニ於テ速ニ其ノ方法ノ調査ニ著手セラルベキコト」

このとき文部省の対応はすこぶるすばやかった。帝国教育会の請願書に直接こたえるかたちで、同年四月には省内に七名の国語調査委員を任命し、それは一九〇二年(明治三五)三月には国語調査委員会官制によって正式な政府機関へと昇格する(委員長は加藤弘之)。また、文部省は同年八月におこなわれた小学校令改正のさいに、漢字の千二百字制限、発音式のいわゆる「棒引き仮名づかい」の採用、仮名字体の統一にふみきる。そして、これらの改革は第一次国定国語教科書『尋常小学読本』で実行にうつされるのである。

このように文部省が国語問題に対処するにあたっては、そこに重要なブレーンがいた。その人物とは、一八九四年(明治二七)にドイツ留学から近代言語学の知識をひっさげて帰国し、東京帝国大学博言学講座教授(一九〇〇年(明治三三)に博言学科は言語学科へと改称される)となった上田万年である。上田は東京帝国大学内に国語研究室を創設しその主任として活躍する一方、一八九八年(明治三一)からは文部省専門学務局長兼文部省参与官の職にもついていた。国語調査委員会と文部省の教育政策を実質的に主導したのは、上田万年と上田の息のかかった人々であった。

上田はすでに、一八九五年(明治二八)五月に発表した論文「新国字論」[31]において、いちおう井上の主張を肯定しながらも、「支那文字の様な意字」にも、「日本の仮名の様な一綴音を本とする「シラビック、システム」の文字」にも反対であり、「羅馬字的の母音子音を充分に精しく書きわけることのできる「フオネチックシステム」の文字」をもっとも尊重すべきであると述べていた[32]。ただし、新国字論は音韻学の正確な知識がなくては、しかるべき成果は期待できないだろうと明言した。こうして上田は、ヨーロッパからもちかえった近代言語学を武器にして、決然たるローマ字論者として「国語改革」にふみだしていくことになる。

上田については第二部でくわしく論ずるが、議論を先取りするかたちでつぎのことだけを指摘しておこう。それは、井上の〈内〉へのまなざしと三宅の〈外〉へのまなざし、つまり〈国体護持〉と〈大陸進出〉の意志が、上田においてひとつに収斂したことである。このふたつのまなざしが交叉するところにこそ、上田の夢みた〈国語〉の理念が生まれたのである。

章を閉じるにあたって強調しておきたいことがある。それは、明治期までは、それがたとえ反清意識からにせよ、漢字の全廃は多くの知識人、さらには文部官僚にまで及ぶ考えだったということである。帝国教育会の「国字国語国文ノ改良ニ関スル請願書」も(「漢字の不便不利なるを認めて之を排斥するに於ては何れも皆一致せり」)[33]、国語調査委員会の決議事項も(加藤弘之の報告「象形文字たる漢字は使用せぬことに定めた」)[34]、たどりつく目標にはかならず漢字の廃止が含まれていた。ところが皮肉なことに、脱漢字が説かれたこの明治期こそ、漢語が氾濫し、社会のすみずみにまで浸透しはじめた時代なのである。のちに柳田国男は、いまや農村の女子までもが「関係だの例外だの全然だの反対だの」という悪趣味な漢語を口にする世の中になったと嘆いた[35]。この二律背反こそは、近代日本語が背負っていかなければならない困難な課題であった。

第二章　言文一致と「国語」

一　言語的危機と言文一致

近代日本の出発にあたって言語改革をこころざしたもののうち、話しことばと書きことばとのあいだのあまりのへだたりに気がつかないものはいなかった。しかし、そのへだたりが意識の前面に浮き上がるようになったのは、話しことばと書きことばのそれぞれをささえた社会秩序、つまり、それらがなんの接触もなく併存することを許した社会秩序がしだいに崩壊しつつあったからにほかならない。その崩壊のしかたはさまざまな方向をとった。江戸時代をつうじて武士階級と知識人の世界における文化語であり行政語であった漢文あるいは漢文訓読文が、明治期にはいると、突如として民衆のうえにふりかかってきた。その状況はつぎのようなものであった。

「維新以来世ノ中善事少ク御政事ハ追々六ケ敷ナリ、御布告ノ数々ナルハ幕政ニ十倍シ、其文ハ漢語多クシテ田舎漢ニハ了解シガタキ事ノミナリ。加フルニ新聞紙マデ配達セリ。之ヲ受テモ読ムコトヲ得ス誠ニ迷惑ナルコトナガラ御指令故無拠受ケテ置クマデナリ。[1]」

他方では、他藩との物心両面における交流がとざされていた幕藩体制のもとで、話しことばは諸方言に分裂し、さらにその内部においても、士農工商の身分関係によってきびしく規定されていた。その点について、福沢諭吉が『旧藩情』(一八七七年(明治一〇)執筆)のなかで興味ぶかい証言をのこしている。

福沢によれば、江戸時代において上級武士、下級武士、商人、農民は、衣食住の習慣からささいな立居振舞にいたるまでちがっていたという。そして、「其風俗を異にするの証は、言語のなまりまでも相同じからざるものあり[2]」。つまり、そのことばづかいを少しでも聞けば、その話し手がどの身分に属するかがたちどころにわかるほどだった。福沢はそれをつぎのようにたくみに例示している[3]。

	上士	下士	商	農
見て呉れよと云ふことを	みちくれい	みちくりい	みてくりい	みちぇくりい
行けよと云ふことを	いきなさい	いきなはい 又いきなない	下士に同じ	下士に同じ 又いきなはりい
如何《いかが》せん歟《か》と云ふことを	どをしよをか	どをしゅうか	どげいしゅうか 又どをしゅうか	商に同じ

福沢が著作で用いようとした「世俗通用の俗文」は、このような言語的分裂をこえた国民的コミュニケーションをかちとるためのひとつの武器であった。福沢は処女作『西洋事情』において、「文章の体裁を飾らず、勉めて俗語を用」い、「只達意を以て主とする」[4]文章を書くことを宣言していた。福沢自身のことばによれば、「行文の都合次第に任せて、遠慮なく漢語を利用し、俗文中に漢語を挿み、漢語に接するに俗語を以てして、雅俗めちや〳〵に混合せしめ、恰も漢文社会の霊場を犯して其文法を紊乱し、唯早分りに分り易き文章を利用して、通俗一般に広く文明の新思想を得せしめん」[5]（『福沢全集緒言』）としたのである。

それでは、明治期にはいり「国民」的コミュニケーションがもとめられたということは、言語的に見るなら、いったいどういうことを意味するのだろうか。ひとつは、地理的にも階層的にも深く分裂している状況にあって、「国民」のだれもが理解できるような語彙や文体をそなえた表現形式をつくりあげる必要があったことである。これは言語の現実態の問題にかかわる。

しかし、ともすれば見過ごしてしまう側面がある。それは言語についての表象の問題である。福沢が述べた右の例のように、だれかが口を開けば、そのことばづかいによってすぐに話し手の身分が判定できるということは、言語がさまざまな社会的下位体系にたえまなく分化しているということである。このような状況では、単一の「国語」という存在は、つねにかすんでぼやけた姿となるしかない。そこで、上級武士とも下級武士とも商人とも農民とも特定できないが、そのどれでもありうる「誰か」、匿名の「国民」の話す言語のイメージをつくりあげなければならない。そのためには、地理的・階層的な言語変異にまったく汚染されていない処女性をもった言語規範がどこかに存在するはずだという表象が必要であった。

しかし、そのような無臭で無色透明の言語体などというものは実在しえない。特定の個人が話せば、かならずそれ相応の変異形が実現するし、いかなる標準的な言語規範であっても、歴史的にみれば、特定の地理的、階層的、文体的な変異形にもとづいてつくりあげられるものだからである。だが、言語の表象それ自体の論理としては、言語規範をさまざまな変異のかなたに置き、それら変異の度合を測定するものさしに仕上げる。これこそ「国語」の理念が生まれるための下ごしらえであり、その理念のもっとも核になるところでもある。そして、その理念を現実的にささえるべくして明治期に誕生した言語形式が、「言文一致」なのである。

二　国字改良から言文一致へ——前島密・西周・神田孝平

前章でわずかにふれたように、前島密や西周の国字改良への提言のなかには、すでに言文一致への志向がみられた。前島は、漢字を廃し「国文を定め文典を制する」にあたって、「但口舌にすれは談話となり筆書にすれは文章となり口談筆記の両般の趣を異にせさる」ことを望んでいた。ただし、前島のあげる例、たとえば「古文に復し「ハベル」「ケルカナ」を用る」のではなく、「今日普通の「ツカマツル」「ゴザル」の言語を用ひ[6]るべきだという主張を見ると、言文一致の基準が武士階級のかなり公的な話しことばにもとめられていることがわかる。一方、西周が「言フ所」としてあげているのは講演や筆記であって、けっして日常の話しことばではない。西は「洋字ヲ以テ国語ヲ書スルノ論」『百一新論』(一八七四年/明治七)などの著作で、ある種の言文一致をこころみているが、それは「ゴザル」調による問答体である。もちろん、西の属していた明六社が、講演と演説を文化啓蒙活動のひとつとして日本ではじめて活発におこなったことも、この点と密接に関係している。

このふたりの提言には、のちの言文一致をめぐるいくつかの問題点が、すでにあらわれている。つまり、言文一致を〈言〉と〈文〉の相互接近、文語のなかへ口語的要素をとりいれたものとして見るか、それとも、〈文〉を〈言〉に一致させるべきか、といういわば〈言〉と〈文〉のヘゲモニー争いがすでにそのきざしを見せている。本来の言文一致は当然後者のほうだが、後に見るように、明治期には前者の言文相近説がむしろ有力であった。しかし、どちらのばあいをとっても〈言〉がばらばらでしまりのないものでは、「言文一致」はその出帆すらほとんど不可能である。そこで、〈言〉のなんらかの〈型〉の形成が必要になってくる。そこで、前島は武士階級のことばに、西は演説言語に話しことばの〈型〉をもとめたのであった。

このように、前島密や西周に代表される明治初期の国字改良論者の主張のなかには、たしかに言文一致への自覚が含まれていた。しかし、かれら自身の意識のなかでは、言文一致の問題は文字の問題に従属していたといってよい。それが如実にあらわれたのが、前章でふれた「かなのくわい」「羅馬字会」の文章実践においてであった。

このようなありさまを見て、明治期の言語改革に志をたてた人々のなかで、まずとりあげるべきは国字改良ではなく、言文一致の方であるという意識が当然芽生えてきた。

そのなかでも見のがすことのできないのが、神田孝平の論説「文章論ヲ読ム」(一八八五年／明治一八)である。山本正秀によれば、この神田の論ではじめて「言文一致」という用語がつかわれたということである。(7) もちろん、それまでにも話しことばと書きことばを近づけようという主張は少なからずあったが、「言文一致」という一種のスローガン的表現は、その精神の運動を一挙に凝縮するのにたいへん大きな役割を演じたのである。

神田の論説「文章論ヲ読ム」は、西村茂樹の『文章論』(8)(一八八四年／明治一七)を批判するために書かれた。西村は、現在の文章には漢文と和文の二種類があるが、そのいずれも文章として不便きわまりないので、明治日本にふさわしい文章をつくるための文章改良が必要であると説いた。しかし、西村はその方策として、まず日本語の古文を読んでその語法に習熟し、さらには中国・欧米諸国、ひいてはギリシャ・ローマの古典と文法の知識を渉猟したうえで、いままでにない新しい文章をつくりだすという、かなり空想的な提言をするのみであった。

これに対し神田は、文章を漢文と和文の規範から脱却させようという文章改良の意図には賛成するが、そのためには西村のいうような該博な知識はまったく必要でなく、「只平凡ノ平生ニ用フル所ノ言語ニ通スルヲ以テ足レリ(9)」という。なぜなら、文章改良の目的は「言語ト文章トヲ一致セシムルニ在」るからである。漢文はいかに訓点をほどこしたとしても元来日本語とは文法がことなり、また、いわゆる仮名文は過去の言語にもとづいているのだから、これらによる文章は日常のことばからへだたらざるをえない。こうした「文章ノ不便」を取りのぞこうとするなら、文章を声に出して読んでも聞き手に理解されるようでなくてはならない。こうして神田は、「平生説話ノ言語ヲ用ヒサル可ラス平生説話ノ言語ヲ以テ文章ヲ作レハ即チ言文一致ナリ(10)」と言文一致の必要性を力説する。

さらに神田は国字改良論への批判へとすすむ。神田は、ローマ字論、仮名文字論、漢字節減論のいずれをとるにしても、「文字ヲ改ムルハ文章ヲ改ムルニ如カス」という。[11] 文章が改まりさえすれば、どのような文字を用いてもさしつかえないにもかかわらず、文章を改めるに先だって文字を改めようとするのは順序が逆だというのである。

このような神田の主張、また前章でふれた末松謙澄の『文章の体裁』、さらにおなじ時期の東京日日新聞での福地源一郎のいくつかの論説などをつうじて、まず採るべき方向は国字改良よりも言文一致であるという気運がしだいに高まっていった(ただし、これらの論のいずれも言文一致体で書かれてはいない)。そして、「かなのくわい」と「羅馬字会」の内部でも、しだいに言文一致の必要性を痛感する者があらわれてくる。そのうちもっとも代表的なのが、おなじ「言文一致」という題名の論説をあらわした物集《もずめ》高見とB・H・チェンバレンである。このふたりは当時東京大学文科大学(いまの文学部にあたる)の同僚であった。

三　物集高見とチェンバレンの「言文一致」

当時「かなのくわい」評議員であった和学者物集高見は、その会での演説をもとにして、一八八六年(明治一九)に『言文一致』というそのものずばりの題名をもつ論説を刊行する。この物集の論は、その主張どおり、文章そのものが言文一致体で書かれている。その著作で物集は、言文一致の必要性とその利点を七項目にわたって説明しているが、その論点はつぎのことにつきる。

「全体、はなしは、人のよくわかる様に、はなすのが、よからう。然る時は、其はなしを、書いたものも、よくわかる様に、書くのが、よからう。ところで、たとへ、はなす様に、書いたとて、はなす様には、ゆかぬ故に、別して書き方には、気をつけねばなるまい。それゆゑに、はなす様に、書きとりて、なるたけ、わかり易く、するがよからう。」(12)

物集は「今の日本人は、口は、生きた、自身の口でも、手は、死んだ古人の、手だ」(13)というたとえをつかって、現在の書きことばが古来の文章規範にしばられた人真似の文章にすぎないことを批判する。それにたいして物集が対置するのは、話しことばの自然性であり自発性である。

「はたらきなしの、人真似の鸚鵡文は、やめてしまうて、自身の口から、天然自然と、湧き出る、活潑な、生きたはなしを、生きたまゝに、書いたならば、それこそ、誠によからうと、思はる。」(14)

ただし物集は、日本語には敬語が多く、それをそのまま書きうつすと文章が冗長になるおそれがあるので、「日記とか、手控とかで、はなすので、ないのを、かく時は、敬語をのけて、書くが、よからう」(15)という。ここで物集は、目の前に聞き手がいるばあいに、その聞き手と話し手のあいだの関係によってさまざまにかわりうる待遇表現を、文章にするときにはどうするのかという、言文一致の実行にあたってまず直面する文末表現の処理の問題にふれているのである。じじつ、物集はこの点にきわめて自覚的であって、この『言文一致』という論の前半は「である」調で、後半は「ます」「であります」調で書きわけるというかなり実験的なこころみをおこなっている。言文一致を主張する論説そのものが言文一致で書かれていないという過渡的な状態から脱して、物集の『言文一致』は理論面のみならず、実践面でもかなり画期的だった。

この点ではチェンバレンの「言文一致(GEM-BUN ITCHI)」(一八八七年(明治二〇)五月)も同様であった。チェンバレンは、羅馬字会での演説にもとづくこの論を「ます」調のローマ字文であらわした。チェンバレンが「「言文一致」――ひとの話すとおりに書くということ」の必要性を説いた演説を羅馬字会員の前であえておこなったのは、『RŌMAJI ZASSHI』にもちいられている文体があまりに難解であるのを批判するためであった。[16]

チェンバレンによれば、いまのローマ字論者の文体は、ローマ字で書かれてはいても、いちいち漢字におきかえてみなければわからないような難解な漢文体であり、これではローマ字運動の成功はとてもおぼつかない。そうかといって、「かなのくわい」月の部のように過去のやまとことばを用いるのもまた望ましくない。こうして、チェンバレンは、「ただほんとうに日本語、すなわち俗語、そのありのままに使うこと」がとるべき唯一の[17]

方向であると主張する。

そして、物集が言文一致による表現の自発性を強調するのにたいして、チェンバレンはむしろ社会的側面を強調する。チェンバレンは「どこでも開化した国では、みな話すとおりに書くのが多うございます」という。ところが、ラテン語に支配された中世ヨーロッパとおなじく、漢字漢文に支配されている中国、朝鮮、日本、ベトナムでは、俗語がさげすまれ、文化は少数の学者だけのものとなり、民衆への教育が普及しない。「自然のことば、——すなわち俗言」が使えないため、自由な思考、自由な論述がさまたげられ、すぐれた著作が生まれにくい。これらの弊害をとりのぞくたったひとつの方法は、近代ヨーロッパ諸国におけるような言文一致を実行することである。「それゆえ、日本の教育を改良し人民の知識をすすめるには、これまで使ってきたさまざまのむずかしい文体を廃すことが第一の良策」(18)なのである。そしてチェンバレンは、『RŌMAJI ZASSHI』がすぐさま言文一致を実行にうつすことを主張し、さらに一般の新聞にも言文一致をよびかけようという提言で論をむすんでいる。

物集とチェンバレンのふたつの「言文一致」論は、二葉亭四迷とともに言文一致小説の旗手となった山田美妙に決定的な一歩を踏み出させるきっかけになったことからもわかるように、かなりのひろい影響力をもった。だからといって、これによって言文一致が順風満帆に進んでいったわけではなかった。ほかでもない物集自身が、のちになると「言文一致」説を撤回して、反対論をとなえることにさえなる。

物集は『言文一致』を刊行してから十六年後の一九〇二年(明治三五)一二月の読売新聞紙上に、その名も「言文一致の不可能」という論説を発表した。[19] そこで物集はつぎのようにいう。明治二三、四年ごろ日本文典を編んだとき、文章には会話文と記録文との区別があることを知り、言文一致があやまりであることを悟った。会話文は二人称、現在時制、語尾の敬語をもちいるが、それにたいし記録文は三人称、過去現在未来におよぶ時制をもちい、あまり敬語を使用しない。この区別を一掃して言文一致をくわだてるのは、およそ不可能なことであると。つまり物集は、談話そのままに書きうつす会話文だけに言文一致の領域をみとめているのである。

これは、あの『言文一致』からのあきらかな後退だった。しかし、それは物集ひとりだけに生じた後退ではなかった。その背景には、当時の文芸の風潮があった。というのは、物集が主張した、会話は口語体、地の文は文語体という様式は、そのまま当時一世を風靡した硯友社派の小説の様式だったのである。

しかし、そうした時代精神の変遷を忠実に反映したことにもまして、じつはそもそも物集の言文一致理解そのものに致命的な欠陥があった。それは、「話すように書く」という言文一致の根本精神を、「話しをそのまま書きうつす」こととを取りちがえていた点である。たしかに、物集は『言文一致』の論において、話しことばの自発性をそなえた書きことばを目標としていた。ところが、その『言文一致』もていねいに検討すると、物集の言文一致観にうたがいをもたせるようなところがある。物集は、論の最後で「はなし通りに、書くことの、むつかしくないわけ」を次のように述べている。伊勢物語から義経記にいたる平安鎌倉時代の二十一種の古典の冒頭部分をつぎつぎと現代語訳してみれば、「時の所と、接続の所」を手なおししさえすれば、古文はたやすく現代語となりうることがわかるというのである。物集は、古文と現代文との連続性を強調することで、現代語の権威をたかめようとしたのかもしれないが、あれほど「真実に自身の腹から、出る」ことばの重要性を力説しておきながら、言文一致の実例としてあげるのが古典の書きかえであるのはまったく理解に苦しむ。結局、物集には、不可能を可能にしようとする冒険意識がきわめて希薄だったのである。

その一方、チェンバレンに対しては、辰巳小次郎が「駁言文一致論」[20]（一八八七年／明治二〇）においてきびしい批判を投げかけた。辰巳の論が重要なのは、そこには言文一致に賛成する側がいちどは答えなければならない難問がふくまれているからである。

まず辰巳は、チェンバレンの文章がきわめてわかりやすいことに「感服」の意を表明する。その理由として辰巳は、漢語が少なく、俗語をよくとりいれていることをあげた。さらに、チェンバレンの文章のなかの漢字の字数、熟語の数をわざわざ数えあげ、ほかのローマ字論者の文章との統計的比較をおこなうなど、懇切丁寧な批評をくわえた。つまり辰巳は、チェンバレンの「言文一致」の実行面にはなんの不満もないばかりか、いまだ漢文体にとらわれている箇所を摘発して、批判しているほどであった。ただし、辰巳自身の文章は、漢字仮名交じりの文語文であったが。

それでは、辰巳がいったいチェンバレンの「言文一致」のどこに反駁していたのかといえば、その理論面においてであった。辰巳は、チェンバレンの「羅馬字会の目的は俗語を其ありの儘に使ふ事なり」ということばをやり玉にあげ、話しことばと書きことばとはもともと性質がことなることを理論的な面から証明しようとしたのである。

辰巳の論点は、大きくいえばつぎのふたつにまとめることができる。ひとつは「政府が詞の上には入り立て世話せざる」こと、もうひとつは「言文は開化の進むに随て益〻其趣向を異にすべき」ことである。

まず前者についていえば、開化した国の政府は法律で人民を束縛するが、道徳のことは人民に任せておくように、公的文書では一定の言語を用いるように定めるが、「政府は人民が如何なる詞を話すも之を妨げず」という。辰巳は「でございます」にあたる方言の変種を二十四種類もあげて例示し、話しことばが各地の方言によってさまざまに異なることを強調する。そして、各地の風俗や気風のちがいを政府の力ではどうすることもできないのと同様に、政府が話しことばに「入り立ちて世話をやく」のは「到底出来ない相談」であるという。もしチェンバレンがいうような言文一致をおこなおうとするなら、「帝国普通の詞」と「府県特用の詞」のふたつの言語を人民に話させなければならなくなる、と辰巳はいうのである。

また、後者について辰巳は、話しことばは「目前の事を説き示す」のにふさわしく、書きことばは文化の歴史的伝承をはたすのにふさわしいという。そして、辰巳はチェンバレンの論を逆手にとって、言文一致がおこなわれているとされる欧米諸国においても、談話と文章はおなじではないことを指摘する。そして、「野蛮人言ありて文なし。独り開化人言文を兼ね持つなり」[21]と、〈文明〉の立場から言文不一致を擁護するのであった。

このような辰巳の批判、とりわけ、言文一致が話すとおりに書くことだとするなら、各地で相異なり、たがいに通じない方言をそのまま文章にすることになるのではないかという辰巳の提出した批判は、言文一致論者がどうしても答えざるをえないものとなった。

四　東京語と言文一致

その批判にもっとも明快にこたえたのが、山田美妙の「言文一致論概略」[22]（一八八八年／明治二一）である。山田はすでに『武蔵野』（一八八七年／明治二〇）という言文一致体小説を発表して著名になっていた。この「言文一致論概略」は、その小説家山田が言文一致を理論的に基礎づけるために書いた言文一致擁護論であった。

まず山田は、言文一致を主張する学者には二つの流れがあるという。ひとつは「言を文に近づけやうと思ふ」「所謂普通文論者」であり、もうひとつは「文を言に近づけやうと思ふ」「所謂言文一致論者」あるいは「俗文論者」である。[23] そして山田自身は、後者の陣営に属する者として、前者が後者に浴びせた非難をひとつひとつとりあげ、理路整然と反駁していった。

「普通文論者」が「俗文論者」を批判する第一の点は、「若し我々が今日の俗語を此儘文章に用ゐるなら日本国中で通ぜぬ事が有る」というものである。山田はこれにたいしてつぎのようにこたえる。自分が言文一致体で文章を書くにさいしては、「決してどの言葉でも構はず用ゐるが善い」と思ったことはない。さまざまな方言特有の表現は、いかに古語にもとづいているとしても、「普通語法」とはいえない。しかし、「普通の言葉を見出し、普通の語法を探出し、それを用ゐる事さへ出来れば」、言文一致体によって伝達の障害が生まれることはない。そして山田は、「今東京語の性質を精密に吟味して見ると実に此言葉ばかりが前の注文に合ふ様」だという。なぜなら、「東京語が通ぜぬ度は薩州語や奥州語が通ぜぬ度よりは軽い」からであり、また、「何処でも此東京語が不十分ながらも通用せぬ処は殆ど無い」からである。[24] こうして、山田は、「東京語」こそ言文一致体がとるべきいわば〈標準型〉であると明言する。

さらに山田は、「東京語」がなぜ日本の中心的役割をはたすようになったかを、歴史的側面から説明する。江戸時代に江戸に中央政府ができ、江戸に各地の武士や商人がはいりこむことによって、「独り江戸ばかりで言語の混合が出来」た。そして、「東京語」はこの「江戸言葉」の利点をうけついでいる。また、東京は将来も日本の首都であるから、各地方との交通がますますひらけていくにつれて、「中心の一点から四方へ伝はる環の途に障碍は無くなり」「東京の語法は是から益々諸方へ普通に」なるだろう。したがって、「今日の俗語を基とし、それに文法の束縛を加へ、その我儘な進歩をば矯直して行くならば美事完全な文章は、実に充分なる言葉は容易く出来るに違無い」[25]と結論する。

このあと山田は、普通文といえども言語の歴史的変化をまぬがれることはできないこと、「文法の監督」さえあれば俗語も急激な変化をこうむらないこと、俗語にも整然とした文法的規則性があること、そして、古文が優美に見えるのは「後の世になればなる程往古の物が貴くなる」という「好古の癖」がそうさせているにすぎないことなどを明快に説いていく。

このように言文一致反対論をひとつひとつ冷静にとりあげ、社会的・歴史的観点から言文一致を擁護したこの山田の論は、山田自身が著名な作家であることもあって、確固とした言文一致の正当性を世間に印象づけた。まさにそれは「言文一致唱道の趣意書、新文体使用の宣言、文体革新党の旗印」(一九〇〇年(明治三三)刊の高松茅村『明治文学言文一致』での表現)[26]であった。さらに、二葉亭四迷の「だ」調にたいして、山田のトレードマークとなる「です」調を論説で採用したことも見のがせない。

しかし、山田の議論をよくみると、小さな落とし穴があるのに気がつく。緊張にみちた〈賭け〉であったはずの言文一致を、山田はまるで主体的なかかわりをぬきにしても成立しうる歴史的必然であるかのようにとらえてしまった。つまり、山田は「東京語」がしだいに〈型〉から〈規範〉へと移行していく過程をあとづけているのだが、その移行は必然的に到来すべき帰結であると考えてしまったのだ。

ただし、山田美妙がこれほど「東京語」の標準性を力説しなければならなかったことには注意しなければならない。それは、まだ「東京語」が文章語の規範としてはっきりと認められていなかった当時の状況をあらわしている。

事実、ヘボンは『和英語林集成』第二版(一八七二年／明治五)では、「首府であり、天皇や文化人の住む京都のことばが、もっとも権威ある標準語として考えられてはいるが、方言どうしのちがいがはなはだしく、地方訛りと野卑なことばが満ちあふれている」と述べていた。[27] しかし、ようやく第三版(一八八六年／明治一九)になって、ヘボンは右の引用の後半部分をつぎのような表現におきかえた。「王政復古と東京への遷都ののちは、東京方言が優位を手にいれるようになった」と。[28] 明治十年代後半から二十年代初頭にかけて、言文一致運動が最初の興隆期をむかえた時期と、「東京語」の主導権がしだいに認められつつあった時期とが一致しているのは、偶然ではない。

そのころ、自由党の民衆向け機関誌『自由燈』の一八八五年（明治一八）六月三〇日号に「朝寝坊」の筆名で、「東京語の通用」という題名の論説が掲載された。[29] まず筆者は、「日常通用の日本語のうちにて何れの地方の言葉が広く通用するであらうと申さば愚坊は即ち東京語なりと答へます」と論をはじめる。明治になって廃藩置県などにより中央との交流が密接になると、地方の人々も「国訛りの片言葉」ではなく「何日《いつ》の間にか東京言葉を使ふ様」になった。かつては人情本などで東京言葉をおぼえたものであったが、「今は傍訓《ふりがな》新聞〔総ルビ付文を用いた民衆用の小新聞〕にて読み覚ゆる十分の便利があるから生意気な諸生《ママ》〔＝書生〕は未だ東京へ足踏みをしない時よりして自《みづ》から東京言葉を使ふ者がある位」だという。ここで興味深いのは、まず「生意気な書生」が先頭にたって、東京に行ったこともないのにことさら東京語を使いはじめたという指摘である。だからといって、この論説の筆者は、そのことを非難するわけではない。むしろ、地方の小学校教育はもっぱら東京語でおこなうべきであるという。その理由は「言語と文字と甚しき区別なき」「通俗の文章を一定する為めには先づ言葉から一定し」なければならないからである。この意見は、言文一致とのちにいう標準語制定をはやい時期にむすびつけた論として注目すべきである。

もうひとつ例をあげよう。当時大日本教育会幹部であった西邨貞の編んだ『幼学読本』（一八八七年／明治二〇）は、教科書に談話体をおおはばに採用したことでも注目すべきであるが、「其ノ会話体ハ専ラ東京士君子ノ間ニ行ハルル語音ヲ以テ標準ト為セリ」と明言したことでも先駆的である。西によれば、語は自然に同化していく傾向をもち、「東京ハ則チ Assimilation ノ中心[30]」だというのである[31]。

こうして、東京語がしだいに全国に普及していきつつあった現実と、東京語がしだいに言語の主導権をにぎりつつあるという意識とがあわさって、言文一致の要求の背後にあったわけである。また、ぎゃくに、言文一致体で書かれた小説が、東京語を普及させた一要因であったことも見のがせない。二葉亭四迷、山田美妙、坪内逍遥、尾崎紅葉など初期の言文一致体作家は、ほとんど東京生まれであった。二葉亭四迷は、最初の翻訳『通俗虚無党形気』刊行のさい、自著の広告文のなかで「上品な東京語」で書かれていることを宣伝しているほどである[32]。

森鷗外の小説『青年』(一九一〇―一一年／明治四三―四四)の主人公小泉純一は、上京してすぐに紹介状をたずさえて作家大石狷太郎の下宿を訪ねるが、女中にだれのところに行くのかと尋ねられて、こうこたえる。

「「大石さんにお目に掛りたいのだが。」

田舎から出て来た純一は、小説で読み覚えた東京詞を使ふのである。丁度不慣な外国語を使ふやうに、一語一語考へて見て口に出すのである。そして此返事の無難に出来たのが、心中で嬉しかつた[33]。」

もちろん、小説のなかのできごとに作家の直接の経験の写しを読みこむことはできない。

だいいち、鷗外は主人公の貧乏学生とはちがい、石見国津和野藩医の家に生まれ、五歳で漢文素読、八歳でオランダ語をまなび、十歳で上京しドイツ語を学んだというエリートだった。しかし、その鷗外にこのように書かせることができたのは、この場面が当時地方から東京に出てきた多くの学生たちに共通した現実性を喚起したからではあるまいか。このように、東京語を基礎として構築された小説の言文一致体が、こんどは東京語を地方に伝達する媒体となっていったのである。

山田美妙は江戸語と東京語との連続性を強調することで、現在の東京語の標準的地位を正当化したのだが、じつは江戸語と東京語とのあいだにはひとつの断絶があったことも忘れてはならない。明治に生まれた「東京語」は、江戸土着のいわゆる下町言葉を切りすてることによって成立したともいえる。

『日本語の歴史』の著者(おそらく亀井孝であろう)はこう述べている。「江戸の民衆の日常のことばとしての生きた江戸語、つまり、俗にいわゆる〈江戸っ子〉のそのことばは、彼らが、ひとたび他方言と接触するならば、みずからを江戸っ子と意識するゆえんの、そのような郷土の方言として江戸時代ののちにも用いられ、これに対して東京語とは、東京以外の、自分たち独自の方言をもつ人びとに、よそゆきのことばづかいとしてうけとられるいわば〈国語〉の代表選手なのである。」(34)

「江戸語」と「東京語」は、切れながらつながり、つながりながら切れるという複雑で錯綜した関係にあったのだが、この関係をきっぱりと断ち切ったのが〈標準語〉制定をもくろんだ国家の力なのである。

こうして、しだいに東京語が、『幼学読本』でいう「東京の士君子」のことばに限定されていくことで、〈標準語〉としての〈東京語〉が生まれるのである。そして、さらにそれはのちには「東京中流社会のことば」という概念規定にひきつがれ、国家が学校教育をつうじて全国にひろめようとした規範言語の土台となっていくのである。

五　普通文と言文一致

「かなのくわい」会員であった三宅米吉は、論説「くにぐにのなまりことばにつきて」(35)(一八八四年／明治一七)において、すでに言文一致を提唱していた。三宅は、言文一致と言語統一をひとつの視野におさめつつ、つぎのように論じる。言語統一を達成するためには、雅言による統一、特定の都市の現代語による統一(これには京都と東京というふたつの可能性があるという)、国内のあらゆる方言からの共通要素を選択することによる統一、という三つの方法がありうるが、どれも実際におこなうのはむずかしい。また、「くにことばのもとい」をさだめて、方言のなまりを強制的に直させるのは不可能である(三宅のいう「くにことば」とは方言ではなく、「国語」を指している)。したがって、ひとびとの交流を促進することで、ことばを「しらずしらずみづからあらためさする」ことが最良の手段だという。ここでは、標準語の提示もふくめて、人為的言語統一は強く否定されている。

つづいて三宅は、論説「ぞくごをいやしむな」(36)(一八八五―八六年/明治一八―一九)において、漢文と雅文の権威を否定し、俗語の正当な権利を明快に主張した。しかし、三宅のいう「ぞくご」は方言のことではなかった。三宅は「ぞくごといえど、いやしいことばをいうにあらず、べらんめえにあらずだんべにあらず」という。三宅が言語規範に設定するのは、「まづちうとうしやくわいのひとふだんもちいておることば」(37)なのである。もちろん、三宅による俗語の顕揚は、当時の言語意識からすれば画期的なものであるが、のちの標準語制定の議論を予知するかのように、「中等社会のことば」に基準がもとめられていることを見のがしてはならない。

その後三宅は、海外留学の後に書いた「言文一致ノ論」(38)(一八八八年/明治二一)では、しだいに口語に対して形式性と規範性を要求するようになる。三宅は「文章ト口語ヲ相近ヅケシメントスルニハ如何ニスベキト云フニ、ソハ唯一法アルノミ、即口語ニ修辞ノ練習ヲ加フルコトコレナリ」という。このための手段として三宅は、演説家にことばをうまく選ばせること、「上流人士」が演説する機会を多くすること、芝居を「上流ノ雅客」に見物批評させること、学校教師が自分のことばに注意すると同時に生徒の「言ヒ方ヲ批評スル」ことなどをあげた。こうして三宅は、「口語ノ改良」によって言と文がたがいに近づき、ついには一致することをめざすようになるのである。

山田美妙が指摘したように、言文一致陣営のなかには当初からふたつの潮流があった。ひとつは文を言に近づけようとする「俗文論者」、もうひとつは文と言を相互に接近させようとする「普通文論者」である。ここで「普通文」と言われる文体は、従来の漢文訓読体に口語的要素をまじえて平易化した、明治期になって成立した文語文をさす。三宅は、「言文一致論」とほぼおなじ時期にあらわした論文「読本教授ノ趣意」において、はっきり後者の立場にたってこういっている。「今日小学ノ教授ヲ論ズルニ方リテハ、躬ヅカラ「言文相近」ノ主張者タラザルヲ得ズ。〔……〕俗語体ノ普通文ヲ教授スル事ハ実際為スベカラズ」と。(39)

このような三宅米吉の転身は、言文一致が漢文・雅文にたいする「下から」の異議申し立てから、その前提として「上から」の話しことばの標準化をもとめる立場へと移り変わっていく過程をよくしめしている。このことは、三宅が言文一致の「俗文論者」から、言文相近の「普通文論者」に変身していく過程とパラレルになっている。そして、三宅が指摘したように、学校教育においては、教師が生徒の「言ヒ方ヲ批評スル」こと、つまり方言矯正をつうじた標準語教育が、〈言〉のがわでの規範化をおこなう最大の強制力となっていくのである。

六　帝国意識と言文一致

すでに国字改良部を設けて、言語政策の方面での活動を活発にすすめてきた帝国教育会は、一九〇〇年(明治三三)三月に、さらに「言文一致会」を発足させた。こうして、国字改良のみならず言文一致も、しだいに国家の言語政策のなかにとりこまれていく。この一九〇〇年は、ほかにも林甕臣《みかおみ》の「言文一致会」、桐生悠々の「言文一致協会」(40)など、民間にもいくつかの言文一致の研究と推進を標榜する団体があらわれた年である。国字改良にかわり、言文一致が言語問題のもっとも重要な課題として前面に押し出されたのである。

これらの団体のなかで、もっとも影響力が大きかったのは、やはり帝国教育会内の言文一致会であろう。この言文一致会は、一九〇一年(明治三四)に著名な知識人、教育家を結集して、二回の講演会を開催した。そこでおこなわれた講演のうちのいくつかは、以前から言文一致論争にかなりの紙面をさいていた読売新聞に掲載され、一般読者の目にもとまるようになった。そのなかから、日清戦争以後の国家意識の高揚が、言語意識に端的に反映している例をあげてみよう。

まずは井上哲次郎の「言文一致に就いて」(41)である。井上は「最も言文不一致の有様と思ひますのは、日本と支那」だというところから話を切り出す。井上は「支那の文章といふものが大変にムヅかしくして、又古いのであるが為に、実は其支那の思想の発達を余程妨げて居る」という。「支那言葉」には活用も語尾変化もないため、「綿密に思想を言ひ表はすことが出来」ない、「だから漢文でチヤンと西洋の論理学経済哲学抔を書き表はすことが出来ませぬ、ドンな偉い人でも出来ませぬ」。ところが、それに対して、「日本の文章は支那よりドレだけか発達して居る」。「小さな仮名を語尾にクッ附けることを発明したのが、日本人の発達進歩を助ける一端」であった。そして、井上は「日本人が支那人に勝ッたのは一つは斯ういふ良い器械を持ッて居ッたから」であるとまでいう。

このように、すでに言語そのものからして日本語は中国語に優越しているのだから、文体の面でも一歩すすめて、言文一致を採用すべきであると井上はいう。しかし、井上が言文一致を支持してその利点としてあげるのは、わかりやすさと自然らしさのほかに、「言文一致といふものは余程国語の独立を助ける」ということなのである。

日本では古来から「漢語に此方が支配された為めに国語が発達しませぬ、だから此羈軛を脱せんとするには、言文一致が肝腎です、言文一致にするのは支那の文章の支配を免がれる始めであって、余程都合が好い」と井上はいう。さらに井上は、漢字漢語の欠点難点をつぎつぎと数えあげ、「言文一致になれば、羅馬字なり仮名なり、それはモウ一歩進めば其処に至ることが出来る」とまでいう。そして、言文一致会が「日本国民の前途に横はつて居る大問題」である「文字の改革」にたいしても、有益な役割を果たすことを期待して論を閉じている。

井上は日本と中国を比較したが、さらにそこに朝鮮をふくめて論じたのが、白鳥庫吉の「言文の一致を要する歴史的原因」[42]である。白鳥は、日本語と朝鮮語はおなじアルタイ語系に属し、類似点がひじょうに多く、おなじように漢語の影響をうけたにもかかわらず、「日本語に於ては追々と漢言語の束縛を遁れて、国語国文を尊重するやうになり」、ついには言文一致の要求にまで達しているのに対し、「朝鮮に於ては、矢張り文章といへば純粋の漢文、言語といへば自分の方の言語である」のはなぜかと問う。白鳥は「すべて一国の言語はその国家と消長を均しうするもの」という視点から、つぎのように述べる。「朝鮮は〔……〕漢民族の政治上文化上の影響を蒙ったが故に、決して厳然たる独立国を形成することは出来なかった」「自国に独立の気力がなかった処から、その国の言語も独立の元気を失って従属の地位に陥った」と。これに対して、日本はおなじように漢語の影響を受けても、「我が国体」「日本国民たる観念」「日本人であるといふ愛国心」を失わず、「我が国家が常に独立の地位にあって、漢土に服従する事のなかった」ため、「国語が発達して漢文の束縛を脱却して来た」のである。白鳥によれば、江戸時代に漢文が奨励されたのは「是に依って彼の長を採ると云ふ精神から出たので、決して支那人を尊崇して支那国に屈従すると云ふ様な卑屈心から出たのではない」という。そして、「明治の代になって漢語の多い漢文の臭味を帯びた和漢混合文が流行したのは、漢文に対して国語の得たる勝利」

なのである。さらに、日清戦争によって「支那国は実力に於ても文明に於ても我国に劣ることが万々であることが明瞭になった」。いまや「我国は列国の仲間入り」をしてさまざまな改良が急務である。こうして、白鳥は、不経済な漢文を廃して、「今日実際生きて居る文法を以て文を綴ったならば、学課上の大経済が立って我国民の利益は著大であらう」と結論するのである。

言語学の立場からみれば、形態論的要素の乏しい漢文と、貧弱ながらも形態論的要素をもつ日本語との比較は、興味ぶかいところがある。また、白鳥と井上には、漢文の権威から日本語を自立させようとする身構えがあり、それはちょうどリヴァロールが『フランス語の普遍性について』(一七八四年)で、フランス語がラテン語よりも合理的で明晰な言語であると述べたことを連想させる。しかしその結果、リヴァロールが尊大なフランス中心主義におちいったように、井上と白鳥の議論には、なんとしてでも日本の優越性を証明しようとする心情のこもった国粋主義的努力がにじみ出ることになる。そして、リヴァロールが議論の根拠にしたのは人類普遍の「理性」だったのだが、井上と白鳥が全面的に頼りにするのは日本以外にはとても通用しない「国体」の概念なのである。

注意すべきは、個々の事実の誤認や歪曲如何よりも、言文一致をめぐる全体の論調が以前とは全面的に変わってきていることである。これは国字問題についてもいえることだが、以前は欧米諸国の言文一致の理想がかかげられ、日本の言文不一致の現実が対比された。

ところが、いまや、中国・朝鮮がいつまでも言文不一致にとどまっているのに対し、日本はもともと言語的にも歴史的にも言文一致への潜在的志向をもっているととらえられるようになったのである。そこまで言わせるほど、現実に言文一致が進んだというわけではないだろう。このような思考の根底をささえたのは、日本が「列国の仲間入り」をはたしたという意識である。この点では、林甕臣の言文一致会も同様で、その主旨書には「ワガ日本国ハスデニ海外強国ト競争場裡ニタテル」こと、言文一致と国字改良がなければ「ワガ日本ノ文明ハタウテイ海外強国トソノ発達進歩ヲイドムワケニハユカヌ」ことが強調されていた[43]。

まさに日本は帝国主義段階にはいっていた。ジャンセンがいうように[44]、一九〇〇年前後が〈明治日本〉から〈帝国日本〉への転換点だとするなら、言語意識・言語制度の面でも、それは〈帝国日本語〉への方向づけがなされた時期だといえるだろう。

帝国教育会内言文一致会は、一九〇一年(明治三四)二月に「言文一致の実行に就ての請願[45]」を貴族院・衆議院に提出し、これを可決させた。その請願書は、「凡そ国語の独立普及発達は国家の統一を固くして国勢の伸張を助け国運の進歩を速かにする第一の方法であつてそれには言語と文章を一致させねばならぬこと〻信じます」(傍点引用者)ということばではじまる。まさにここでは、言文一致が国家・国運・国勢を左右するものととらえられている。なぜなら、言文一致は西欧列強との競争における言語的武器だからである。請願書はつぎのようにいう。ヨーロッパ諸国は、三百年前からラテン語の支配を脱して言文一致を実行しているため「文明開化」「富国強兵」の道をすすんだが、それにたいして「朝鮮女真契丹満洲蒙古」は言文一致にいたらなかったため「国運傾き国勢縮まり国家が衰へ或は亡びた」のである。日本では、言語・文字・文体のいずれもが複雑で学習に困難であり、「他の必要有益の知識を得る」のに莫大な努力が浪費されている。このことは「世界の競争場裡に立つて居る日本国に取つては此上もない不経済」であり、「言文一致は学制改革の先決問題」である。そして、請願書は最後に、文部省内国語調査委員の議決にしたがい、正式の政府機関として「速に国語調査会を設けて言文一致の実行を国家事業とする」(傍点引用者)ことを要求するのである。

この請願書が両院で可決され、翌一九〇二年(明治三五)三月に、東大総長加藤弘之を委員長とする国語調査委員会が官制をもって設立されることとなるのである。第二部の主人公、上田万年を西欧言語学の移入のためにドイツ留学に派遣したのが、この加藤弘之であった。

第三章 「国語」の創成

一 「国語」の受胎

明治という時代をゆるがせた言語問題である国字問題と言文一致は、そのいずれもが、日清戦争が起爆剤になって「国家意識」さらには「帝国意識」と結びつきはじめた。それらの言説の集結点にあるのが「国語」の理念であり、そこでかなめの役割を演ずることになったのが上田万年である。上田万年の言語思想については、第二部でくわしく検討したい。この章では、上田にいたるまでの「国語」という概念がいかなるものだったかを究明する。

「国語」という単語そのものは、明治になってはじめて作られたわけではないが、近代的意味が付与された漢語がそうであるように、「国語」は明治日本がその意志を凝縮して誕生させた近代の申し子である。そうだからといって、「国語」という表現が、ある日突然あらわれでたのではなく、その受胎から誕生までには、やはり無視できない出生歴があるのである。

「国語」ということばは、近代日本においてあまりにも自明なものになってしまったために、その歴史的起源を反省するには、かなりの知的緊張が要求される。それは「国語」の概念のなかにひそむ暴力性への反省からはじまることもあれば、「国語」を自明な対象として疑わない「国語学」に対する学問的省察というかたちをとることもあるだろう。いな、むしろ「国語」の概念の歴史的起源をあきらかにすることは、この両方の作業がともに必要なのである。なぜなら、「国語」は、国家支配のための政治的装置であるだけでなく、近代日本の精神を呪縛する知的装置でもあるからである。

「国語」の概念の形成を歴史的にあとづけるという点で先駆的な業績は、亀井孝の論文「「こくご」とはいかなることばなりや」であろう。そこで亀井は、明治期に流れこむような「国語」のみなもとのひとつとして、洋学者川本幸民がその著『気海観瀾広義』(一八五五年/安政二)の凡例のなかで、自著の文体について漢文をさけるむねを述べたつぎのような箇所をあげている[1]。

「コレヲ漢文ニ翻セバ。或ハ其義ヲ誤ラム。故ニ今国語ヲ以テ　コレヲ綴リ。務メテ了解シ易カラシム。」(傍点は亀井)

亀井は、ここでの「国語」は、漢文に対立する概念であるのはもちろんだが、文章のうち仮名で書かれた部分と字訓による漢字で書かれた部分をさしているのではないかとのべている。そして、「「和」をしりぞけて「国」をえらび文のレヴェルでなく〝語〟のレヴェルで日本語をとらえてみようとするそのかまえ」が川本にあったのではないかと推論している。つまり、「和語」でも「国文」でもなく「国語」をえらんだことに、川本独自の表現意志がみいだされることになる。

けれども、ほぼ同時代に、まったくことなる意味の「国語」概念があったことも、みのがすわけにはいかない。一八四二年(天保一三)に翻刻されたオランダ語による『和蘭文典前編』は、安政年間にいくつかの訳本が出版される。その冒頭部分の tale(英語の language にあたる)という語は、一八五五年(安政二)の『和蘭文典前編訳語筌』では「国語」と、一八五六年(安政三)の『和蘭文典読法』では「国語《クニコトバ》」と訳されているのである。[2] ここでの「国語」は、日本語をさすものでないことはいうまでもない。また、漢文に対立する要素でも、単語の水準でとらえられた言語要素でもない。それは、不特定の個別言語の全体を一般的にさす普通名詞として用いられているのである。

ただし、「国語」という訳語は安定したものでなかったことも事実である。おなじく『和蘭文典前編』の訳本である『訓点和蘭文典』(一八五七年/安政四)において、tale は「国詞」(おそらく「くにことば」と読ませたのだろう)と訳されている。[3] さらに、開成所発行の『英吉利文典』(一八六六年/慶応二)の和訳本である『挿訳英吉利文典』(一八六七年/慶応三)では、language が「国言葉」「国詞」と訳されていることもつけくわえておこう[4](ただし、すでに述べたように、「くにことば」が「国語」の字訓にあてられている場合もあることを考えるなら、問題はやや複雑になる。つまり、「国語」は「くにことば」の言わば「ふり漢字」であった可能性があるのである）。

このような「国語」の概念の錯綜したありさまは、明治初期の英和辞典のなかにとどめられている。柴田昌吉と子安峻というふたりの英学者によって一八七三年（明治六）に刊行された『附音挿図英和字彙』(5)は、日本で最初の本格的な英和辞典といってよいが、language にはつぎのような訳語がルビ付きであげられている。

「語《ゴ》、言葉《コトバ》、話《ハナシ》、国語《コクゴ》、話法《カタ》、民《タミ》」

それにたいし、speech にはつぎのような訳語がつけられている。

「説話《ハナシ》、言語《ゲンゴ》、国語《クニコトバ》、言葉《コトノハ》、公《コウ》言、演述《ノベタテ》、口演《コウジヤウ》」

language と speech の意味のちがいに対応して、「コクゴ」は文法や語彙からみた言語の全体を指し、「クニコトバ」は具体的なことばづかいや発話を指すと考えることもできるが、ふたつとも同じ「国語」という漢字表記をするのだから、問題はやっかいになる。

ただし、おなじふたりの編者によって一八八二年（明治一五）に刊行された『増補訂正英和字彙第二版』(6)では、ふり仮名がつけられていないため、language の訳語としての「国語」と speech の訳語としての「国語」とで、ちがう読み方をさせたかったのかどうかさだかでない。そこでは language の訳語は「語、言、話、言語、詞、談、国語、話法、民」、speech の訳語は「説話、言語、国語、公言、演述、口演」となっている。

この点は後にもふれるが、「国語」という漢字表記であっても、「コクゴ」とも「クニコトバ」とも読むという習慣はかなりあとまでのこるのである。一見ささいなように見えるが、「国語」の理念の成立にあたってひとつの重要なポイントは、「クニコトバ」というやまとことばが捨てさられ、「コクゴ」という生硬な漢語表現だけが生き残っていったことであるとさえいえる。

柴田昌吉と子安峻の『英和字彙』には種本ともいうべきものがあった。それが香港で一八六六年から六九年にかけて刊行されたW・ロブシャイトの『英華字典』(7)である。森岡健二の調査によると、柴田・子安の『英和字彙』の見出し語のうちの四七・一パーセントは、この『英華字典』と共通の訳語をもっているという。(8)ところが、「国語」についてはそうではない。『英華字典』における language の訳語は「話、語」だけであり、「国語」という訳語は記載されていない。つまり、language を意味する「国語」という表現は、純然たる日本製漢語だということがこれでわかる。

ところが、ヘボンの『和英語林集成』をみると、その初版(一八六七年/慶応三)にも二版(一八七二年/明治五)にも「国語《コクゴ》」という見出し語は採用されていない。注意深いヘボンの目にもとまらなかったということは、当時は「コクゴ」という語がそれほど一般的に用いられていなかった証拠になるだろう。『和英語林集成』に「国語」が登場するのは、ようやく第三版(一八八六年／明治一九)になってからであった。

以上のことから見ると、明治初期において、「国語」ということばは language の翻訳語として日本の洋学者、英学者たちが使っていたすこぶるハイカラな表現だったように思われる。このことは、またのちにもふれる。

これまでのことから、つぎのことがわかる。明治初期に「国語」はまったくことなるふたつの意味をになっていた。まず、「国語」が日本に固有の言語をあらわすばあいがあった。ただし、このときは、言語表出の全体をあらわすよりも、単語のレベルで漢語(のちにはここに洋語がくわわる)と対立することが強調され、さらに、「和語」と「国語」との微妙なちがいがあらわれてくる。それにたいして、language に対応する「国語」は、特定の言語にかぎられない普通名詞となることで、言語表出全体を指ししめすことができた。だが、それと置きかえられるような他の表現があるため(たとえば、「くにことば」)、その用法自体が安定していなかったのである。

二　明治初期における「国語」概念の変遷

近代日本の言語問題のあらゆる点において先駆者であった前島密は、「国語」の概念形成においても、重要な位置をしめている。先にもふれた「漢字御廃止之議」[9](一八六六年／

慶応二)では、「国語」とならんで「本邦語」「御国語」という表現がもちいられているが、これは文脈にすこし注意すれば用法が区別できる。「本邦語」は言語の全体名称として「支那語」に対立し、「国語」は語句の水準で「漢語」に対立する日本語要素を意味するものとして用いられている。さらに「国語」は、「英国等の羅甸語等を其儘入れて其国語となし」とあるように、かならずしも日本語に限定されない用法もとられている。「御国語」は、おそらく「みくにことば」と読ませるのだろうが、文脈が「愛国心」「大和魂」を論じていることからくる修辞的表現と理解できる(かならずしも古語を指しているのではない)。しかし、ここでもっとも注目すべきは、この「漢字御廃止之議」を「国家の大本は国民の教育にして……」(傍点引用者)とはじめることのできた前島の「国家」意識、「国民」意識である。「国民」という語は、一方では福沢諭吉を先頭にする啓蒙思想家の活動をつうじて、他方では明治新政府の諸布告での使用をつうじて、明治になってはじめて一般化していった。おそらく前島は、その洋学の知識をつうじて、近代的政治概念としての「国民」の意味を発見し、「普通教育」による「国家富強」という時代を先がけた主張をおこなうことができたのであろう。

しかし、このような前島の「国家」意識、「国民」意識が十全に開花するのは、維新後の「国文教育之儀に付建議」(10)(一八六九年／明治二)においてであろう。ここにはもはや「本邦語」も「御国語」もあらわれず、「国語」「国文」で一貫している。そして、さらに重要なのは、それらの意味内容である。すでに第一章でもふれたが、前島の「国文教育施行の方法」の第一期は、「和学、漢学、西洋学者」によって「国文の体を創定」させ、「国語国文の典範」をえらばせることにあった。つまり、もはや和学(今日いうところの国学)は「国語国文」の専有権をもたないのである。じじつ、「新選国語は漢語西洋語を論ぜず之を容納」すべきとされている。前島のいう「国語」は、和漢洋の対立をこえたところにある。「新選国語」という表現がよく照らしだしているように、前島のいう「国語」は、「伝統」によって保存されたものではなく、あくまで現在の要請にこたえるものでなくてはならなかった。そして、その現在性の基盤となるのが、実学思想を体得した「国家」「国民」であることはいうまでもない。

このような言語意識をもつことで、さらに前島は「興国文廃漢字議」[11](一八七三年/明治六)において、後年の国語調査委員会を予見するかのように、言語政策のための政府機関としての「国語課」の設立を提唱することができたのである。

前島の一貫性にくらべれば、西周の「洋字ヲ以テ国語ヲ書スルノ論」[12]は、語の用法のゆれをしめしている。というのは、題名には「国語」とありながら、本文中では「洋字ヲ以テ和語ヲ書ス」となっているからである。その一方で、「児童初メ国語ヲ学ヒ次ニ漢語ニ従事セシム」などのように「国語」も平行してもちいられている。西は「徒ラニ古文法ヲ用フル」国学者をきびしく批判しており、「和語」といっても、いわゆる「みくにことば」

を指すわけではない。けれども、第一章で述べたように、西のローマ字書法は、語の雅俗両方の発音を包摂しようというものであったことからもうかがえるように、現在性にもとづく「国語」の意識は、前島よりも希薄であった。

ただしひとことそえておけば、前島においても、西においても、「国語」は語句の水準でとらえられており、いまだ言語の全体をおおうものではないことは、注目すべきであろう。

ところで、前島は「興国文廃漢字議」において、「国語」を修めるのは実学の興隆のためであって、「僻古家ノ所謂国体ヲ正シ名義ヲ明ニスルノ論」[13]とはまったく関係がないと、わざわざことわっている。これはおそらく、「国語」という表現が「僻古家」と結びつけられるおそれがあったためであろう。

維新をささえたイデオロギーのひとつが、国学に源をひく尊王攘夷論であったことから、明治新政府が成立すると、廃仏毀釈運動にはじまり一八七〇年(明治三)の大教宣布の詔に頂点をおく宗教政策だけでなく、文化教育政策の方面にも国学者が進出するようになった。一八六八年(明治一)には京都に漢学所とならんで皇学所が設けられ、翌年には東京にかつての昌平黌を中心にした大学校が設立されるが、そこでは国学が漢学より優越した地位を占めた。しかも、大学別当から孔廟釈奠の廃止、「国書」の使用と漢籍素読の廃止を求めるというあからさまに反漢学的な議題が集議院に提出されたほどであった。[14]その大学校規定をふくむ「昌平学校ヘノ達」（一八六九年／明治二）には「神典国典ノ要ハ、皇道ヲ尊ミ国体ヲ弁スルニアリ」（傍点引用者）という表現がある。亀井孝は、この「国典」とは漢籍に対立する神道関係以外の日本の書物をさしており、このような用語法のなかに「国語」という表現が成り立つ基盤があると述べている[15]。

また、一八七一年（明治四）に国学者が中心となって文部省から出版した『語彙』巻一凡例には、「皇国語」「皇国言」という表現があらわれている。両者とも「字音」と対立してもちいられており、「みくにことば」と読ませるのだろう。福沢諭吉なら「皇の字などをむやみに用ひて、ありもせぬ熟字を作り[16]」（『文字之教』）と痛罵したにちがいない。

しかし、明治政府は、こうした皇道復古主義から開化主義へとしだいに方針を転じつつあった。教育面においては一八七二年（明治五）の学制公布がまさに開化主義への転換をしめすものだった。こうしてみると、前島密が学制公布をきっかけに起草した「興国文廃漢字議」で、「国語」は「僻古家」のいう「国体」とはなんの関係もないと強調したのもうなずけるのである。

事実、皇道主義をとなえる国学者への諸方面からの批判は、すこぶる痛烈なものがあった。すでに、国学者が活躍していた当時から、儒学の側からは「近来文盲至極ナル一種国学　皇学ナト唱ル附会杜撰ノ事ノミヲ主張スル者[17]」にたいする批判の声があがっていた。また、洋学者からの批判もそれにおとらずきびしいものだった。加藤弘之の『国体新論[18]』

(一八七四年/明治七)はその代表的なものである。そこで加藤は、国学者を「其見ノ陋劣ナル、其説ノ野鄙ナル、実ニ笑フベキ者」と痛烈に罵倒し、かれらの天皇崇拝は「卑屈心ヲ吐露シタル愚論」と決めつける。そして、加藤は「国家ノ主眼ハ人民ニシテ、人民ノ為ニ君主アリ政府アル所以ノ理」を説き、天賦人権論にもとづく「公明正大ナル国体」の建設を主張する。加藤は「天皇ハ我輩人民ト同ジク人類」と断言しており、これは当時「国体」という語にまだ柔軟な意味をもたせることができたことを示している。ただし、のちになって、その天賦人権論を掲げた自由民権運動の高揚に恐れをなした加藤は、自説を全面的に否定して、一八八一年(明治一四)にはこの『国体新論』を絶版にすることをみずから公表するにいたる。

それはともかくとして、やはり「国語」という表現は、それが国学的な造語法にもとづくかぎり、「漢学者および洋学者の感情にそぐわないものをやどしていた」[19]のではないかと思われる。そうしたこともあってか、明治十年代前半までは、「邦人」「邦国」などの語と結びつくかたちで「邦語」という表現の方が一般化する。

たとえば、神田孝平の「邦語ヲ以テ教授スル大学校ヲ設置スベキ説」[20](一八七九年/明治一二)や、「我邦語ヲ修正シ文法ヲ設定スルノ急務ナルコト」を説いた加藤弘之の「博言学ニ関スル議案」[21](一八八〇年/明治一三)のなかでは、「邦語」は安定した用法となってあらわれている。ただし、「邦語」という語を用いたのは、なにもこうした進歩的洋学者だけではなかった。天皇侍講元田永孚《ながざね》の起草した「教学大旨」[22]（一八七九年／明治一二）のなかにも、当時の教育事情を批判する箇所に、「甚キニ至テハ善ク洋語ヲ言フト雖ドモ、之ヲ邦語ニ訳スルコト能ハズ」（傍点引用者）という表現が見いだされる。「教学大旨」は公的には天皇のことばとして示されたのであるから、この語の一般性は証明ずみであろう。

　しかし、こうしたことによって、「国語」という語が簡単に死滅したわけではない。「邦語」「日本語」はまさに日本固有の言語にたいしてしか用いられなかったのだが、その一方、「国語」は language を指す普通名詞として生きのびた。「邦語」の用例としてあげた加藤の論説「博言学ニ関スル議案」のなかにも、「博言学ニ依テ博ク東西二洋諸国語ノ大体ニ通シ」という一節に見られるように、普通名詞的意味での「国語」なら使われていた。また、矢田部良吉の「羅馬字ヲ以テ日本語ヲ綴ルノ説」[23]（一八八二年／明治一五）には、「支那ノ如ク一言ヲ以テ一語ト為ス国語」「我国語ハ大ニ之ニ異ナリテ」という表現がある。「我国語」という微妙な言いかたがあるにせよ、これらの「国語」は普通名詞的な用法であるとみなしてよいだろう。事実、矢田部が「夫レ国語ノ成ルヤ一朝一夕ニ非ス」というときも、「国語」は日本語に限定されるものではなく、英語にもフランス語にも中国語にもあてはまる概念として用いられていた。こうした「国語」の用法は、とくに意識的なものではなかったようである。

　普通名詞としての「国語」は、学問的用語に昇格する場合さえあった。帝国大学博言学科教授にむかえられたチェンバレンは、一八八七年(明治二〇)に文部省から『日本小文典』を刊行するが、その「緒論」ではこう述べられている。「抑世界に、多くの国語あり、たとへば英語、仏語、独語、支那語のごとし、皆それぐ〵の文法あり。[24]」ここでの「国語」が、やはりlanguageの対応語であることは明らかであろう。

けれども、普通名詞的な意味での「国語」には、あいかわらずひとつの対抗馬があった。「国言葉」がそれである。加藤弘之の「日本語学の事につきて[25]」(一八九〇年/明治二三)は、「国語学」ではなく「日本語学」という名称を用いていることでも注目すべき論文であるが、そのなかで加藤は、「原語でランゲージと云ふ詞は日本言葉には丁度さう云ふ適当の詞がない[26]」としながらも、「総ての話をする上の総体の使ひ方」として「国言葉」の訳語をあてている。それにたいして、この論説で「国語」は個々の語句の水準での概念として用いられている。

このように、明治初期における「国語」の概念は、いまだ成熟するにはほど遠い状態だった。関根正直の「国語ノ本体幷ヒニ其価値」(一八八八年/明治二一)は、国語意識の変遷をみるうえで見逃せない重要な論説として後にとりあげるが、その冒頭で関根はこう述べている。「近来小中学校ニ、国語ト云ヘル学科アルハ、吾人ノ知ル所ナレドモ、此ノ国語トハ何如ナル者ナリヤ、其本体ニ至リテハ、世ニ普ク知ラレザルニ似タリ[27]」と。つまり、「国語」は世間で認知される一人前の概念にはなっていないというのである。そして関根は、「国語トハ、ラングェージト云フ英語ノ訳字ナルベク聞ユ」と述べ、それならむしろ「国文」という方がわかりやすいのではないかという。なぜなら、「語トノミイヘバ単語ノ事ト聞ユレバナリ」[28]。

この関根の証言はたいへん貴重である。関根のことばは、まず、「国語」という表現がふつうは英学者経由の翻訳語として受けとられていたこと、しかしその一方で、「国語」は語の水準だけの概念であって、言語の全体性をおおうには不十分なものとしてとらえられるおそれもあったことをあかしづけているのである。つまり、明治二十年代初頭になってもまだなお、language の訳語としての「国語」と、語のレベルで「漢語」「洋語」に対立する「国語」というふたつの層が、「国語」という表現のなかにとけあわないまま併存していたのである。

三　大槻文彦と「国語」の成長

右に述べたように、明治初期における「国語」には、その意味や用法にあきらかなゆれがあった。したがって、後世におけるような絶大な象徴的意味をになうにはまったく実力不足であった。ある意味では、「国語」という概念などなくてもそれほど困らなかったとも言える。しかし、そうした中からしだいに「国語」は成長し、一人前になったときにはためらうことなくその本性を発揮するようになるのである。この過程をまざまざと見せてくれる格好の例がある。それは大槻文彦の著作における「国語」概念の変遷である。

大槻文彦が独力で編纂した『言海』(一八八九―九一年/明治二二―二四)は、その後のあらゆる日本の国語辞書の範となった。ところが、じつは『言海』はけっして「国語辞書」と銘うたれてはいない。その題名は、あくまで『日本辞書言海』なのである。その冒頭におかれた「本書編纂ノ大意」(29)(一八八四年(明治一七)執筆)で大槻は、「此書ハ、日本普通語ノ辞書ナリ」と規定している。事実、この「本書編纂ノ大意」には「国語」という表現はいちども現れない。かわりに用いられるのは「日本語」である。「日本語ヲ以テ、日本語ヲ釈キタルモノヲ、日本辞書ト称スベシ」(30)というわけである。大槻が「国語」という表現を意識的に拒否したというわけではない。大槻文彦は『言海』の「本書編纂ノ大意」を書くのに、「国語」という表現を使わなくても、なんら困りはしなかったのである。

ところが、『言海』完結から六年しかたたない一八九七年(明治三〇)に刊行された、おなじ大槻の『広日本文典』になると、様子はかなりかわってくる。その「総論」において、「国語」は立派な学問用語として、つぎのような定義づけを受ける。「世界ノ各国ニ、各、言語アリテ、相異ナリ、コレヲ、其国ノ国語トイフ。サレバ各国ノ文法モ、随ヒテ相異ナリ。此ノ書ハ、日本国語ノ文法ヲ記シタルモノナレバ、日本文典ト名ヅク」(31)と(傍線原文)。「日本語ヲ釈キタル」『言海』から、「日本国語ノ文法ヲ記シタル」『広日本文典』への過程は、とりもなおさず「国語」が意味論的地位を昇格させていった過程であるといえよう。

ただし、『広日本文典』が、たんなる「国語」ではなく「日本国語」という、いまから見れば冗長な表現を用いているのには、それなりの理由がある。ここでの「国語」の用法は、先にあげた『日本小文典』におけるチェンバレンときわめて近い。本文と同時に刊行された『広日本文典別記』につけられた注釈によれば、ここでの「国語」は普通名詞としての language の対応語なのである。[32]「国語」すなわち「日本語」という同義的関係は成立していなかった。じじつ、この『別記』序論では、「国語」は、それぞれの文脈に応じて、英語、フランス語、ロシア語、中国語などの個別言語をそのつど指し示している。しかも、この『別記』序論で、固有の「国」をもたない「亜米利加土人の語」さえもが「国語」の仲間入りをしている。つまり、「国語」は、個別言語を無差別に規定するための中性的概念として用いられているのである。そのうえ、やはりここでも「国語」は「くにことば」トモ、「こくご」トモ訓ムベシ[33]」というように、語の読みかた自体が一定していないままであった。

　ところが、おなじ『広日本文典別記』序論には、これとはまったくことなる「国語」の用法が見いだされる。大槻によれば、「英国の国語」にはその文法にまで諸外国語の要素が浸透しており、「其国語の成立に至りては、独立国の体面に、耻かはしきもの」になっている。それにたいして日本では、「千有余年来、朝鮮語、漢語、梵語、洋語、等の混入」

があったとはいえ、それらは名詞のみに限られ、文法組織をつくる「本国の語格語脈」はいささかも破られてはいない。そのことは「日本国語」の比類ない卓越性のあかしなのである。大槻のことばにしたがえば、「千余年然り、今より後、千万年に至るとも、依然として、此の如くなるべし。国体も、国語も、共に他の侵犯を受けしことなく、共に金甌無欠なること、神明の加護あるが如し」だという。そして、大槻はつぎのような「国語」の理念の顕揚によって、その序論を結んでいる。「一国の国語は、外に対しては、一民族たることを証し、内にしては、同胞一体なる公義感覚を固結せしむるものにて、即ち、国語の統一は、独立たる基礎にして、独立たる標識なり。されば、国語の消長は、国の盛衰に関し、国語の純、駁、正、訛は、名教に関し、元気に関し、国光に関す、豈に、勉めて皇張せざるべけむや(34)。」

もちろん、この箇所における「国語」を普通名詞的に解釈することもできる。けれども、ひとたび「国体＝国語」というフィルターを通過したあとでは、「国語」の概念が日本語に収斂していくのは避けられない。そして、数ある言語のうちで、日本語だけが「国語」の名に値する至高の地位を占めることになる。

大槻文彦の『言海』から『広日本文典』、さらに『広日本文典別記』へといたる著作のなかで、「国語」が存在しなかった状態から、「国語」が出現し、さらにさまざまな象徴的意味が肥大していくさまは、近代日本における「国語」の誕生から成長への一般的過程を集約して示しているといえる。

けれども、「国語」という語の意味と用法がじょじょに整理され、概念が段階的に発展していったわけではない。そこにはひとつの大きな断絶が存在することを見なければならない。あくまで大槻の著作を比喩として用いるなら、一八八四年(明治一七)の『言海』の「本書編纂ノ大意」と一八九七年(明治三〇)の『広日本文典』のあいだで、言語意識のうえになにかが起こったのである。それは、言語への国家意識の投影であり、「国語」の象徴性の極大化であった。ここに、近代日本の言語意識を呪縛するものとしての「国語」の概念が、真の意味で確立したのである。

四　「国語」の理念の創成

端的にいえば、「国語」の理念は、日清戦争(一八九四—九五年/明治二七—二八)を頂点とする明治二十年代の精神状況を土壌にして生まれた。おおざっぱにいうなら、明治十年代が自由民権運動と欧化主義の時代であったとすれば、二十年代は官民一体による統一的「国民」の創出と「国家」意識の高揚の時代であったと見ることができる。そこでは、あらゆる社会的勢力が、近代国家にふさわしい「国民」像の探求という一点に向かって、しらずしらずのうちに吸引されてしまったのである。

一八八五年(明治一八)に太政官制が廃止され、伊藤博文を初代総理大臣とする内閣制が成立したさい、文部大臣には森有礼がむかえられた。森は大臣就任の際に提出した「閣議案」のなかでこう述べている。「今夫国ノ品位ヲシテ進ンテ列国ノ際ニ対立シ以テ永遠ノ偉業ヲ固クセント欲セハ、国民ノ志気ヲ培養発達スルヲ以テ其根本ト為サヽルコトヲ得ス、此レ乃チ教育一定ノ準的ニ非ス乎」と。[35] そして森は、翌一八八六年(明治一九)に「学校令」を発布し、小学校、中学校、師範学校、大学校を体系的に国家統制のもとにおく近代的教育制度を確立しようとした。そのさい森はみずからの教育理念を「国体教育主義」と名づけた。「国体」という語をもちだしたからといって、明治初年の皇道主義の復活ではまったくない。皇道主義が尊崇した「国体」は、水戸学の流れをひく、古代天皇親政への憧憬とそこへの回帰の希求にもとづくものだったが、森のいう「国体」はそうした復古主義によるものではなく、あくまで近代国家の基礎的原理としてたてられたのである。森のことばにしたがえば、「我国万世一王」にたいする「人民護国の精神」は、「一国富強の基を成すが為に無二の資本至大の宝庫」なのである。ここにおいて「国体」は、真の意味での政治的概念となったのである(「国語」の理念にとっても、復古主義的要素との決別がいかに重要であったかはのちに述べる)。

この学校令については、教科書検定制の発足、兵式訓練の導入など、論じるべき重要な点がいくつもあるが、ここで見のがすことができないのは、中学校においてそれまでの

「和漢文科」が「国語及漢文科」に名称変更されたことであり、師範学校において「国語科」が設立されたことである。さらにその余波として、一八八九年(明治二二)には帝国大学において「和文学科」が「国文学科」に改称された。学科名の変更など重要なことではないと考えてはならない。なぜなら、こうした「和」から「国」への変換は、言語意識にある根本的な変化が起こっていたことを意味するしるしだったからである。

この事態をもっともよくあらわすのが、「日本文章会」と「言語取調所」の周辺にあつまった国文学者たちの活動である。(36)これら両団体とも一八八八年(明治二一)に設立され、参加した文学者はほぼ共通している。

そのなかでまず、新国文運動の主導者となった落合直文についてふれてみよう。まずはじめに、落合がその論説のなかで、国体、国威、国力などの語彙と併行するかたちで、国文、国語、国詩、国歌という語彙を常用したことに注目する必要がある。言語と文学にたいして、これほど一貫して「国―」という語形成があてがわれたということは、落合の意図がどこにあったかを明確に示している。今から見てとくにおどろかされるのは、「和歌」から「国歌」への言いかえであろう。それによると、紀貫之は「国文国歌の再興者」(37)とみなされるのである。

事実、落合の独特な歴史観が、このような用語法をささえる基盤となっていた。「日本文学の必要」(一八八九年/明治二二)、「奈良朝の文学」(一八九〇年/明治二三)などの落合の論説によると、日本の歴史にはふたつの頂点があることになる。落合によれば、奈良時代は、それまで「国文に代ふるに漢文を以てし、国歌に代ふるに漢詩を以てしたる」[38]ことを努めてきた「摸倣主義を打破」し、「国美を保存」することに専念した時代である。そして、奈良時代は「臣民もまた、忠君愛国の性情」に富み、それゆえに日本は「言霊の幸布国」となったのであると落合はいう[39]。

こうして、「日本文学と、日本国家と、常にはその盛衰を共にするが如し[40]」という断言が生まれる。文学と国家は、天皇制を媒介にして、有機的な共生関係にあるとされるのである。落合は「予の奈良朝の文学の最盛をよろこび、又その衰微を哀しむも、ひとりその文学のためのみにあらざるなり」というが、それは「国家のため」ということだろう。

それでは、なにが奈良朝の興隆をおわらせ、衰弱させたのだろうか。落合は儒学と仏教がその原因だという。そして、「奈良朝の文学と、明治今日の文学とを、比較するに、そのさま大に似たる[41]」のは、まさにこの点である。たしかに、明治維新は、「彼を尊み我をいやしめかつ王室の何たる」を知らない漢学者に反対した国学者の「勤王の思想」によって実現した。この「勤王の思想」こそ「日本の文学その原因をなし」「国家に文明の基を与へたる」みなもとである。けれども、それにもかかわらず、近来欧米諸国の文物の模倣にたよるあまり、「我国古有の愛国心」は衰弱し、「国力日に減殺し、人心月に浮薄に赴」いている。「日本文学の必要」はまさにここにある。「かゝる皮想的文明」を脱し、日本固有の「動かすべからざる国体」を明らかにし、「それにたよりて文明の基本をたて、世人と共に真正の文明に向て進行」しなければならないというのである[42]。

「漢」と「洋」を同時にしりぞけ、「和」の独自性を主張するのは、国学者の常套の手法である。しかし、落合はむやみに排外的復古主義を主張したのではない。落合は古典の伝統に立脚したうえでの、漸進的改良主義をとなえたのである。

歌人としての落合の活動がこのことをよくしめしている。落合がいうには、伝統を墨守することしか知らない「旧派」の歌は、「悉く古人の口まねばかりにて、更に、をかしくも、おもしろくもないものばかりである」。歌の形式にしろ内容にしろ、古歌の規則にしばられずに、「自由自在に作つて行くやうにせねばならぬ」のであり、漢語をとりいれるばかりでなく、「新思想」を読みこむには、西洋文学の題材さえ用いてもかまわないと落合はいう(「歌談の一」)[43]。事実、落合の編んだ『新撰歌集』(一八九一年/明治二四)は、『新体詩抄』(一八八二年/明治一五)に対抗して、「和歌の改良」を主張するものであった。

このように、「和」から「国」への転換(和文→国文)は、一方では言語文学と国家とが有機的に結びつくという意識、他方では伝統にもとづきながら漸進的改良をはたそうとする意識というふたつの柱によってささえられていたのである。

このことをさらに明瞭にしめすのが、落合とおなじく、「日本文章会」「言語取調所」に参加した関根正直の仕事である。一八八六年(明治一九)発布の学校令に呼応して、関根は一八八九年(明治二二)に『近体国文教科書』を編纂するが、その例言で関根はつぎのようにいう。

「国文は、国民一統に貫通し、同胞一体の感覚を与ふる、一国特有の顕象にして、其はたらきは、外国に対して、国民の結合力を堅うする、一の元素ともなるべければ、国家のため、極めて大切なるものなり。(44)」

こうして、いわば「国文―国民―国家」の三位一体がうちたてられるのだが、他方でそれは、つぎのような現在性の意識に裏うちされていた。関根はこう述べている。

「又近来、国文を習はん料の書も、かれこれ世に出でたれど、多くは、いはゆる雅文、すなはち古文をとりて、模範としたれば、擬古のわざを習はんには、さてもあれ。日用通行を目的として、当今の言事を書き記さんには、すこぶる不適当と覚ゆ。(45)」

つまり関根は、「国文」の概念を「雅文」「古文」からきっぱりと切りはなしたのである。これはある意味で、『言海』において大槻文彦が、語の雅俗の区別は「年代」にあるのではなく、その「所用」、語のはたらきにあるとして、共時的観点からみた「活言」と「死言」の区別を導入したこととあいつうじるものがある。(46)

こうした把握にもとづいて、関根は一八八八年(明治二一)に「国語ノ本体幷ヒニ其価値(47)」という象徴的な意味をおびた題名の論説を著わした。そこでまず関根は、いまや「吾国ノ言文ハ、漸ク将ニ磨滅セントス」と警告を発する。漢文訓読体と欧文直訳体に支配された

「今日通行ノ国語ト云フ者ハ、无法乱雑ニシテ、更ニ此国ノ文トハ云ヒ難キマデニ解体散落シ」ている。その反面、「タマ〳〵国語ニ熱心ナル者」がいても、かれらは「例ノ延喜時代ノ古文辞ヲ担ギ出シテ、〔……〕言語ノ変遷応化スル理ヲ悟ラズ」「唯何事モ古代ニ擬スルヲ望ム」ばかりである。これは「国語ノ本体」がまったく見うしなわれているためだとして、関根はこういう。

「余ノ愚見ヲ以テスレバ、今日通用ノ言語コソ、国語ノ本体ナレト信ズ、但シ吾国固有ノ文法ヲ標準トシテ、今日通常ノ語法文格ヲ研究シ、彼ノ鹵笨錯雑ナル不法不通ノ言文ヲ匡正シテ、通ジ易ク混《マギ》レザル様ニ、規則正シキ文ヲ書カンコトコソ、国語学ノ大主旨ナレト信ズ(48)」

こうして関根は、いまの言いかたをつかうなら言語の共時態のなかに「国語ノ本体」を見、それを対象とする学問として「国語学」を定立したのである。そこにおいて「国語学」は、「語法文格の研究」だけでなく、「言文の匡正」という任務をになっている。その意味で、「国語」はすぐれて実践的な概念だったのである。

そして、関根は、「今日通用ノ言語コソ、国語ノ本体」であることを明確にするために、ふたつの誤解をしりぞける。ひとつは、「古言ヲ雅トシ今言ヲ俗トスルハ非ナル事(49)」という点である。古言だからといってすべてが「雅」であるわけではないが、その一方で「今日ノ言語ノ上ニモ雅俗ハ存セリ」と関根は述べる。すでにふれたように、このような関根の見方は、大槻文彦が『言海』でとった態度と類似している。ただし、両者のあいだの微妙なちがいはある。大槻は、「雅言／俗言」の対立が「古言／今言」の対立とは重ならないという視点から「古言」と「今言」との対等性を主張した。それに対して関根は、現在の言語のなかにも雅俗のちがいがあることをしめすことによって、「今日普通言文ノ雅正ナルニ就キテ、俚俗ノ訛誤ヲ匡」すことを目指した。つまり、関根は雅俗の区別を通時態から共時態へとうつしかえただけで、その価値基準は手つかずのまま残されたのである。もうひとつの関根の論点は、「字音ノ語ヲ国語ニ非ズトスルハ非ナル事」(50)という点である。数百年来の伝統によって国語に同化した多くの漢語は、強いて除去するにはおよばない。このような観点からすれば、学術用語などにおいては「英独仏ノ語ニテモ、時トシテハ原語ノマヽニ差置キテ不可ナラズ」ということにもなるのである。

このふたつの論点によって関根は、「国語ノ本体」が「今日通用ノ言語」だといっても、伝統軽視のもとで現在の話しことばや書きことばをそのまま是認するのではなく、むしろ言語規範は国語の伝統の継承のうえに成り立つことを明確化しようとしたのである。「今日通行ノ国語ト云フ者ハ、无法乱雑」であると考える以上、関根のいう「国語ノ本体」は批判的概念であらざるをえなくなる。事実、「国語」の概念にひそむこの批判性を実行にうつすのが「国語学」の任務となる。こうして、「此学〔国語学〕ノ本義ハ、今日普通ノ語法文格ヲ改新シ、雅正ナル国文ヲ一定スルニアリ」(51)という「国語学」の実践的性格が前面にでてくる。つまり、「国語学」にとって客観的研究は手段にとどまる。その真の目的は言語規範の確立なのである。

そのうえ、関根によれば、「国語学」の任務はこれにとどまらない。「外国ニ対シテ、国語ノ基礎ヲ堅ウシ、日本ノ語法ハカ、ル者ゾト外人ニ知ラシメ、純然タル特有ノ文体ニ拠リテ、国家ノ独立ヲ認メシメンコトコソ、〔国語学の〕大主旨(52)」なのである。こうして「国語」の規範の確立は国家の存立と不可分のものとなる。

これまで述べてきたことを要約しよう。純粋の漢文ならまだしも、日本化された漢文である漢文訓読体と、さらにある意味ではやっかいな伝統をもつ和文・古文とによって、ながいあいだ見えなくさせられてきた言語のある姿が、ほのかに浮かびでてきたときに、「国語」への意識が生まれた。しかし、その意識がはっきりと自覚されるためには、「国家」意識の媒介がどうしても不可欠であった。「国語」とは、はじめから存在している事物ではなく、近代国家に適合する言語規範をもとめる意志がつくりだした価値対象なのである。

けれども、これによって「国語」の理念が完成したわけではない。落合にせよ関根にせよ、この両者の実践は、つまるところ伝統とのほどよい調和にとどまった。落合直文の編んだ『中等教育国文軌範』(一八九二年／明治二五)は、国文の標準を鎌倉時代の中古文にもとめていた。関根正直の『近体国文教科書』(一八八八年/明治二一)も、そこに収録されているのは江戸時代の随筆がほとんどであって、いずれにせよ旧来の和文教科書とかわりばえのしないものであった。

これはつぎのことと関係がある。「日本文章会」「言語取調所」の周辺にあつまった国文学者たちは、従来の漢文訓読体にもとづく普通文に対抗して、和文脈を基礎に適度の漢語をおりこむ新和文体普通文を確立することをめざしていた。そこでは、文を言に一致させるという厳密な意味での言文一致の考えはしりぞけられていた。これはつまり、いまだ「国語」が「国文」に従属していることをしめすのである。「今日通用ノ言語」こそ「国語ノ本体」であると力説した関根正直でさえ、「国語学」の目的を「雅正ナル国文ヲ一定スル」ことにあると見たのは、「国語」と「国文」のあいだの明確な境界線を認識することができなかったからなのである。このハードルが突破されるには、やはり上田万年を待たなければならなかった。

第二部　上田万年の言語思想

第四章　初期の上田万年

一　「国文」から「国語」へ

上田万年(一八六七年／慶応三―一九三七年／昭和一二)は、帝国大学和文学科を卒業したにもかかわらず、その活動は「和学者」にたいするはげしい反発からはじまった。

ドイツ留学直前の二十四歳のときの講演をもとにした「欧米人の日本言語学に対する事跡の一二」(一八九〇年／明治二三)において、上田は次のように述べている。近年ようやく国語国文のありかたに注目する人がふえてきたのは、国語国文が「一国の独立を維持する上には、最も必要の者」であることがしだいに理解されてきたためである。ただし上田によれば、当時の日本語研究には「古学派」と「科学派」のふたつの学派がある。「古学派とは我国在来の国学者の謂ひにして、和学者・皇学者・古典学者・皇典学者等種々奇異なる名称の下に、本邦の言語を取調べたる、否現に取調べつゝある人々を云ふ。(1)」この皮肉な言いまわしは、従来の国学にたいする上田の不満をはっきり表明している。これに対して「科学派」は、「我国には最も新しき学派」である。「此の徒の主張する所は科学的原理」であり、「現今の博言学の学理」と「現今の教育学の学理」にもとづいて日本語の研究と教育につとめつつある。しかし、新興勢力である「科学派言語学者」は、「未だ深く世人の注意する所とならず、従って其の学問界に対する勢力も、未だ甚だ大ならざるなり(2)」と、上田は嘆いた。

事実、帝国大学に「博言学科」が設置されたのは、帝国大学創設からまだ日も浅い一八八六年(明治一九)であった。しかも、「博言学」はまだ生硬な呼称だったらしくて、上田はそれが英語の「フィロ、ギー」、ドイツ語の「スプラッハウィッセンシャフト」の訳語であるとわざわざ説明したのち、「博言学」の任務をこう説明している。「広く各国の国語を蒐集し、之を比較し、之を分類して、能く其の間の原因結果を確め、遂には言語の起原言語の種類言語の発達の階級規則等を講究するものなり(3)」と。

そして、上田はこの「博言学」の原理にもとづく「科学派」の力によって「古学派」の支配を打倒し、真の「日本言語学」を打ちたてようと決意していた。

しかし、「古学派」は由緒ある「契沖真淵宣長等の末流」であり、国学の伝統によってつねに庇護されていた。その一方、上田が「科学派」の流れとしてとらえるのは、「欧米人の日本言語学」なのである。上田は、宣教師ロドリゲスの『日本語辞書』『日本文典』にはじまり、シーボルト、ホフマンにいたる西欧でのすぐれた日本語研究を紹介した。とくに上田はホフマンを「欧米人中日本語学者の父」であると称賛した。そして、「かのアストン氏はホフマン氏の跡を継ぎ、我がチャンバレン氏はアストン氏の後を継ぎたること」(4)を指摘して論を閉じた。

ここで上田が「我がチャンバレン氏」と敬愛の念をこめて呼んでいるのは、B・H・チェンバレンが帝国大学博言学科教授として教鞭をとっており、上田が唯一の師として仰いでいたからであろう。上田には自分こそ「我がチャンバレン氏」の跡を継ぐのだという自負があったにちがいない。つまり上田はみずからを「科学派」の流れの最先端にいるものと確信し、「科学派」の代表として西欧「博言学」の日本への導入、移植をはかったのである。

このような上田の態度は、「日本言語研究法」「言語上の変化を論じて国語教授の事に及ぶ」(両者とも一八八九年(明治二二)といった論文のなかではっきりとしめされている。「日本言語研究法」において上田は、「一国の言語は、一国の歴史と教育とに、最大重要なもの」であるにもかかわらず、これまで日本では「言語々々といひて、熱心するものがあるにしても、その眼識の狭き、方法の拙なるは、実に嘆息すべきこと」(5)であると述べている。ここで上田がもっとも強調したかったのは、日本では言語を「言語そのもの」としてとりあげる視点がまったく欠けていたということである。上田は「最も科学的なる言語の定義」をこう述べる。「一人の口より発し、他人の耳に聞かるゝ音の一体にして、社会の人が、各自の思想を通達するために、符牒として用ゐるもの」であると。ここから結果するのは、言語とはなによりもまず音声だという認識である。「言語とは、音でありますから、書いた文字は言語ではありませぬ。あれは、恰ど人で申せば、写真のやうなもの」(6)である。ところが、「今までの日本の言語の学者といふものは、とかく右申した写真を研究して居るやうに見え」る。「現在用ゐて居る言語」には、これまでの言語の歴史が何層にも堆積しているのであるから、「この実在して居るものを取調べましたら、実際写真を取調ぶるより、利益が多い」はずである。ところが、「この現在するものより、昔ありしものに遡るといふ取調べ方は、あまり日本の学者のいたさぬところ」である。この「言語そのものを研究する学問」こそが「博言学」である。こうして上田はつぎのように述べる。「一国の言語を深く研究しようといふには、……私は、再び申します、言語そのものにて、その写真ばかりではありませぬ、……どうしても、この博言学によらなければなりませぬ。」(7)

「文字は人でいえば写真のようなもの」という上田の発言は、ソシュールが『一般言語学講義』で述べたたとえときわめて似かよっている。ソシュールは、書きことばのなかに言語の本質をとらえようとするのは、あたかも「人を識るには、相手の顔をみるより写真をみたほうがよいと思うようなもの」であり、「この種の妄想はいつの世にもあった」と述べている。(8)しかし、このような把握はけっして上田やソシュールの独創ではなかった。

すでにオストホフとブルークマンらの青年文法学派が、言語研究が対象とするべきなのは、生きた話された言語であるにもかかわらず、これまでの言語研究はもっぱら「紙の上の言語」だけに目を注いでいると、文献学的研究にたいしてきびしい批判をはなっていた。おそらく上田は、チェンバレンをつうじて、こうした十九世紀言語学の核心部分を身につけたにちがいない。そして、科学的言語研究はまず音声からという上田の確信は、ドイツ留学のなかで青年文法学派の教義に直接ふれることによって、いっそう強められていくのである。

上田は、伝統的国学によっては「言語そのもの」をとらえることはできず、それはひとえに科学的言語学がなしえることだというのだが、このような視角は、じつは十九世紀の比較言語学が古典文献学にたいしてとった態度の日本版ともいうべきものであった。言語学は「科学」になろうとしたときに、ギリシア・ローマの文学伝統に支えられた古典文献学の偏見から自由にならなければならなかった。言語の本体は書きことばではなく話しことば、文字ではなく音声にあり、言語変化の規則は話し手の意志には依存しない合理的秩序にしたがうという比較言語学の「発見」は、人文主義的言語観と衝突せざるをえないものだった。しかも、比較言語学が対象としたのは、文学の伝統をもたない「野蛮な」言語であったため、古典文献学者は新興の比較言語学を敵意と軽蔑の目をもってながめたのである。それにたいして言語学がたずさえた最大の武器が、科学的法則性の追究であった。

青年文法学派はそのことをもっとも鋭いかたちで主張した学派である。このような言語学と文献学との対決という構図を理解しなくては、近代言語学の精神史的意味を十分にとらえることはできない(9)。

さて、右にあげたもうひとつの上田の論文「言語上の変化を論じて国語教授の事に及ぶ」には、理論家としてよりもむしろ実践家としての上田の姿が現れている。ここでも上田は、従来の日本の言語研究に対する批判から論をはじめる。

「まだ日本では、言語といふものはどんなものだか、国語の性質歴史などはいかゞなものだか、といふやうな事を熟知して居る人は至つて少なく、従つてその国語を組立てゝ教へるだけの人があまりありませぬ。即ち国語は如何なるものかといふ問題が充分解釈せられぬ処から、国語は如何にして教ふべきかといふ問題も充分成立せずに居る時であります(10)。」

上田にとって学問はつねに実践にむすびついていた。「言語そのもの」の姿がいままでとらえられなかったということは、「国語」の真の姿もいまだ明らかにされていないということなのである。この上田の視点は、「国語の本体」が見失われていると警告した関根正直の態度と相通じるものがある。しかし、「国語」の真にあるべき姿が明らかにされない原因は、関根にとっては漢文訓読体と欧文直訳体の蔓延にあったのであるが、上田にとっては、「科学的原理」にもとづく言語研究の欠落だったのである。したがって、上田にとって、西欧言語学の移入はたんに学問的な理由にもとづくものだけではなかった。「国語」の真の姿を明らかにし、その「国語」の教授法を確立するために、西欧言語学の「科学的原理」がどうしても必要なものと上田は考えていたのである。

そして上田は、いまでいう一般言語学的観点から、言語とは意義をもつ音声であること、言語は各自の思想の伝達のために特定社会の符牒として用いられること、言語は「全社会の黙許的一致」によって成り立つ「全社会の無意識的創造物」であり、社会と不可分の関係にあること、言語は社会の精神的歴史の鏡であることなどを、整然と理論的に説きおこしていく。上田自身がことわっているように、こうした理論は直接的にはホイットニーをよりどころとしているが、かれの言語観における体系性と理論構成は、西欧言語学の全般にわたる教養を背景としている。その意味で、上田の言説は日本の伝統のなかにほとんど支えをもたないまったくの異物であった。事実、この論文のなかで上田は、国学者の説にはまったく注意をはらわずに、西欧言語学の術語と概念をつかって、日本語のさまざまな音韻変化、意味変化を解釈していくのである。

ここで上田がホイットニーをひきあいに出したことは興味ふかい。おそらく、チェンバレンから教わったものであろうが、ホイットニーの『言語と言語研究』(一八六七年)、『言語の生命と成長』(一八七五年)は、生理主義と心理主義にもとづく青年文法学派の言語観をいちはやく批判し、言語はなによりもまず社会的制度であることを強調した。そして、ホイットニーのこうした社会的言語観にもとづく一般言語学の構想が、十九世紀比較言語学の行きづまりからの脱出口をさがしていたソシュールに大きな刺激をあたえたことが、今日では確かめられている。[11]上田のなかに見られる、言語をなによりもまず社会的制度ととらえる傾向は、もしかしたらホイットニーの著書から学んだのかもしれない。さらに付け加えるなら、上田の弟子である保科孝一は、ホイットニーの『言語の生命と成長』の抄訳『言語発達論』[12]の訳者として学界にデビューしたのである。

しかし、くりかえすが、上田が西欧言語学の導入を必要としたのはたんなる学問的な動機だけからではない。上田によれば、言語学の科学的原理によってこそ「この国語に対し、真正の方向を立てゝ、よく開拓し、善を取り、悪を去り、不便を棄て、便利を求め、さうして後秩序井然たる大日本帝国の国語を造り出すこと」[13]が可能になるのである。そして、この「国語」創成の事業は、国学の伝統を墨守する「和学者」にとっては手に負えない仕事なのだと上田は断言する。上田はこう述べる。

「しかし、このことは果して今日の和学者のよくなし得べきことでありませうか。言語と文学との差別すらが判然して居ないやうでは、これらの和学者にはちと覚束ないと存じます。[14]」

「言語と文学との差別」、これこそ上田が力をこめて主張したかったことであった。たしかに、上田は、古典文献学の権威を打ち破るために十九世紀比較言語学者が用いた言い回しを、日本語に移しかえて述べたということができる。けれども、近代言語学がたんなる言語分析のテクニックにはとどまらず、そのなかには言語観そのものをゆるがす過激な言語学イデオロギーともいうべきものが内蔵されていることを、上田は直感的に感じとっていた。だから、上田はこの言語学イデオロギーをたんに新奇な西洋船来品として崇めたのではなく、みずからのなかに信念としても抱くようになっていた。ほとんど読まれることのない上田の初期の著作を、わたしが特別の関心をもって追ってみたのは、のちの上田の仕事の出発点には、この言語学イデオロギーが基礎になったことを確認したかったためである。

このような上田の態度の根底にあったのは、〈現在性〉の明確な意識であった。それによって上田は、「国語」の根拠を、過去に書かれた文献にではなく、現在話される言語のなかにもとめることができた。この意識が、ひるがえって「国文」に向けられたときに生まれたのが、ヨーロッパ留学直前に刊行された特異な国文教科書『国文学』巻之一（一八九〇年／明治二三）である。

その緒言で上田は、「国文学」の地位向上を主張して、「著者は国文学が一般中等教育上の一学科となりかの国語科と両立して少くとも漢文学と同地位を占めんことを冀望して止まざるなり」[15]と述べる。けれども、ここでも上田の「和学者」にたいする批判はきびしいものであった。「著者は容易に今日の和学者に雷同する能はずして彼等が度外視し放擲し置ける者を提起し来り敢て此等を教育界に輸入せんと欲す」[16]と、上田はこの教科書が従来のものとは一線を画すことを明言した。

事実、その編纂方法と内容はきわめて特異なものであった。まず上田は「近世文学より漸次古代文学に遡」ることを意図して、巻之一を江戸後期から明治にいたる文学にあてた（ただし出版されたのは、この巻之一のみであったが）。まさに、通常の文学史を構成する時間軸が、完全に逆転されたのである。このことは、上田にとっては、年代記的秩序にしたがうことよりも、〈現在〉に立脚した歴史の意味づけのほうが重要であったことをしめす。右にふれたように、上田は、「現在するものより、昔ありしものに遡る」という方法はこれまでの日本の学者にはなじみがないものであったと述べていた。時間軸の基準を過去の起源にまず定め、歴史はその起源から流れ出してくるものであるというパースペクティヴを上田はとらなかった。まず目の前にあたえられている「現在するもの」から、時間を遡ることによって歴史を把握するという方法意識は、じつは青年文法学派の理論のなかにふくまれていたのだが、上田はその視点をこの教科書のなかで実践したのである。

しかも、江戸後期以降の文学は、それまでほとんど教科書にとりあげられなかったのであるから、その題材選択も斬新であった。つまり、式亭三馬などの滑稽本、狂歌、吉田松陰と渡辺崋山の文章がそれである。さらにおどろくべきことには、「詔勅及び一二の建白は〔……〕明治新政府の建立せらるゝ時に当り皆大基礎となりし者なれば国文中にても尤も重要なる者なり」[17]という立場から、五箇条の御誓文、軍人勅諭が巻頭に採録されたのである(同年一〇月に発布されることになる教育勅語を見たなら、きっと上田はとりあげたにちがいない)。さきにふれた関根正直の『国文教科書』が江戸時代の文人の随筆にかぎられていたことを考えるなら、上田の編んだ教科書がじつに革新的であったことは容易に想像できる。

のちになって上田は、「教師が国文を教へる時分に、王朝や鎌倉時代の文学を教へるとすれば、それは皆現代の文学を充分に発達させるために教へるのである」[18](「国民教育と国語教育」一九〇二年／明治三五)と述べることになるが、そのような明確な〈現在性〉の認識は、すでにこの教科書『国文学』のなかにはっきりとあらわれていた。そして、上田はみずからの思想の地平線を、維新の達成から明治新政府の確立にいたるまでの精神空間にえがいていた。狭義の文学ではない五箇条の御誓文や軍人勅諭を「国文中にても尤も重要なる者」ととらえたことは、上田の〈現在性〉の意識が〈明治国家〉と一心同体であったことをしめすものである。まさに「言語そのもの」を浮きぼりにすることのできた〈現在性〉の意識が、〈明治国家〉によって根拠づけられていたということ、ここに上田の栄光と悲惨のすべての問題が集約されているのである。

上田はある意味で早熟だった。というのは、師チェンバレンの教えのもとで、上田はすでに充分な自己形成をとげていたからである。こののち上田は、科学的「博言学」の修得と移植のために、一八九〇年(明治二三)にヨーロッパ留学に旅立つが、そのとき上田はまだ弱冠二十四歳であった。そして、上田がヨーロッパからもちかえったものは、〈日本〉の独自性の自覚と、日本の博言学たる〈国語学〉の樹立の意志であった。[19] こうして準備された土壌の上に、初期の上田が蒔いていた言語思想は、開花しはじめた。ただその前に、上田が留学先のヨーロッパでなにを見てきたかについて論じておきたい。

二　青年文法学派と全ドイツ言語協会

留学から帰った上田万年は、ひたすら果敢に「国語改革」の道をつきすすんでいく。これは保科孝一の場合にも、またさらには、ヨーロッパ留学をはたして日本に帰ってきた多くの知識人にも共通にいえることだが、留学先のヨーロッパでの体験がその後にとって決定的な指針となることがめずらしくない。いったい上田にとって、約三年半のヨーロッパ留学はどのような意味をもっていたのだろうか。

大野晋は、上田があまりにも進んだ西洋文明の姿に出会って愕然とし、「なんとかして日本をこのヨーロッパに追いつかせなければならないと考え」、その結果、国字改革をはじめとした「国語改革」をおしすすめるようになったと述べている。[20] たしかにそういう面もあるだろう。けれども、上田はばくぜんとした「西洋文明へのあこがれ」に衝き動かされて、軽薄な国語改革派となったのではない。上田はヨーロッパにおける言語学のありかたと言語状況をきわめて正確に観察し、その意味を理解していた。この節では、上田が留学したときのドイツの状況を明らかにすることで、上田がなにを学んできたかを論じてみたい。

1 青年文法学派の「上からの革命」

上田が一八九〇年(明治二三)九月に日本をはなれ、まずおもむいたのはベルリン大学である。当時ベルリン大学には、H・シュタインタール、G・フォン・デア・ガーベレンツ、J・シュミットという錚々たる言語学の大家たちが集まっていた。田中克彦によれば、ガーベレンツの主著『言語学』(*Sprachwissenschaft*)には、日本語の数詞を論じた部分があるが、その知識は上田万年から教えられた可能性が高いという[(21)]。

しかし、上田の言語思想の展開にとって決定的な意味をもったのは、一八九二年からのライプチッヒ大学への留学だったと思われる。ライプチッヒ大学は、当時のヨーロッパでは言語学の最先端の位置をしめていた。そこには、従来の比較言語学の方法論を否定して、あらたな科学的原理の導入をくわだてた青年文法学派の主要なメンバーがいたからである。A・レスキーン、K・ブルークマン、E・ジーフェルス……。このなかでもブルークマンは、オストホフとともに、青年文法学派のマニフェストとでもいうべき一八七八年の論文「形態論研究」の著者として知られていた。そこでブルークマンとオストホフは、あらゆる音変化は「例外のない法則」にしたがって機械的に生じることを主張した。そして、法則があてはまらない部分は、「類推＝アナロジー」という心理的な要因によって説明された。「音法則に例外なし」というこの命題は、青年文法学派の立場を要約する旗印として、賛否両論のはげしい論争の種となったのである。[22]

この学派が「青年文法学派」と呼ばれているのは、実際に、この学派を構成するメンバーがみな若かったからである。「形態論研究」を発表したとき、ブルークマンとオストホフはまだ三十代前半だった。上田がライプチッヒ大学に留学したとき、ブルークマンは四十四歳、ジーフェルスは四十三歳といういずれも充実した年齢であり、シュタインタールの世代とは約二十年、ガーベレンツの世代とは約十年のへだたりがあった。

若きソシュールが留学したのがやはりベルリン大学とライプチッヒ大学であったことは、偶然ではない。ただし、ソシュールがライプチッヒ大学に留学したのは、一八七六年秋から二年間と、一八七九年秋からほぼ半年間であり、当時は青年文法学派がしだいに頭角をあらわしてきた頃にあたり、ブルークマンらは旧世代の言語学をのりこえようという「青年」らしい情熱にかられていた。そのせいか業績の先行性をめぐって、ソシュールとブルークマンの間でちょっとしたいさかいさえおこったほどである。しかし、ほぼ十年後に上田が留学したときには、かつての「青年」たちは大学で正教授のポストにつき、言語学の最先端の研究をおしすすめる中心勢力となっていた。

青年文法学派に直接出会ったことは、上田に厳密な実証主義にもとづく言語学の方法論を教えただけでなく、上田の言語観そのものにはかりしれない影響をあたえたようである。一八九六年(明治二九)と九七年(明治三〇)に上田が東京大学でおこなった「言語学講義」をみると、上田が青年文法学派をいかに高く評価していたかがわかる。(23)

上田によれば、言語学は十九世紀初頭にボップとシュレーゲルによって「創立」された。ただし、上田はふたりのうちではボップの立場のほうを高く評価する。「Schlegel ノ如キハ literature, history ナドト混ジテ言語ヲ研究セシガ、Bopp ハ之ヲ破リテ、言語 itself ヲ以テ研究スル所ノ dry but clear ノ説明ヲ為シヌ。(24)」つまり、シュレーゲルはまだ言語と文学を明確に区別しない人文主義的言語観にとらわれていたが、ボップは「言語そのもの」を直視することで、はじめて科学的原理にたつ言語学を打ち立てたというのである。その後、シュライヒャーは印欧祖語の再構成をめざし、「Bopp ノ後ヲ受ケテ斯学ヲ大成シタ」とされる。

ところが、上田は「今ヤ Schleicher ノ school ハ旧派ニ属シ、彼ノ派ヲ受ケシ Max Müller モ亦古シ」という。上田が「最新派」とみなすのは「青年文法学派」である。上田はこういっている。「コノ外最新派ニハ Brugmann (Leipzig) ヲ主トシテ Paul, Osthoff アリ。人或ハ之ノ派ヲ Neo-grammatiker (jung ナ G.) ナドワルクイフ。〔……〕新派ハ Phonetics 及 Principles of Analogy ヲ基本トシ、Scientifical ナリ。進歩的ナリ。旧派ハ古典的保守的ナリ。」[25]ここで上田が述べているのは、青年文法学派が言語変化を説明するさいによりどころにした「音法則」と「アナロジー」の原理であることはいうまでもない。

上田は、青年文法学派が出現してはじめて言語学が真の意味で自立した科学になったと考えていた。事実、青年文法学派以前の言語学者には「専門家ハ至テ少ク、他学者ヨリ入リタルガ多」かった。フンボルトやガーベレンツは法律学から、グリムは文献学から、ボップは東洋研究から、ミューラーは人類学から言語学に入ってきた。ひるがえって日本をかえりみると、ここでもまた「日本ノ和学ノ Schule モ之ノ如シ」[26]と同じような状況が見いだせる。つまり上田は、青年文法学派が「旧派」の言語学を一掃したのであるから、おなじように日本でもまた科学的言語学が伝統的「国学」にとってかわることができると考えたのではなかろうか。

このような上田の見方によれば、青年文法学派は言語学に一大革命をひきおこしたことになる。たしかに、青年文法学派は、印欧比較言語学の方法を一新することをめざし、旧世代の言語学者たちにはげしい批判を投げかけた。ところが、今日の観点から見ると、青年文法学派はむしろそれまでの比較言語学を継承し発展させたものと考えられている。通常の言語学史においても、青年文法学派は十九世紀比較言語学の枠内でとりあつかわれるのが普通であり、言語学の本当のパラダイム転換をなしとげたのはソシュールであるとされている。それればかりでなく、たとえばケルナーは、青年文法学派の「革新性」そのものを否定している。[27] 青年文法学派は「音法則に例外なし」というはなばなしいスローガンをかかげて出現したが、その理論も方法も、さらには研究の内容も、実際にはそれ以前の言語学とあまりかかわりがないというのである。

このような矛盾を前にして、科学史家アムステルダムスカはひとつの観点を提案している。[28] それによれば、青年文法学派による「革命」は、学問の「認識的」な側面ではなく、むしろ「社会的・制度的」な側面にみられるのではないかという。十九世紀初頭に比較言語学が出現したときからつねに問題となってきたのは、文献学、とくにギリシア語・ラテン語を対象とする古典文献学との対決であった。とくに言語学が、ギリシア語やラテン語ではなく、「東洋」の言語であるサンスクリット語の文法組織を印欧語研究の参照枠としたこと、さらに文学伝統をもたない「野蛮な」言語の研究に古典語の研究と同等の価値をおいたことは、人文主義的伝統を信奉する古典文献学者の精神を逆なでしたのである。

青年文法学派が言語学に実証主義的科学性を要求したことは、古典文献学の支配から言語学を完全に脱却させようという意志のあらわれであった。そればかりでなく、これからの言語学はあらゆる文献学研究にかかせない方法論を提示するものとさえされた。つまり、言語学は文献学を包摂する上位の学問だということになる。

このためにブルークマンらがとった戦略は「学派」の創設であった。それまでの言語学者は一匹狼的な存在だったが、ここではじめて言語学に「学派」が誕生したのである。ここでいう「学派」というのは、科学社会学的な概念であって、その領域での研究と業績の価値を判定する能力をもつ専門家集団をさす。そしてこの専門家集団は、大学制度のなかにしだいに地盤を固めていった。

青年文法学派がしだいに言語学の主流におどりでてきた一八七〇年代以降は、言語学の専門雑誌が急激に増大し、古典語以外の言語研究のポストが大学に次々と新設されていった時期にあたる(29)。青年文法学派は、こうした流れを推進し、またみずからもその流れに乗ったのである。アムステルダムスカは、この点からみて青年文法学派の「革命」は、典型的な「上からの革命」であったという(30)。

青年文法学派が進出していくにつれて、古典語以外の言語にも古典語と同等の研究対象としての価値が認知されていった。とりわけゲルマン語文献学は大学には不可欠の講座とみなされ、一八七〇年代には古代と近代でそれぞれ独立のゲルマン語文献学の講座がおかれる場合さえあった。もちろん、これにはプロイセン国家の教育行政がふかくかかわっていたことはいうまでもない(31)。

こうして上田は、ドイツの大学で新興の科学的言語学が着々と大学に足場をかためていくのを目撃していたのだった。帰国後、上田が手がけた重要な仕事のひとつは、独自の「学派」の形成であった。一八九七年(明治三〇)には東京帝国大学に「国語研究室」を設立し、翌九八年にはみずからその主任となる。また、それと同時に、おなじく一八九八年

（明治三二）には新進の言語学者たちを結集して「言語学会」を設立し、翌九九年には機関誌『言語学雑誌』を創刊する。このような上田の精力的な活動も、青年文法学派に触発された「上からの革命」だったのである。

2　全ドイツ言語協会の言語純化運動

古典文献学と言語学とのたたかいは、たんに学問上のものだけではなかった。プロイセンによってドイツ統一がなしとげられると、教育の場面で、ギリシア語・ラテン語という古典語とドイツ語という現代語のどちらを重視するかは、国民意識と国家的アイデンティティの形成という点からみて、重大な問題をひきおこしたのである。

十九世紀前半のドイツにおいては、古典主義と人文主義が教育の指導理念とみなされていた。ギリシア語とラテン語の教育とそれにもとづく古典作品の学習は、全人格的な教養の基礎であり、より高い精神の段階への入り口であるとみなされていた。この理念は、一八〇一年にヴィルヘルム・フォン・フンボルトの創設したベルリン大学で十全に実現された。ベルリン大学の中心は、従来のような神学部でも法学部でもなく、「哲学部」であった。哲学部といっても、それは数学や自然科学が統合されたもので、そこでは普遍的な理性にもとづく人間性の陶冶がめざされていた。その哲学部のなかでも、とりわけ重視された学問が「古典文献学」なのである。十八世紀後半から発達した古典文献学は、それまで崇拝や信仰の対象でしかなかったギリシアの古典や聖書を厳密な分析対象とすることによって、あらたな専門科学として自立しつつあった。けれども、その一方で、古典文献学から人文主義的理念が失われたわけではなかった。「古典文献学による人間性《フマニテート》の育成《ビルドウング》というフンボルト的理念」[32]は教育の中心理念であった。いわば古典文献学は、専門的な科学性と普遍的な人間性を同時に育成することができる理想的な学問とみなされたのである。

ベルリン大学の人文主義的教育理念はすぐさま他の大学にも波及した。こうして、十九世紀前半のドイツでは、高級官僚、政治家、軍将校、弁護士、医者、高校教師などの社会的指導層ばかりでなく、哲学者、数学者、そしてカール・マルクスのような革命家でさえ、「十八歳で、ギリシャ詩を訳し、ラテン散文を綴り、エウクレイデスの原著作の部分を暗誦する」[33]ような教育を受けたのである。

こうした大学における人文主義的教育は、中等教育に直接の影響を及ぼした。一八一二年の大学入学資格試験規定によって発足したプロイセンのギムナジウムは、教養課程を完了させて大学の専門学部に学生を送りこむことを第一の任務としていたため、大学の教育理念はすぐさまギムナジウムにおける教育と連動したのである。そして、ギムナジウムと大学入学資格をもたない他の中等教育学校のあいだには厳格な一線が画されていた。このような中等教育制度は、十九世紀が進むにしたがいいくつかの改正をほどこされるが、古典語教育を中心とし大学入学資格を独占するギムナジウムと、実学的な教育をほどこす他の中等学校との区別は厳然と守られた[34]。

しかし、プロイセンによるドイツ統一が果たされると、このような古典語偏重の教育にたいする批判が投げかけられ、はげしい論争がまきおこった。論点のひとつは、ギムナジウムが独占していた大学入学資格を他の中等学校にもひろげるべきか否かというものであったが、そこには言語意識の点で無視できない問題が宿っていた。それは、立派なドイツ国民となるために必要なのは、古典語なのかドイツ語なのかという問題である[35]。

一八九〇年一二月(このときすでに上田はベルリンにいた)に開かれた、中等教育問題のための「学校会議」の開会の席で、国王ヴィルヘルム二世は、ギムナジウムには「国民的基礎」が欠けているとはげしく批判した。そして、「ドイツ語をギムナジウムの教育の基礎としなければならない。われわれは若いドイツ国民を教育すべきであって、若いギリシア人やローマ人を教育すべきでない[36]」と述べたのである。このことばは、のちに上田万年が共感をこめて著作のなかで引用することになる。

この論争は、一九〇〇年に、実科ギムナジウムと高等実科学校の教育を等価とするというヴィルヘルム二世の勅令が出ることで終結した。そして、中等教育で古典語の授業時間が大幅に削減されるのと対応して、ドイツ語の授業時間が増大した。ただし、ドイツ語が重視されたのは、実用的知識の教育や近代科学の基礎づけのためだけではなかった。ドイツ語には「ドイツ的なもの」、ドイツの民族精神そのものが宿っているとみなされたのである。つまり、ドイツ語教育は国民教育の根幹をなすものだったのである。

グリムが述べたように、ドイツが真の統一体となるためには、政治にも経済にも宗教にも助けをもとめることはできなかった。そこではドイツ語という言語が国民的統一の象徴とならざるをえなかった。ドイツとはなによりも「言語民族(Sprachnation)」としてしか存在しえなかった。したがって、右にみてきたような教育制度をめぐる問題は、よりひろく国民意識の形成という思想史的パースペクティヴでとらえなければならない。ドイツ語教育は、ドイツ人たちに自分たちがひとまとまりの「ドイツ人」であることを目覚めさせるための唯一の手段であった。そこではいわば、ドイツ語によるドイツ人の「ドイツ化」が目指されていたのである。

しかし、これほどまでに重大な期待を担わされたドイツ語そのものは、真に「ドイツ的なもの」といえるだろうか。そこには不純な外来語や借用語がますますはびこり、ドイツ語をたえず侵食しているのではないか。この状態を放置すれば、ドイツ精神そのものも根幹から崩れるにちがいない。十九世紀が進むにつれ、ドイツの指導層はしだいにこのような疑問と不安に脅かされるようになった。こうして、ドイツ語による「ドイツ化」だけではなく、ドイツ語そのものの「ドイツ化(Eindeutschung,Verdeutschung)」が緊急のものとみなされたのである。

そうした動きのひとつとして、当時の郵政局総裁ハインリッヒ・フォン・シュテファンが推進した郵便用語の言い換えがある。シュテファンは一八七四年から、郵便関係の業務で使われていた七百六十語の外来語をドイツ語に翻訳していった。このような「外来語のドイツ語訳(Verdeutschung)」の努力は他の領域でもみられ、「ドイツ語化辞典」もいくつか出版された。H・ドゥンガー『不要な外来語のドイツ語訳辞典』(一八八二年)、D・ザンダース『ドイツ語訳辞書』(一八八四年)、O・ザラツィン『ドイツ語訳辞典』(一八八六年)などが、その代表的なものである。そして、このような言語純化の動きは、ついにはひとつの結社的運動をなすにいたった。それが、ヘルマン・リーゲル率いる「全ドイツ言語協会」であった。(37)

「全ドイツ言語協会」の結成のきっかけは、ブラウンシュヴァイクの美術館長であったリーゲルが一八八三年に発表した「われわれの母語の根幹(Ein Hauptstuck von unserer Muttersprache)」という論文であった。そこでリーゲルは、外来語が氾濫するドイツ語の現状に憤り、そうした非ドイツ的な要素をドイツ語から排除するために、政府が言語アカデミーを設立して強力に介入すべきであると主張した。この論文が世に好評をもって迎えられると、リーゲルは外来語を排除する「言語純化運動」をみずから興す決心をした。そして、一八八五年八月に「全ドイツ言語協会(Der Allgemeine Deutsche Sprachverein)」を結成するための呼びかけの文章を発表した。その協会は、言語学的な性格のものではなく、実用的・教育的な目的をもち、ひとつの本部とできるかぎり多くの支部をドイツ語圏に設立するべきである、とリーゲルは主張した。

すぐさまこの呼びかけにこたえたのが、すでに右にふれた『不要な外来語のドイツ語訳辞典』を刊行していたドレスデン大学のゲルマニスティーク教授ヘルマン・ドゥンガーであった。一八八五年九月一〇日にドゥンガーは、ドレスデンに最初の支部を開いた。全ドイツ言語協会はここに正式に発足することになった。

一八八六年一一月には最初の委員会がベルリンで開かれ、リーゲルが会長に選ばれた。そして、一八八七年一一月にドレスデンでおこなわれた最初の総会で、リーゲルによって次のような全ドイツ言語協会の目的が読みあげられ採択された。

「全ドイツ言語協会の目的はつぎのとおりである。

一、不必要な外来の要素からドイツ語を純化するよう促すこと

二、ドイツ語の純粋な精神と固有の本質を保持し回復するよう心がけること

三、このようにして、ドイツ国民のなかの一般的国民意識をあまねく強化すること」(38)

この全ドイツ言語協会の支部はドイツ国内だけでなく、国外のドイツ語圏やアメリカ合衆国などのドイツ移民のあいだにも急速に広がっていった。最初の総会のときに、協会はすでに九十一の支部と、五百人の会員をもっていた。一八九一年には、会員は一万一千人を数え、第一次世界大戦が始まるときには四万五千人にふくれあがっていた。そして、全ドイツ言語協会は、書籍や新聞などの出版物に限らず、政治、経済、法律、教会、科学、

軍隊、交通、通信、スポーツ、芸術など市民生活のあらゆる分野での外来語を摘発し、純粋のドイツ語への言い換え運動を押し進めていった。その主要な媒体は、一八八九年から刊行された十数巻の『ドイツ語訳辞典(*Verdeutschungsbucher*)』であり、協会の月刊機関誌『全ドイツ言語協会雑誌』であった。この機関誌の名称は、一九二五年からは『母語(*Muttersprache*)』という名称に変更され、雑誌自体は今日まで続いている。

言語純化運動は、みずからの言語における外来語の要素を土着の要素に言い換えようとする運動であると定義できるが、その運動は、一方はコミュニケーションの円滑化と民衆化、他方は排外的ナショナリズムと国粋主義というふたつの極のあいだでその性格をさまざまに変えてしまう。たしかにリーゲルは、「ドイツ語で言い換えることのできる外来語」の排除だけをめざしたのであり、「盲目的な潔癖性」や「頑迷な国粋主義」をいましめていたのだったが、しだいに「魔女狩り」にも似た「外国語狩り」の傾向を帯びるにいたった。

全ドイツ言語協会の爆発的な成功は、フランスとの戦争に勝利し、ドイツ統一をなしとげたプロイセン=ドイツにおいて、愛国的ナショナリズムの波が一般市民のあいだにも深く浸透していたことを背景としている。その点で、協会がまず排斥すべきものとみなしたのが、数世紀にわたってドイツ語に対して優位をほこってきたフランス語からの外来語であったことは象徴的である。それは政治的だけでなく言語的にも、ドイツ語の自立をめざす気運が高まっていたことを示す。しかし、「ドイツ語を話すときには汝がドイツ人であることを思いおこせ」という協会のモットーが示しているように、そこには言語と国民を即座に同一視する危険な同化主義の萌芽もあった。なぜなら、この協会の精神は、後にしめすように、ポーランド語を話すポーランド人の存在を抹殺し「ドイツ人化」しようとした「ゲルマン化運動」のイデオロギーとすんなりと協調してしまうからであり、さらには国外のドイツ語圏までをもドイツの版図におさめようとする領土拡張主義さえそこから生まれてきたからである。

上田がドイツにいたときに出会ったのが、全盛をほこっていた青年文法学派であり、興隆しつつあった全ドイツ言語協会であったことは、上田のその後の歩みにはかりしれない影響をあたえたと思われる。たしかにこのふたつの運動体は、前者が大学を中心にした学問的なものであるのに対して、後者が一般大衆をもつつみこんだ結社的運動であるという点で、かなり性格を異にする。そして、このふたつの運動体のあいだには対立もあった。保守的知識人のなかにさえ、全ドイツ言語協会のあまりに排外主義的な傾向を危惧した者がおり、一八八九年の『プロイセン年報』のなかでかれらは連名で全ドイツ言語協会を批判する声明を発表した。そのなかにはフォンターネやフライタークのような作家、神学者ハルナック、歴史家トライチュケにまじって、青年文法学派の有力なメンバーであったデルブリュックの名前もみられるのである。(39)

もちろん上田は無見識に、青年文法学派と全ドイツ言語協会というかなり異なる性格のものを同一視したわけではなかった。なぜなら、のちの上田自身の仕事も、学問的な方向と政策的な方向というふたつの極をふくんでいるからである。しかし、このふたつの運動体の根幹には、プロイセン＝ドイツのナショナリズムがしっかり根をおろしていたことは見逃すべきではない(とりわけプロイセン＝ドイツの精神史を背景として青年文法学派の仕事の意味をとらえなおすべきだと思われる)。事実、上田がヨーロッパからもち帰ったものは、まさに言語とナショナリズムとの不可分の結びつきという認識であった。学問としての言語学も、実践的な言語政策も、「国家」という共通の舞台の上でどちらも欠かすことのできないふたりの主役であるべきであった。

第五章　「国語と国家と」

一　「国語」の政治的洗礼

上田万年は、一八九四年(明治二七)六月に約三年半のヨーロッパ留学を終えて帰国すると、ただちに帝国大学教授に任命され、博言学講座を担当することになる。時はまさに日清戦争開戦(同年八月一日)前夜のことであった。そして、上田は、同年一〇月に「国語と国家と」、一一月に「国語研究に就て」というふたつの講演をおこない、論壇に強い印象をあたえた。留学以前の上田の論文が、文学者や国語学者といったせまいサークルにむけたものが多かったのに対し、このふたつの講演は、より広い聴衆への熱烈な訴えかけというかたちをとっていた。これらの講演の記録は、留学先で学んだ西欧言語学の知見にもとづき、あらたな〈国語学〉の確立に意気ごむ上田の熱意がまざまざと感じられる臨場感あふれるものであった。

翌一八九五年(明治二八)には、これらの講演をふくむ論文集『国語のため』が刊行される。題名からもにじみ出ているように、上田のすべての思想は、この〈国語〉に収斂していくのである。まず、留学後の上田の活動の出発点であり、同時にかれの言語思想が集約されているこのふたつの講演の内容を見てみることにしよう。

上田が帰朝後最初におこなった講演「国語と国家と」[1]は、かなり衝撃的な内容であった。というのは、これほどあからさまなかたちで「国語」と「国家」とを結びつけて論じた者は、日本ではそれまでまったくいなかったからである。もちろん、「国語」が崇高であることを強調するために、「国家」との結びつきを精神主義的に説いた者はいた。しかし、「国語」と「国家」との結びつきを、より内的・有機的なものとしてとらえ、それを学問的装いのもとに論証しようとした点において、上田はまったく新しい観点を生み出したのであった。

とりわけ国学者系の国語論とのもっとも大きなちがいは、上田のいう「国語」も「国家」も、はじめから日本にのみ限定された概念ではないということである。つまり、上田は「国語」と「国家」との有機的結びつきを普遍的に妥当するものとして定立したうえで、〈日本〉の独自性・固有性を説いたのである。

「国語と国家と」の冒頭で、上田は、自分は国家学者ではないけれどもとことわったうえで、「国語其物」を論じるためにはまず「国家」のことからはじめなければならないという。そこで上田は、「国家」を構成する柱として、一、土地、二、人種（これは現在でいう民族にあたる)、三、結合一致、四、法律、という四つの要素をあげる。さらに、第三の「結合一致」の下位要素として、歴史及び慣習、政治上の主義、宗教、言語、教育という五つのものが示される。

つまり、ここで上田は、国家概念の普遍的な本質規定とその属性の分析をおこなっているのである。上田は「右の四要素より、国家の隆盛或は衰微滅亡等を、算出し得べしと考ふる」[2]というのだが、もちろん、上田は自分自身でその論証をおこなったのではなく、すでに確認ずみの議論としてこうした分析を提示した。おそらく、上田はこのような分析を、留学時に親しんだプロイセンの「国家学(Staatslehre)」の教義からひきだしたにちがいない。ただし、このときかれが意図していたのは、国家の成立過程や発展法則を客観的に定式化することではなく、あるべき国家の理想像をえがきだし、そのうえで〈日本〉がいかにその理想像に近いかを説得することにほかならなかった。この最終目標をめざして、上田の国家論は奇妙な方向に引き込まれていくのである。もちろん、そうした「ねじれ」が、どの程度プロイセン国家学にもともと胚胎していたかは、問われるべき問題だが。

その端的なあらわれは次のことにある。右にあげた国家の構成要素のうちで、上田がもっとも重視したのは、人種、歴史、言語だった。これら三つの要素がほかの要素よりも人為性に左右されない点が、国家を自然化しようとした上田のもくろみにとってすこぶる都合がよかったからであった。「国語と国家と」において注目すべきなのは、少々陳腐な上田の国語論ではなく、〈国家〉というこの上ない人造物を〈自然化〉しようとした上田の国家概念にあるのである。

上田は「数人種の軋轢より生ずる国衰国亡」の例として、オーストリア＝ハンガリー帝国をあげ、その極端な多民族状況が「売国的気風を養成」するにいたっていると断定している。多民族多言語で知られたオーストリア＝ハンガリー帝国は、これ以後、とりわけ保科孝一の著作において、言語民族問題の比類ない実験室として（そして多言語多民族主義の危険性を警告する反面教師として）注目されるのだが、そのような視点はすでに上田万年にも存在していた。後に見るように、保科孝一は、上田のなかに萌芽としてあった言語政策への視点を忠実に展開していく。

上田は、ひとつの国家がひとつの民族から成るとはけっして考えていなかった（「一国民は一人種に限るとは、決して定むべきにあらざるなり」）。事実、ヨーロッパの多くの国家は多民族国家なのである。ただしその場合でも、すべての民族が同等に国家形成に参与するわけではない。「其一国家が成立するに至る前には、必ず其処に、一の中核ともなるべき、一人種あることを認めらるゝなるべし(3)」と上田は述べている。このことは各国の言語政策をみればあきらかとなる。イギリスにおけるウェールズ語、ゲール語、フランスにおけるバスク語、ブルトン語などの少数民族言語が、各国の議会でけっして採用されないのは、「皆そのこれを許すと許さぬとには一国家の名誉、一国家の秩序、一国家の命運等、相伴(4)」

うからである。ところが、上田は、日本にはその心配がまったくないと考えていた。なぜなら、日本は「殊に一家族の発達して一人民となり、一人民発達して一国民となりし者」[5]であるからというのである。上田の診断によれば、「人種」と言語による国家の一体性維持の面からみて、日本はヨーロッパ諸国よりもはるかに有利な条件にあったことになる。[6]

その一方、「歴史」の面においては、日本の優越性を証明するためにヨーロッパをひきあいにだすことには、ためらいがあったらしい。こういう場合の方法として、上田はアジア諸民族との比較に訴える。「如何に支那、朝鮮等の人民が、薄弱なる国民的感情を有するかを見よ。如何に我日本の人民が、偉大の事業を容易に計画するいさましき元気に富むかを見よ」[7]と。この相違は「各自の歴史及慣習が産出したる結果」ということになる。のちにふれるように、「偉大の事業」として上田はまず、開戦まもない日清戦争の戦果を思い浮かべていたのである。それほど上田のまなざしは〈時局的〉であった。

このようにして上田は、人種、言語、歴史の観点から、日本が国家の理想像を体現していることを示そうとした。しかし、科学の徒であることをだれよりも誇りに思っていた上田は、このようなひとりよがりの証明のしかたにはどこか不安があったらしく、語調は異様に熱狂的でうわずっていた。

「こは実に国家の一大慶事にして、一朝事あるの秋に当り、われわれ日本国民が協同の運動をなし得るは主としてその忠君愛国の大和魂と、この一国一般の言語とを有つ、大和民族あるに拠りてなり。故に予輩の義務として、この言語の一致と、人種の一致とをば、帝国の歴史と共に、一歩も其方向よりあやまり退かしめざる様勉めざるべからず。[8]」

こうして、〈国家〉を論じるにおよんで〈日本国家〉の価値はさだまった。つぎに問題になるのは、この地点から〈国語〉へとつなげていくことであった。そのためには、それまで国家を構成する部分的要素のひとつとしてみられた言語が、こんどは〈国民〉の精神生活全体をかたちづくる総合的要素として把握しなおされなければならなかった。

そこで上田がたよりにするのが、フンボルトを思わせる言語観である。フンボルトが言語はそれを話す民族の〈世界像〉をつくると説いて以来、言語と民族の精神的有機的結びつきを強調することは、ドイツ的言語観のなかでひとつの伝統となった。上田は「言語をば、其話す人の精神上に生活する思想及感情が、外に出でて化身したるものと見做す[9]」ことができるといい、それぞれの言語には当の民族の精神生活、社会生活の精髄がきざみこまれていると力説した。しかし、こうした把握は、言語と思考のカテゴリーを抽象したレベルでのみ成立するということがつい忘れられて実体化されると、じつに深いおとし穴に陥ってしまう。上田のつぎのような発言は、このようなあやまりから生まれた近代日本の〈国語〉イデオロギーの特徴をよく表現している。

「言語はこれを話す人民に取りては、恰も其血液が肉体上の同胞を示すが如く、精神上の同胞を示すものにして、之を日本国語にたとへていへば、日本語は日本人の精神的血液なりといひつべし。日本の国体は、この精神的血液にて主として維持せられ、日本の人種はこの最もつよき最も永く保存せらるべき鎖の為に散乱せざるなり。故に大難の一度来るや、此声の響くかぎりは、四千万の同胞は何時にても耳を傾くるなり、何処までも赴いてあくまでも助くるなり、死ぬまでも尽すなり、而して一朝慶報に接する時は、千島のはても、沖縄のはしも、一斉に君が八千代をことほぎ奉るなり。もしそれ此のことばを外国にて聞くときは、こは実に一種の音楽なり、一種天堂の福音なり。(10)」

ここには巧妙なすり替えがある。言語と民族との有機的結びつきを説く言語観は、ラテン語に象徴されるような外的権威が課す規範言語に抵抗し、それぞれの言語を民族の主体的表現としてとらえる経験をへてこそ、その歴史的意義が認識されるはずであった。ところが、上田は、言語から主体性の契機をぬきとるために、有機的言語観を導入したのである。まず言語と人民のあいだの結びつきを、「血液」にたとえることによって、だれも反論できない受動的自然性を言語に賦与し、それを万世一系の「国体」と同一化させる。そうなると、もはや言語は人間どうしが語りかけるものであることをやめ、どこからか響きわたる「声」、「耳を傾」けて受け入れるしかない「音楽」「福音」となる。この「声」の主体は、具体的な個人ではなく、「君が八千代」に象徴される神聖不可侵の「国体」なのである。したがって、この「声」は、どんなことがあっても拒むことのできない命令と服従の言語である。そして、ひとりひとりの人間がとにかく〈話す主体〉になりうるのは、この「国体」をみずからの内面に深くうえつけるかぎりにおいてである。それはけっして外的強制としては意識されることなく、みずからの内面が育てあげ、みずからに課する道徳の言語としてあらわれるものとして、自発的尊崇が生まれる。だからこそ、すべての「日本人」は、この「声」にあらがうことなど思いもつかずに、すすんで「死ぬまでも尽す」ことができるようになる。そこにはもはや表現する主体はどこにもいない。ただ、「国体」が望むままの「国語」をひたすら受けいれるのみである。

ただし、すでに述べたように、上田は、本居宣長以来の国学イデオロギーにはすこしの注意もはらわなかった。上田にとって伝統的国学は、科学的言語学によってのりこえられるべき邪魔物でしかなかった。上田は、伝統的国学ではなく、ドイツの言語有機体観のなかにこそ、明治国家が望むべき〈国語〉の原理をみいだしたのであり、そして、この言語有機体観は、当時人文諸科学の前衛たる自負を抱いていた言語学の背景をなす主要なイデオロギーだったのである。

二　〈母〉と〈故郷〉

しかし、上田の独創的なところは、〈国体〉の内面化をおこなうために、〈母〉のイメージを最大限利用したことである。上田は次のようにいう。

「其言語は単に国体の標識となる者のみにあらず、又同時に一種の教育者、所謂なさけ深き母にてもあるなり。われ〳〵が生るゝやいなや、この母はわれ〳〵を其膝の上にむかへとり、懇ろに此国民的思考力と、此国民的感動力とを、われ〳〵に教へこみくるゝなり。〔……〕独逸にこれをムッタースプラッハ、或はスプラッハムッターといふ、先なるは母のことば後なるはことばの母の義なり、よくいひ得たりといふべし。[11]」

天皇制支配をささえた最大のイデオロギー的支柱が〈家族国家〉観であることは、よく知られている。〈家族国家〉観のもとでは、一方では国家支配のなかに心情的親密性がもちこまれ、他方では家族が支配と服従を教えこむ国家の小模型となる。さらに、土着的祖霊信仰を天皇制と合体させ、日本のすべての〈家〉が天皇家を頂点とする家系の網の目のなかに位置づけられることで、〈家族国家〉観は宗教的正当性をも獲得することができた。たしかに、国家をひとつの擬似家族として演出することは、とくに日本だけに特殊な現象ではない。国家が危機に直面して、国民意識の高揚が叫ばれるときには、国民全体がひとつの統合された家族とみなされることはめずらしいことではない。けれども、日本における〈家族国家〉観は、きわめて素朴な日常にまで浸透した点、さらに、家族のなかの水平的な関係はまったく無視され、〈忠孝〉を軸とした親子の一方向の垂直関係のみが支配的であったという点で、やはり特筆すべきものである。そして、この垂直関係の頂点に天皇がいるわけである。

そして、この〈親子〉の垂直関係においてかなめをなしたのは、じつは権威と規律の象徴としての〈父〉ではなく、情愛と慈悲の象徴である〈母〉であった。なぜなら、〈母〉は、どんなに暴力的で残酷な国家権力の命令でさえも、献身と慈愛に満ちた情愛的関係に変換できたからである。

天皇制家族国家における〈母〉の役割はどのようなものだったのだろうか。それをよく示すものとして、第二期国定国語教科書『尋常小学読本』巻九(一九一〇年/明治四三)にのせられた「水兵の母」という有名な教材を見てみよう(12)。舞台はちょうど日清戦争のさなか、軍艦高千穂──〈日本〉を象徴している名前である──にのりこむ一水兵が、女手の手紙を読んで泣いている。すると、通りかかった大尉がこれを見つけて、なんと女々しいふるまいであるか、妻子が恋しくて泣くなど帝国軍人の恥だとしかりつける。これを聞いた水兵は、そうではない、自分には妻子などいないといって、手紙を大尉に見せる。じつはそれは母親からの手紙であり、こう息子にあてて書かれてあった。おまえがまだどの戦いでも格別の働きをしていないとは、いかにも残念に思う。なんのためにいくさに出たのか、「一命をすてて君に報ゆる」ためではないのか。いろいろ世話をしてくれる村の人々の顔を見るたびに、おまえのふがいなさに胸がはりさけるばかりだ。一日でも早くぜひりっぱな手柄をたててくれるように願う。これを読んだ大尉は、「おつかさんの精神は感心の外はない。お前の残念がるのももつともだ」と水兵にあやまる。そして、まだわが艦は出撃の機会があたえられていないので、いつか「花々しい戦争」があったなら、おたがいにめざましい働きをしよう、このわけをよく母親に伝えて安心させよ、と語るのである。

この「水兵の母」に代表される「母もの」教材は、これ以後、かならず教科書にとりあげられる中心的教材のひとつとなる。まずそれは、みずからの子供を国のために天皇に捧げることこそ〈母〉の役目であることを教えこむ女子教育の意図をもっていたことはいうまでもない。それによって、子供を国に捧げることから生まれる悲愴感さえも、あらかじめあたえられた劇的浄化作用のなかに解消してしまうのである。

けれども、「母もの」教材の本質的意図は、国家を天皇という具体的存在へと人格化したうえで、天皇との関係のなかに〈母〉との情愛的関係をとりこむことではなかっただろうか。それはいわば、反省的意識が入りこむ以前のおぼろげな前意識のなかに、国家の根拠をきざみこむことにほかならない。そして、それが〈母〉を媒介としておこなわれればおこなわれるほど、国家は家族とおなじように自然的で融和的な共同体としてあらわれてくる。日本天皇制は、ほとんど近親相姦的ともいえる母子関係を軸とした家族の親密性のなかに、その支配の秘密を見いだしたのである。

上田がいう「懇ろに此国民的思考力と、此国民的感動力とを、われ〳〵に教へこみくる〻」「なさけ深き母[13]」は、結局のちの「軍国の母」の像へとつながる道をさししめしている。

さらに上田が〈母〉の像とくみあわせて提出するのは〈故郷〉の像である。上田は続けてこういう。「されば言語の上には、われ〳〵が心中に一日も忘れかぬる生活上の記念、殊に人生の神世とも謂つべき小児の頃の記念が、結び附き居る者と知るべし。」そして上田は、「故郷」の風景を総動員させて、心情にじかにうったえる。「やさしき声にて、ねよとの歌をうたひ給ひし」「母君」、「われ〳〵の厳しき父君」、「春のうら〻かなる野辺に、秋さん冬さん諸共に、蓮華草などつみあるきたる」思い出を[14]。

上田が「父母」「故郷」に対して抱いたセンチメントは、「母語」全体を包みこみそこに一体化させることによって、次のようなディスクールを産み出したのである。「そは如何にまれ、此自己の言語を論じて其善悪を云ふは、猶自己の父母を評するに善悪を以てし、自己の故郷を談ずるに善悪を以てするに均し。理を以てせば或は然らざるを得ざらん、しかもかくの如きは真の愛にはあらず。真の愛には撰択の自由なし、猶皇室の尊愛に於けるが如し。此愛ありて後、初めて国語の事談ずべく、其保護の事亦計るべし[15]。」

ここでおこなわれた論理の飛躍は、科学者としての上田が保つべきであるつつしみを軽々と飛びこえている。上田がいうように〈母のことば〉〈故郷のことば〉が存在するとしたら、それは「国語」ではなく、むしろ土着の方言でしかありえないはずである。いったい、

〈母〉と〈故郷〉の思い出が、どのような経路をとおれば〈国語と国家〉にいきつくというのだろう。

神島二郎は『近代日本の精神構造』において、近代日本の精神構造をささえた原理のひとつに、〈第一のムラ＝自然村的秩序〉から〈第二のムラ＝擬制村的秩序〉への社会的正統性の変換過程と拡大再生産があるとみている[16]。神島はこの〈第二のムラ〉として都市中間層によるさまざまな結社や組織をあげているが、じつは近代日本においては、〈国家〉そのものが膨張した〈擬制村〉として表象されたのではないだろうか。方言が〈第一のムラ言語〉であったとすれば、〈国語〉とは〈第二のムラ言語〉であった。〈第一のムラ〉から〈第二のムラ〉への昇華は、あくまで自然過程によってなされるものとされるかぎり、それらのあいだの差別は溶解してしまう。

しかし、〈擬制村〉がみずからを〈擬制〉にすぎないと認めることはできなかった。なぜなら、そうすれば秩序の正統性の根拠自体が崩壊してしまうからである。そこでつねに必要とされたのが、〈擬制村〉からの〈自然村〉の回想であり、そこで大きな役割を果たしたのが〈母〉と〈故郷〉の情愛的像なのである。たえまなく回想することによって〈擬制村〉はみずからを〈自然村〉と同化することができた。ところが、そこで回想されるのは、〈自然村〉がこうあってほしいという〈擬制村〉側からの願望であり、自己投影であった。〈母〉と〈故郷〉は、回想されることによってはじめて存在する。〈母〉と〈故郷〉は、近代日本の想像的陰画なのである。

〈母〉と〈故郷〉とは、いったい近代日本にとってなにを意味したのだろうか。それは近代的合理性や主体的意志が生まれる以前に存在する「自然」であるとともに、近代性から脱出しようとするものが安心して身を寄せることのできる暖かい避難所として想像された。しかし、〈村＝故郷〉は、なつかしい思い出とひきかえに犠牲をもとめる残酷さをいかんなく発揮する。「水兵の母」で「村の人々」がはたしている伏線的役割をみればよい。まさしく、これらの情感あふれる原風景こそ、のちに天皇制ファシズムが、マルクス主義をもふくむ近代意識を全面的崩壊に追いやるための武器として用いたものである。この原風景は、反省的意識によっては肯定も否定もできず、ただ自己を無にして受けいれるしかない永遠存在として、前意識の底に位置を占める。上田が〈国語〉〈国体〉を根拠づけようとしたのは、まさにその地点においてであった。

〈故郷〉から遠ざかれば遠ざかるほど、そして、〈故郷〉が天皇制と資本主義的生産様式のもとで破壊されればされるほど、〈故郷〉は距離化された空間のなかで想像され美化された。それればかりではない。じつは日本の植民地主義の根源には〈故郷憧憬〉の衝動がある。植民地とは、暴力によって簒奪した土地ではなく、回想のなかに存在していた〈故郷〉の回復、あるいはその外部への投射として想像されたのである。したがって、ここには二重の距離化と表象化の作用がある。距離化による願望の投影という意味で、近代日本における〈故郷〉とはそれ自体が植民地主義的概念なのである。

三 「国語」のために

こうして上田は、一方では擬似科学的論証によって、他方では前意識への心情的訴えかけによって、〈国語〉と〈国家〉との結びつきを分かちがたいものとして提示した。このあとおこなうべきは、〈国民〉が〈国語〉にたいしてとるべき態度をさししめすことである。

これまでの自己の論述にもとづいて上田は、「されば国民が、其国の言語を尊む事は一の美徳にして、偉大なる国民は必ず其自国語を尊び、決してこれを措いて他の外国語を尊奉せず」とのべ、その例として中国、ギリシア、ローマなどをあげる。そのなかでも上田がもっとも重視するのはドイツであり、「如何に亦現今の独逸が、其国語を尊奉し、其中より外国語の原素を棄て、自国語のよき原素を復活せしめつゝあるかを見よ」と絶賛を惜しまない[17]。おそらく、ここで上田が念頭においているのは、前章でふれたヘルマン・リーゲル率いる「全ドイツ言語協会」の言語純化運動のことにちがいない。しかし、上田はこうした言語純化運動の言語的側面だけに注目したのではない。その政治的帰結こそが、上田の関心事だった。言語純化運動が高揚していく過程と、ビスマルク率いるプロイセンがその「国家教育」を基礎として「遂に六十六年〔普墺戦争〕にも七十年〔普仏戦争〕にも、向ふ所敵なく戦へば則ち勝たざるなき勢を以て、遂に独逸をして世界の一帝国たらしめ[18]」ていった過程とは、その根をひとつにしていることを上田は強調したいのである。上田によれば、「言語の混同」こそ「一国の団結をゆるめ、其独立を弱むる」原因なのであるから、言語純化の方向をとる国語教育は、国家教育そのものの基礎となるのである。ドイツ帝国の興隆は、そうした国語教育・国家教育に支えられていると上田はかんがえたのだろう。そこで上田はこう述べる。

「故に偉大の国民は、夙に之を看破し、情の上より其自国語を愛し、理の上より其保護改良に従事し、而して後此上に確固たる国家教育を敷設す。こはいふまでもなく、苟も国家教育が、かの博愛教育或は宗教教育とは事替り、国家の観念上より其一員たるに愧ぢざる人物養成を以て目的とする者たる以上は、そは先づ其国の言語、次に其国の歴史、この二をないがしろにして、決して其功を見ること能はざればなり[19]。」

ところが、日本では日本語は当然受けるべき歓待を受けていない、と上田は嘆くのである。一方には漢学者、他方には英学者という日本語をさげすむ者たちが文化と教育を支配しており、「日本語が帝室の忠臣、国民の慈母たる事」がまったく忘れさられている。とくに漢字漢語の濫用ははなはだしく、「此日本語此日本文が見事独立する」ことをさまたげている。しかし、いまや〈国家〉としての日本は、日清戦争をつうじて真に独立した帝国になろうとしている(「昨日われ〳〵は平壌を陥れ、今日又海洋島に戦ひ勝ちぬ。支那は最早日本の武力上、眼中になきものなり」)[20]。それなら、このような〈国家〉の隆盛に対応した〈国語〉への配慮はいったいどうなっているのか、と上田は問いかけるのである。上田は、戦争が生みだした反清気分に便乗して発言しているのではない。〈国語〉と〈国家〉とは、それぞれの独立と興隆の過程で不可分の関係になければならないというのが上田の本意であり、そのことはすでにドイツが証明していたのであった。

こうして上田は、この講演「国語と国家と」の最後に「国語研究」の現状にかんするつぎのような十二項目の質問を提出する。

一　如何に歴史的文法は研究せらるゝか、
一　如何に比較的文法は研究せらるゝか、
一　発音学の研究は如何、
一　国語学の歴史は如何、
一　文字の議論は如何、
一　普通文の標準は、かりにありとするも、そは実際の言語までをも併せて支配し得べきか、
一　外来語の研究は如何、其輸入上の制裁力は如何、
一　同意語は研究せられたるか、

一　同音語は研究せられたるか、
一　辞書は如何、専門に、普通に、
一　日本語の教授法は如何、
一　外国語の研究法は如何、(21)

そして上田は、もしこれらの質問事項で問われている研究がいまだおこなわれていないなら、一日も早く実行にうつす努力をすべきであると「国家に対ひて」提言するのである。ただし、かれが望むような研究領域をそなえた〈国語学〉は、それまで存在するはずもなく、それはひとえに上田その人でなければ実行不可能であった。なぜなら、上田が提示する研究方向は、すべて近代西欧言語学の理論から発するものであり、伝統的な国語研究からは汲みだすべき源泉がなかったからである。つまり、上田は〈国語学〉の確立を「国家の義務」として要求したのだが、その国語学の内実は〈伝統〉から切れたところにしか成立しえないものだったのである。まさに上田の〈国語〉の理念の核心はここにあるのである。

この「国語と国家と」の最終部分をひきつぐかのように、上田は、翌月の講演「国語研究に就て」において国語学の方法論を具体的に論じることとなる。一方は熱のこもった文語文で書かれた政治的発言、他方は平易な口語文で書かれた学問的提言というちがいにとらわれて、「国語と国家と」と「国語研究に就て」というふたつの講演が、その本質的主題においては内的なつながりをもつことを見失ってはならない。上田における政治と科学は相互にささえあう関係に立っていたのだから、イデオロギーの科学性と科学のイデオロギー性とを、両方向から捉えかえさなければならない。

第六章 「国語学」から「国語政策」へ

一 国語学の構想

上田が留学前におこなった講演「日本言語研究法」と留学後におこなった講演「国語研究に就て」のタイトルを比べると、上田の関心の対象が「日本語」から「国語」に移行したことがわかる。大槻文彦の場合にみられたように、「日本語」から「国語」への対象の移行は、言語観の根本に決定的変動がおきたことを意味する。「国語と国家と」にひきつづく講演「国語研究に就て」の主題は、〈国語学〉の使命をえがくことにあるのだが、そこには〈国語〉の存立にとって〈国語学〉は不可欠な部分であるという暗黙の前提があった。〈国語学〉は、いまだ不明確な〈国語〉の相貌に輪郭をつけるため、そしてその〈国語〉という装置を作動させるために要請されたのである。つまり、〈国語〉と〈国語学〉とは、通常の学問における研究対象と研究方法といった関係とはいちじるしくことなる関係にあった。

「国語研究に就て」の冒頭で、まず上田は、「国語の地位を、正に其享有すべき地位まで恢復しよう」[1]という意図をあきらかにするが、これは「国語と国家と」の論点の延長とみなすことができよう。つまり、国語を漢語漢文の支配から脱却させ、「所謂俗語の文脈で書かるゝ文章」を「漢文流直訳流」の文章と同等の地位にまでひきあげようというのである。といっても、上田は漢文と日本語の関係を考えるにあたって、ラテン語と西欧近代語の関係を類比としてつねに念頭に置いていた。そこから、「日本語がかの以太利語独逸語英語の初期と同じ様に、一の新時代に達して居る」[2]という認識が現れる。

「国語と国家と」では〈国語〉にたいする政治的な意味づけがされたわけだが、この「国語研究に就て」では、〈国語〉にたいするより学問的な観点の方に重点が置かれている。すでに述べたように、まさにこの両面があいまってこそ、上田の言語思想の全体がかたちづくられるのである。

上田は、「今日までの国語学者」をつぎの点できびしく批判する。ひとつは、かれらが「上古中古の言葉ばかりに手を着けて、近代のには殆ど目も触れ」なかったことであり、もうひとつは「主に文章上の国語のみを取り調べて、談話上の語の方は、殆どまるで棄て」おいたことである。[3]これは、留学前に「言語と文学との区別もつかない和学者」を批判して以来、上田のかわらぬ視点であった。つまり、現在話されるままの「言語そのもの」を見すえなければならないということである。しかし、この視点が発展すると、〈国語〉の概念にとってきわめて重要な認識が生まれる。それは「国文研究の国語研究との区別を、明かに立て」るということである。上田はこう言う。「国文学の主とすべき所は、日本特有の文章〔……〕所謂日本の美文学、又は純文学に就て」の研究であるが、それにたいして「国語学」がとるべき道はつぎのようなものである。

「国語学の主とすべき所は、日本の言葉で、殊に其上の法則に就てゞあります。されば此国語学は、国文学者の言葉などをば、日本言葉の一部分だけとして研究するので、他の大工左官のことばも、奥州薩摩の方言も同様、敢て其間にすきゝらひをば致しませぬ。国語学者は、古今となく、東西となく、男女となく、高貴卑賤を問はず、老少賢愚を論ぜず、凡ての人の言葉に立ち入りて、凡ての人に自然である、明瞭である、正しき話し、正しき読み書きの出来る事を以て、実際の終極目的と致します。これよりさきの彫琢は、これを国文学者にまかせるのであります。(4)」

ここで述べられているのは、〈国語学〉と〈国文学〉との研究方法や領域のちがいについてだけではない。〈国語〉と〈国文〉とは、その存在様式そのものがことなるということなのである。これまで多くの論者が愛用してきた〈国語国文〉という言いかたを上田がまったく用いないのは、この〈国語〉と〈国文〉とのちがいを明確に意識していたためである。もはや〈国語〉が〈語〉の水準で、〈国文〉が〈文〉の水準でとらえられるのではない。〈国文〉がおもに美的目的のために書かれる文章に限られるのにたいして、〈国語〉は、文字に書かれる必要がなく、表現目的や表現手段のちがいをこえ、さらに、話し手がどの社会階層に属すか、またどの地域にいるのかにも限定をつけずに、言語のあらゆる表出を無差別に包括する全体的概念となったのである。

このような上田の〈国語〉概念の把握をささえたのは、すでに述べたような明確な〈現在性〉——言語学の方法論のレベルでいえば共時性——の意識である。たったいま話され書かれることば、そのなかにこそ〈国語〉の根拠はあるべきなのである。したがって、〈国語〉の顕揚をはかるにしても、落合直文の『中等教育国文規範』(一八九二年/明治二五)や大槻文彦の『広日本文典』(一八九七年/明治三〇)におけるように、国語の規範を「中古文」[5]にもとめるような態度は、上田にとってまったく認めることができないのである。この視点から上田は、古文に規範をもとめる国語研究・国語教育の現状をつぎのように痛烈に批判する。

「上古及中古文の言語上の規則が、此明治の大御世の立派な言語の文典を支配しようといふのは、殆ど我等の解しかぬる事であります。しかし教育者はあまり議論もない様子で、徒然草や十訓抄やを、まじめに国語教授の上に用ゐて、少しもあやしまぬのであります。[6]」

たしかに上田は、日本語が漢語漢文の桎梏から脱却すべきことを主張し、日本語をさげすむ漢学者や洋学者の態度を批判した。だからといって、上田が和学者の立場に立ったことを意味するのではない。現在性の意識をゆるぎない土台とした上田にとって、和学者が尊ぶ古文はむしろ排除すべきものであり、「ごく自然な、ごくたやすく覚えらるゝ、従ひてたれにも直にわかる様な言葉、並に文躰」[7]だけが「国語」の基礎となるべきであった。そして、この認識が「なぜ此二万二十万の和学者歌学者の標準語より離れて、四千万同胞の標準語を定むる様尽力しないのでありますか」[8]という上田の訴えかけの出発点となった。

こうして〈国語〉が〈国文〉から切り離されて、〈国民〉を構成するすべての話し手による言語表出全体を包括する概念となったまさにそのときに、それまではまったくといっていいほど気づかれていなかった〈標準語〉の問題が、突然新たな意味をもって目の前にあらわれてきた。なぜなら、〈国語〉をこのようにとらえるならば、たんに文章語の規範だけではなく、日常言語そのものの規範はどのように選ぶべきかという課題にどうしてもつきあたらざるをえなかったからである。

しかし、この時点では、まだ上田は〈標準語〉に応ずる〈文体〉について、さほど明確な意見をもっていなかった。「国語と国家と」の末尾にかかげられた質問事項では、「普通文の標準は、かりにありとするも、そは実際の言語までをも併せて支配し得べきか」と述べるにとどまっている。また、「国語研究に就て」のなかには「俗語体の文」という言いかたがあったが、そこで提唱されていたのは、あらたな文法の制定によって「明治の大御世の普通文」を確立することであった。このように、そのときの上田の文体観は、あくまで明治の文語としての〈普通文〉の範囲内にとどまっていた。

上田が〈標準語〉と〈言文一致〉とを、〈国語〉の理念のなかで内的に結びつくものとしてとらえるようになるのは、翌一八九五年(明治二八)の講演「標準語に就きて」からであった。その後の一九〇〇年(明治三三)の「内地雑居後に於ける語学問題」、そして一九〇二年(明治三五)の国語調査委員会の発足にいたる上田の歩みも、この認識からすすめられたのであった。

二　標準語と言文一致

一八九五年(明治二八)、上田は「標準語に就きて」[9]と題した講演をおこない、はじめて「標準語」という概念を日本に紹介した。そのなかで上田は、標準語とは英語のstandard language、ドイツ語のGemeinspracheにあたり、「所謂方言なる者とは事かはり、全国内到る処、凡ての場所に通じて大抵の人々に理解せらるべき効力を有するもの」「一国内に摸範として用ゐらるゝ言語」[10]のことであると定義している。それでは日本に「標準語」と呼ぶべきものはあるのかといえば、いまのところ存在しないと上田は考えていた。しかし、標準語となりうるような言語はある。それは「一大帝国の首府の言語」である「東京語」である。上田は、日本においては「現今の東京語が他日其名誉を享有すべき資格を供ふる」[11]という。しかし、「現今の東京語」とはいったいなにを意味するのだろうか。

第一部で見てきたように、明治二十年代初めの二葉亭四迷や山田美妙の言文一致小説において、すでに「東京語」はある特権的地位を得ていた。ただし、それは「江戸語」との連続性のもとで形成された「東京語」であった。ところが、上田は意識的に「江戸語」との連続性を断ち切ろうとするのである。上田は、「標準語」の基礎となるべき「東京語」は、「ベランメー」ことばのようなものではなく、「教育ある東京人の話すことば」でなければならないという。(12) 標準語とは「東京中流社会の言語」であるという規定は、一九〇四年(明治三七)の『尋常小学読本編纂趣意書』ではじめて明確にされたものだが、そうした把握の萌芽は、すでにこのときの上田の講演のなかにあったのである。

その一方で、東京語にはいくつかの欠点があるので、いますぐ標準語にはなりえない。そこにさまざまな「人工的彫琢」をほどこす必要があると上田は考えていた。そして、上田はこの「人工的彫琢」のためのいくつかの手段を提案しており、そのなかでも、東京語の言文一致による文学が「標準語制定上の一大補助」(13) となることに注意をむけた。

この時点では、東京語が真の標準語へと昇格するのは未来のことであり、しかもそのためには「人工的彫琢」が不可欠であると見なされていた。上田にとって、言文一致はその補助手段といってもいいようなものであった。だから、「なにもかも俗語に憑拠して、其奴隷となり了」っている「ある言文一致崇拝者」(14) などは受け入れがたいのであった。

ところが、一九〇〇年(明治三三)の「内地雑居後に於ける語学問題」では、突然上田の論調がかわった。上田はなにかにせかされているかのように、標準語の実現にむけて性急に主張をくりひろげはじめる。

明治政府にとって懸案となった最大の外交問題は、領事裁判権の撤廃と関税自主権の回復のための欧米との条約改正であったことはよく知られている。ようやく日清戦争ののち、一八九四年(明治二七)の第一次条約改正により、法権は全面的に、税権はその一部が回復された。そして、この改正条約は、一八九九年(明治三二)から実施されることが決定した。

その条約改正がはらんでいた問題のひとつに、領事裁判権と関税自主権のこととならんで、外国人の内地雑居にかんするものがあった。外国人に国内での自由な居住と移動の権利を認めるこの内地雑居問題は、法権・税権の回復という問題以上に、一般社会に反響をよびおこし、ときには過剰ともいえる心理的抵抗を生じさせた。そして、この問題をめぐっては、さまざまな立場から議論が続出した。

たとえば、横山源之助は『内地雑居後之日本』(一八九九年/明治三二)において、「内地雑居」は明治維新後の日本にとって、日清戦争と肩をならべる一大事件であるという。この本のなかで横山は、内地雑居によって国外資本が流入し、労働者に破壊的な影響をもたらすことに警鐘をならしている。ただし、本の主題は題名に反して、内地雑居そのものではなく日本の産業構造と労働運動の分析であり、とりわけ社会主義運動の必要性を説くことにあった。その意味ではこの横山の本は、当時多く見られた単純な外国人排斥の論調とはことなる。しかし、そうはいっても、つぎのような一節には、過敏な防衛的な心情がうかがわれる。「唯だ日清戦争は、武器を以て其の勝利を決したる、言はゞ単純なる勝負に過ぎざりしが、内地雑居は、人情に於て、道徳に於て、産業に於て、企業心に於て、且つ労働に於て、技芸に於て勝負を決する戦争なれば、支那を相手に、軍器をもて勝敗の定まるやうな、気楽にして迅速なる者にはあらざるなり。(15)」

横山によれば「内地雑居」は「欧米人と平和の間」の「戦争(16)」にほかならなかった。そして、上田万年に標準語と言文一致のあいだの関係を逆転させて考えさせるようになるきっかけをあたえたのが、この「内地雑居」という事件だったのである。

上田万年は、先に論じた「国語研究に就て」(一八九四年〔明治二七〕一一月)のなかですでに、同年七月に調印された改正条約のことに関連して、こう述べている。

「殊に条約改正も出来上りて、内地雑居も近づく事であるに、我国人は果して我が国語を、その西洋人に話させるだけの勇気がありますか。よしありとすれば、其方法は如何でありませうか。どうしてそれ所か、かれらの語学がだん〳〵広がりて、我等の国語が次第次第に賤めらるゝ事が、丁度漢語が日本語に及ぼした様にならぬといふ上の担保は、大丈夫出来ます事か。(17)」

つまり、内地雑居が認められ、西洋人との交流が頻繁におこなわれるようになると、漢語にかわって、西洋語が日本語の固有性をおびやかすのではないかと、上田は憂慮していた。いまから見ると、ややおおげさな感じがするが、〈国語〉の開拓に力を注いでいた上田にとって、これはじつに真剣な問題であった。そして、一八九九年（明治三二）に改正条約が実施されるやいなや、翌一九〇〇年（明治三三）に早速「内地雑居後に於ける語学問題」という論考を著わしたのである。

上田の態度は、迫りくる西洋語の脅威にたいして、ひたすら排外的であったわけではない。むしろ日本語に向けて、いったいその脅威をはねかえせるだけの力があるかと、反省をこめた問いかけをしていた。

「我が堂々たる日本帝国の国民諸君は、果して内地雑居の後にありても、現今の如き国語の状況を以て、満足すべきの状況なりとし、かゝる国語は一方にては未来の国運を上進せしむるに足り、一方にては外来の諸国民、或は新に帰化する諸外国人を、能く日本化するに足る、思想界の媒介物なりと信ずるか。(18)」

それ以前の日本では、このような問題設定がなされたことはなかった。日本語は日本人だけが話せばそれで十分であり、その事実すら自覚されることもない当然のことだった。しかし、日清戦争以後、諸外国との間に生じた緊張関係はまったく新しい言語環境をもたらした。では上田は、みずから発した問いにたいして、どういう答えをもっていたのか。上田の答えはきわめて否定的であった。「我日本帝国の国民は、聊も国語上の準備なくして、内地雑居の暁にまで至りたり。(19)」上田は、日本にはいまだ言語的防壁になりうるだけの「厳格なる意味にていふ国語」が存在していないと、憂慮にみちた判断を抱いていた。

上田のいう「厳格なる意味にていふ国語」とは、いったいなにを意味するのだろうか。それは、話し聞くときも、読み書くときも、つねに「同一の性質」をもち、談話にも文章にもひとしく使用することのできる言語、つまり「言文一途の精神を維持し居る国語」[20]のことであった。ところが、上田によれば、現状の日本語は、談話語と文章語とがはなはだしくかけはなれているばかりでなく、そのいずれもが混乱の極みにおちいっている。

まず、文章語をみると、そこには和文体、漢文体、欧文直訳体、方言体、候文体の四つの文体が競合している。このような文体の不統一は、「二十世紀も将に来らんとする東洋の形勢上、事々物々悉皆激烈の競争場裡」に立ち入るにはまったくふさわしくない。しかも、このような状態では、「内地に来り居る外国人、或は新に帰化する未来の我等同胞を、日本化」することはとうてい不可能である。他方、話しことばにおいても、「日本の標準的談話語」は定まりのないものである。東京語はいまだそのような権威をもっておらず、公的な場所で方言を話しても、なんの「制裁」も受けることがない。こうした現状を前にして上田は、国民自身が自発的に「国語の統一」を達成することはとてもできないと考えた。つまり、「所謂国語の統一、文章の統一といふ事には、国民は猶ほ其必要を認むるだけの、智識を有せざりしなり」という状態であったから、「いはゞ談話語の上にも、国民は意識的に一の標準を是認するだけの学識と胆力とを有せざる也」と認めざるをえなかった。[21]こうなると、のこるは〈上から〉の標準語制定によって〈国語〉の画一化を押しすすめるしかない。そこで上田が引き出してきたのは、次のような結論であった。

「一日も早く東京語を標準語とし、此言語を厳格なる意味にていふ国語とし、これが文法を作り、これが普通辞書を編み、広く全国到る処の小学校にて使用せしめ、之を以て同時に読み・書き・話し・聞き・する際の唯一機関たらしめよ。〔……〕而して一度之を模範語として後に、保護せよ、彫琢せよ、国民はこれをして国民の思ふまゝに発達せしむべきなり。[22]」

先の論文「標準語に就きて」では、東京語は文化的「彫琢」をほどこしたのちに標準語の地位にのぼるはずであったが、いまや「一度之を模範語として後に、保護せよ、彫琢せよ」と順序が逆転する。こうして、上田の言語思想においては、標準語制定と言文一致がはじめて〈国語〉の理念のなかで原理的・有機的にむすびつくようになった。言文一致はもはや標準語制定のための一手段であるにとどまらず、言文一致を実行することがそのまま標準語制定の道となったのである。それは、東京語＝標準語をあらゆる言語活動の「唯一機関」にしようとする上田の意志からくる必然的帰結であった。

「国民の思ふまゝに発達せしむべき」とはいっても、それは結局、前もって標準語が定められ、学校教育によって規範言語として教えこまれたあとのことであって、「国民」自身は標準語形成の過程にはまったく参加できず、受動的立場におかれたままである。そこで、このもくろみを成功させるためには、〈標準語〉を具体的に制定し、教育機関にその浸透をはかるべき権力主体が必要になる。そこで上田は「宮内省或は文部省内に国語調査会を設置[23]」するよう提言する。国家権力を背景にした言語政策機関の設置が、ここではじめて要求されたのである。

上田の提言と平行するように、一九〇〇年(明治三三)一月に、帝国教育会国字改良部(ここには上田も参加していた)が「国字国語国文ノ改良ニ関スル請願書[24]」を政府議会に提出したのをきっかけとして、同年四月にようやく文部省は委員長前島密のほか、上田万年、大槻文彦、三宅雪嶺、徳富蘇峰らを委員とする国語調査委員を任命した。ただし、この国語調査委員はあくまで文部省による委嘱であり、公的な機関ではなかった。

しかし、第二章でのべたように、一九〇一年(明治三四)二月に帝国教育会が「言文一致の実行に就ての請願[25]」を貴族院・衆議院に提出すると、両院はこれを可決し、翌年三月には国語調査委員会官制が発足することになる。加藤弘之を委員長とし、上田を委員会主事とした国語調査委員会は、七月には早くもつぎのような決議事項を発表した(七月四日付官報)。

一　文字ハ音韻文字(「フオノグラム」)ヲ採用スルコト、シ仮名羅馬字等ノ得失ヲ調査スルコト

二　文章ハ言文一致体ヲ採用スルコト、シ是ニ関スル調査ヲ為スコト

三　国語ノ音韻組織ヲ調査スルコト
四　方言ヲ調査シテ標準語ヲ選定スルコト(26)

この決議事項にもとづいて、国語調査委員会は日本語の言語学的調査の作業にとりかかった。そのなかから、『国語国字改良論説年表』(一九〇四年／明治三七)、『方言採集簿』(一九〇四年／明治三七)、『音韻調査報告書』(一九〇五年／明治三八)、『現行普通文法改定案調査報告之一』(一九〇六年／明治三九)、『口語法調査報告書』(一九〇六年／明治三九)のような貴重な著作があいついで生まれた。

けれども、右の決議事項がいかに「調査」をうたっていたとしても、国語調査委員会がめざした究極の目的は、「標準語選定」という言語規範の確立であった。ただしそのさいにも、言語の真髄は話しことばにあるという把握が前提になっていた。第二項の「言文一致体」採用の決議がその直接の帰結であることはいうまでもない。そして、第一項の「音韻文字」採用の決議も、同じようにはるかに「調査」を超えたものであることを見逃してはならない。『言語学雑誌』でこの決議事項を解説した補助委員保科孝一がはっきりと述べているように、その決議は、いつの日かは漢字を全面的に廃止することを目指したものである(27)。上田によれば、言語にとって本質的なのはあくまで音声であって、文字ではない。したがって、漢字のような音声をしめさない表意文字は、言語の本性にそむくものということになるから、のこる議論は、表音文字としての仮名とローマ字のあいだの選択、あるいはあらたに新国字をつくるかという議論だけになる。上田自身は、国語調査委員に任命されたとき雑誌『太陽』で「羅馬字が国字として漢字や仮名文字や新文字やに立優つて居ることは、私の考では明な事」[28]と発言していることからもわかるように、確信に満ちた漢字廃絶論者、ローマ字論者であった。

第三項の「音韻組織の調査」と第四項の「方言調査」も一見すると学問的な目的に見えるが、じつはこれらの項目は「標準語制定」の準備作業であった。上田がどれほど標準語制定の必要性を主張していたかは右に見た。しかし、その標準語を普及させようとすれば、必ず方言との言語的衝突がおこる。第四項の「方言調査」は、滅ぼすべき相手としての方言の実態調査という意味あいがあった。さらに第三項の「音韻組織の調査」は、標準語教育のさいに方言話者に対しておこなう「発音矯正」を準備するものでもあった。

この国語調査委員会の決議事項は、上田万年の言語思想の集大成だということができよう。このような綿密な計画は、国語調査委員会の誕生をうながした帝国教育会のふたつの請願書、「国字国語国文ノ改良ニ関スル請願書」「言文一致の実行に就ての請願」では明確に述べられていなかった。このような問題設定を国語調査委員会にもたらしたのは、まさしく上田万年であった。ここでは国語の言語学的調査と「標準語制定」、つまり学問的記述と制度的規範設定という、本来ならば異質で対立するはずのものが、なんの矛盾もないかのように、不思議なぐあいに結びついている。しかし、それを可能にしたのは、ほかでもない、上田がつくりあげた「国語」の理念であったのである。そして上田万年は、これ以後国語調査委員会主事として、実質的に委員会を主導していくことになる。

三　国語政策と国語学

一八九八年(明治三一)に上田は、新進気鋭の言語学者たちを結集して「言語学会」を設立する。この言語学会は、一九〇〇年(明治三三)一月から機関誌『言語学雑誌』を発刊するが、雑報欄では口語体を採用することがさだめられていた。また、多くの論文でも口語体を用い、言文一致についての研究や報告を数多く掲載するなど、言文一致運動に積極的な方向を打ち出していた。あまり知られていないことであるが、「言文一致体」にかわる「口語体」という造語は、この『言語学雑誌』ではじめて用いられた(29)。

『言語学雑誌』に論じられた言文一致論は、上田の言語思想を色濃く反映したものであった。たとえば、東京大学で上田に学んだ藤岡勝二は、「言文一致論」(一九〇一年／明治三四)においてつぎのように論じている。「言文一致と云ってもあらゆる日本語を凡て其まゝ文字に写すことではないと云ふことになる。〔……〕しかし国語は統一せられねばならぬとし且其統一の標準になるものが甚好い者であるならば多少の苦労は忍んでも行はねばならぬ。〔……〕即ち一の標準語によるといふことになる。この標準語にかの方言などを云ひ換へて文にあらはすことになるのである。言ひ換へれば言文一致といふのは標準語を文に書きあらはすことである。[30]」そして、その標準語の中身は「東京に於て教育のある社会の人の言葉」だった。

こうして、言文一致は、方言から標準語への〈言い換え〉の手段という意味に転じてしまった。ただし、藤岡は「言文一致を主唱するといふのは言文一致体と云ふ文体を教へること[31]」であると述べ、言文一致体をあくまで文体のひとつの様式としてとらえていた。ところが、つぎの保科孝一の論説では、さらにすすんでこの点すらも否定される。

国語調査委員会の補助委員であった保科孝一は、一九〇二年(明治三五)七月の『言語学雑誌』に「国語調査委員会決議事項について」という報告を寄稿した。そこで保科はつぎのようにのべている。標準語を選定するにあたって、全国の方言を調査してその中から個々の形式を選び取っていくのはあまりに人為的であるから、「第一に方言の標準お選定し、これに、人為的修琢お加えて、善良なる標準語に、作り上げる」べきである。方言調査は、標準語を「純正雅醇」にするための「事業の参考」、補正手段である。標準語は「東京において、今日中等社会以上に行われている言語」を採用するのがもっともよい、というように[32]。

さらに保科は、言文一致についてつぎのようにいう。「言文一致体、とゆー一種の文章の様式が、別に存在するのでわなくして、標準語がすなわち、言文一致体になるのであるから、標準語が選定されゝば、したがって言文一致体の様式も、一定するわけである。[33]」

保科においては、言文一致と標準語との関係は逆転する。言文一致が標準語制定の前提であるのではなく、反対に、標準語制定が言文一致の前提となった。こうして、言文一致からは、かつての変革精神はすっかり忘れられ、国家の標準語政策のなかへのみこまれてしまったのである。「言文一致」の冒険精神は、「標準語」の思想のなかでは死滅する運命となった。

このように、国語調査委員会を中心としておこなわれた国語政策――そのなかのもっとも重要な課題は標準語の制定であった――をささえたのが、上田の〈国語〉の理念であった。ところが、上田は、国語と国家との分かちがたい結びつきを主張する一方で、繰り返しほんとうの意味での国語はいまだ存在していないと嘆いていた。それでは、存在もしていないものが、いかにして国家と結びつくのであろうか。また、国語学は存在していないものを対象として、なにを研究するのであろうか。ここで考えておくべきは、〈国語〉が、すでにできあがったものとして存在する実在物ではなく、じつは理念として把握された価値であるということである。前章で見たように、上田は国語学を設立するのは「国家の義務」であると考えていた。国語学は「国語のため」ばかりでなく「国家のため」にも必要なのであるが、それは、国語学が国家の言語政策に直接かかわるからというだけではない。国家をささえる価値のひとつとしての〈国語〉を、国語学がたえずつくりだしていくからにほかならない。つまり、国語学は、すでに確固として存在する国語を研究するのではない。逆に、〈国語〉という理念的価値を生産・再生産することにこそ、国語学という学問の第一の目的がある。そして、国家はこの異議申し立ての許されない価値にもとづいて、実在物をみずからの目的にあわせて変容させていくのである。

たしかに上田は〈国語〉と〈国文〉の存在様式のちがいをくっきりときわだたせ、〈国語〉を様式のちがいを超えた言語表出の全体を包括する概念として把握した。しかし、ここにはつねにひとつの留保がつきまとう。つまり、国民が現在話していることばの総体が、そのまま〈国語〉となるわけではないということである。「国語研究に就て」のなかで上田は、国民のあいだに「正しき話し、正しき読み書き」を実現することこそ、国語学の「終極目的」であると述べた[34]。まさに国語学は、国語を研究するのではなく、国語という理念の実現のためにことばを研究するのである。国語学にとって、客観的現実の分析は手段にすぎない。国語学は、なによりも規範設定を目的とする学問なのであり、したがって国語教育・国語政策という実践をぬきにしては、国語学という学問自体が成り立たないのである。上田にとって国語教育・国語政策は国語学のたんなる応用分野ではなかった。〈国語〉は、学問の客観的対象である以前に、教育と政策における実践の対象でなければならなかった。くりかえし強調したいのは、〈国語〉とは、ただ話され書かれるだけでは十分な実在とはなりえないということである。それは、たえず意識化することによって維持される理念的であるとともに実践的な価値なのである。

四　教育される「国語」

それでは、教育政策の場で〈国語〉はどのような地位を占めていたのだろうか。

一八八六年(明治一九)の中学校令によって、中学校教科科目のひとつとして「国語及漢文」が設置されたことはすでに述べた。(35) その教育内容は「漢字交リ文及漢文ノ講読書取作文」と規定されていた。しかし、日清戦争が開戦した一八九四年(明治二七)には、国語尊重の方針をとる文部大臣井上毅のもとで、漢文の書取と作文が削除され、その読解のみに限られる一方、時間数は週五時間から七時間に増加された。この改正は、「国語教育ハ愛国心ヲ成育スルノ資料(36)」であるという文部省の教育方針にもとづいたもので、これまで重視されてきた漢文は、いわば受動的理解だけを念頭におくだけのものとなり、それにかわって、「国語」が優越した地位を占めるようになる。これは日清戦争前後の国粋意識の高揚が、教育政策に反映したものであり、同年の上田の講演「国語と国家と」と同時代的呼応をかわしているといえよう。

しかし、もっとも重要なのは、一九〇〇年(明治三三)八月の小学校令改正によって、それまで読書・作文・習字の三つに分かれていた教科が、「国語科」の名のもとに統一されたことである(ちなみに同年四月には文部省内に国語調査委員が任命されていた)。ここではじめて小学校に「国語」という教科が出現したのである。そして、この改正小学校令にもとづく小学校令施行規則には、「読本ノ文章ハ平易ニシテ国語ノ模範ト為リ且児童ノ心情ヲ快活純正ナラシムルモノナルヲ要シ」というように、これまでは明確に述べられていなかった「国語ノ模範」を教えるという目的がはっきりと明文化された。[37]これと同時に、読本教科書は、これまで主流であった「国文読本」にかわって、「国語読本」という名称がしだいに一般的になっていく。

さらに、これと呼応するかのように、翌一九〇一年(明治三四)四月に制定された中学校令施行規則では、「国語及漢文」という教科名はかわらないものの、「国語及漢文ハ現時ノ国文ヲ主トシテ講読セシメ進ミテハ近古ノ国文ニ及ホシ又実用簡易ナル文ヲ作ラシメ」というように、現代文の学習が基礎におかれるようになる。[38]これは、小学校から中学校への国語教育の一貫性が重視されるようになったためであり、こうして、かつては学習の中心であった漢文と古文とは従属的な地位に下落することになった。

こうして、上田万年が理論的に〈国語〉の理念を完成させていったのとパラレルに、国家の教育制度のなかに〈国語〉はその内容においても意図においても、くっきりとそのすがたを現わした。一八八六年(明治一九)の学校令を出発点として、明治三十年代前半の教育改革は、国家体制に即応する国民教育をめざした近代的教育制度の確立に一応の完成をもたらしたが、そのなかでも、小学校令改正はもっとも重要なできごとであった。そこで特筆すべきは、やはり小学校での「国語科」の設置であろう。なぜなら、それはたんなる科目名の変更にとどまらず、〈国語〉の理念の確立をもとめたさまざまな社会的意志が、そこに集約して表明されているからである。そして、小学校に〈国語〉の理念が浸透したことは、〈国語〉がすべての国民によって意識されるべき規範的価値となるための制度的基盤を形成したことを意味する。

このような標準語政策の第一歩といえるものが、一九〇〇年(明治三三)の改正小学校令と一九〇三年(明治三六)に発足した教科書国定制にもとづいて著わされた第一次国定国語教科書『尋常小学読本』(一九〇四・〇五年／明治三七・三八)である。この教科書は、漢字節減、仮名字体の統一、表音的棒引き仮名づかいの使用、おおはばな口語体の採用(「デアリマス」にかわる敬体の「デス」、常体の「ダ」)など、一見進歩的な方向をさししめしているが、終局的な目的は標準語教育にほかならなかった。その編纂趣意書によれば、「文章ハ口語ヲ多クシ用語ハ主トシテ東京ノ中流社会ニ行ハルルモノヲ取リカクテ国語ノ標準ヲ知ラシメ其統一ヲ図ルヲ務[39]」めたのである。

さらに、この教科書は冒頭から、異様なまでに綿密な発音矯正がもくろまれていることに注目しなければならない。第一冊で提示される文字と単語は、東北地方における「イ」と「エ」、「シ」と「ス」の混同、東京における「シ」と「ヒ」の混同、九州地方におけるダ行とラ行の混同などの「発音矯正ノ便ヲ図リテ排列」されている。たとえば、最初にあげられている文字は、イ、エ、ス、シであり、そのわきに枝、すずめ、石の絵がえがかれている。まさに「標準音お制定し、それによって、発音の統一お、計る」(教科書編纂に参加した保科孝一の言)という意図が、すみずみまでいきわたっているのである。[40][41]

この国定教科書でとられた画期的な方針——それは保守派からは国語の伝統の破壊だと受け取られた——は、それらを統一的にとらえることのできる〈国語〉という視点が設定されることによって、はじめて可能になったのである。こうして、国字改良、言文一致、標準語制定など、明治の言語史をいろどるさまざまな問題は、〈国語〉の理念のなかに包摂され、国語調査委員会を中心にした国家の言語政策のなかにしかるべき位置をあてがわれることとなった。その意味でも、〈国語〉の理念の確立は、明治の言語史におけるもっともおおきな出来事であったといえよう。

五 〈国語〉から〈帝国語〉へ

いままで論じてきたように、上田は言語の現在性の意識をもっとも主要な支柱とし、その現在性の意識は明治国家によって根拠づけられていた。上田の国語観の濃縮された表現、「国語は帝室の藩屛なり、国語は国民の慈母なり」[42]ということばは、〈国語〉が日本においてどのようなすがたをとるべきかをはっきりと示している。さらに、上田は〈外〉へのまなざしを国語理論のなかにとりこんだ。また、日本の〈国語〉づくりにあたって、たえずヨーロッパの近代国家をモデルとして考えていた。だから上田は、それまで〈国語〉を論じてきた者たちと異なって、〈国語と国家と〉という本質的なところを最初から大胆に論じることができたのであった。もうひとつ上田の構想のなかで注目すべきものは、日本に来る〈外国人〉を日本化しようということだった。漢語と洋語の脅威に対抗して〈国語〉の防衛を説くことなどは、それほどめずらしい主張ではなかった。だが、国語教育による民族同化政策は、従来の国語観からはけっして生まれる余地はなかった。上田は、〈国語〉による〈国民〉の同質化・画一化が、近代国家の存立にとって必要不可欠な課題であることを深く理解していたといえる。このように国家と同一化した言語意識は、従来の文学伝統をささえとした言語意識にはまったく予想もつかない新局面を見とおすことができた。それは〈国語〉の〈対外進出〉の道である。

上田は講演「国語研究に就て」（一八九四年／明治二七）の冒頭でこう述べていた。上田自身の主催する国語研究会は、過去から現在にいたるまでの国語の研究に従事するにとどまらないという。「我等は〔……〕此国語のミガキアゲに尽力し、かくして啻に日本全国を通じての言語をつくり出すのみか、苟も東洋の学術、政治、商業等に関はる人々には、朝鮮人となく、支那人となく、欧洲人となく、米国人となく、誰でも知らんではならぬといふ、言はゞ東洋全体の普通語といふべき者をも、つくり出さうといふ大決心を有つ者であります。(43)」

三宅雪嶺はアジア支配のための一つの手段として「東亜の文字」である漢字を「利導」せよと説いたが、日本語そのものを「東洋全体の普通語」にしようと思いついた者はだれもいなかった。ただし、「東洋の普通語」となるべき〈国語〉の背後には、〈和〉の文化伝統ではなく、西欧モデルの近代化に邁進する明治国家があった。だからこそ、標準語制定という国内問題と国語の対外進出という国外問題とが、連続した過程として構想されるのである。

一九〇二年(明治三五)の「国民教育と国語教育」では、上田はよりはっきりとこう述べている。

「つまる所、今日以後は日本国内に於ては成るべく能く調和して速かに仕事をして、外部に向つて大に事を為すべき時代になつて居る。支那の開拓などは日本国民の奮つてなすべき事であると思ふ。又東洋に事ある時に、其大問題を解決するのも日本国民であらうと思ふ。〔……〕又国語が統一したならば、其の言葉を支那に弘める、朝鮮に弘める、印度に弘めるといふことは、一つ考へて見る価値があらうと思ふ。〔……〕日本人は日本の言葉、日本流の文字を何処へ行つても植付けて、早く其の国々の人に其言葉其文字を採用させることを攻究しなければならぬと思ふ。〔……〕この国語問題は自国の国民を養成するためばかりでなく、一歩進んでは日本の言葉を亜細亜大陸に弘めて行く上に大いに関聯して居る。[44]」

植民地分割を完成しつつあった欧米の帝国主義列強との競争に、おくればせながら参加することのできた日本にとって、〈アジア〉は、みずから獲得すべき外部としてしか考えられていなかった。そして、そのときはじめて、日本は西欧からの自立性を感じとり、〈東洋の盟主〉であるという自覚に燃えあがることができた。

このことを〈国語〉そのものにそくして考察してみると、〈国民統一〉の課題と〈対外進出〉の課題を、統一的視点から包括することのできた上田の〈国語〉概念は、もっとも注目すべき作品である。上田にとって〈国民統一〉がそうであったように、〈国語を大陸に弘める〉という意志は、たんに国家政策に追随した日和見主義的なものではなく、〈国語〉の理念そのものの内奥から生まれでたのである。そのことをよく示すのが、上田が大矢透の『国語溯源』によせた序文のなかの次のようなことばである。

「今や、大矢君は台湾総督府の招きに応じて、力を国語教授の上に致さるゝよし。願はくは、此の書を著したる熱心と、学識とを以て、速に、該島に於ける国語教授法を一変せられん事を。明治の国語学者が、徳川氏時代の国語学者に対して、独り誇り得べきは、新領地に我が神聖なる国語を扶植し得る名誉を享有したるにあり。[45]」

これは実に驚くべき発言である。「新領地に国語を扶植する」ことが、国家の名誉となるというならまだ納得できる。ところがここでは国語学という学問自体の名誉となるというのである。このことは、明治に創出された国語学という学問が、最初から政治性をかかえていたことをしめす。それは、国語学が国家の言語政策に関与したからだけではない。学問としての理論、方法、対象設定、さらにその実践的目的が政治的だということである。

まさにその国語学の政治性が発生する母胎こそ、上田が完成した〈国語〉の理念だった。こうして、国語学の根拠をあたえると同時にその第一の応用となるのが国語教育であるかぎり、標準語制定による国語統一も、国外植民地における言語政策も、〈国語〉の理念がさずける舞台のなかにおさまってしまう。そして、言語意識において〈国語と国家と〉の結びつきが疑われないかぎり、これらを批判する視点は、絶対に生まれえないのである。

このように、上田万年は、それまでさまざまな角度から論じられてきた言語問題を、〈国語〉の全体像のなかに統一的に位置づけた。その意味で、上田は日本の明治初期からの言語問題の歴史的集大成をおこなったのである。しかし、〈国語〉の理念が完成されつつあった一方で、標準語制定と植民地言語政策の問題が前面に浮上してきたことは、〈国語〉があらたな段階に入りつつあったことをしめす。それは大ざっぱにいえば、〈明治日本〉から〈帝国日本〉への展開が言語のうえにも現れでてきたということである。上田による〈国語〉の理念の完成は、ちょうど、その転換点のような役割をはたした。したがって、これ以後の日本の言語問題は、ここで論じてきた事態をふまえながらもちがった現れかたをするはずであり、それにたいしてはまたべつの議論のしかたが必要になってくるだろう。

六　その後の上田万年

事実、上田万年の位置は微妙なものになった。

「国語と国家と」という論稿が、〈国語〉の思想史のうえで画期的であったことは疑う余地がない。しかし、そのとき日本は「植民地」というものをもっていなかった。ところが、日清戦争により台湾を、「韓国併合」により朝鮮を植民地として手に入れると、日本がひとつの民族からなる一大家族であった時代は終わり、上田が反面教師とみなしたオーストリア＝ハンガリー帝国ほどではないにせよ、日本もれっきとした多民族国家になった。その場合、植民地民族における「母のことば」は、日本語ではないにもかかわらず、日本語はいったい「国語」の地位を確保できるのだろうか。つまり、上田が確固たる論拠のひとつとした「母のことば＝国語」という等式に、おおきなひびがはいってしまったのである。のちに時枝誠記が問題を提起したのも、まさにこの点であった。(46)

しかし、上田は「母のことば＝国語」という等式にこだわっていたわけではない。だいいち、上田はあれほど「母のことば」の価値を強調しておきながら、「ムッターシュプラーヘ」というドイツ語は使っていたものの、「母語」という日本語の単語を用いてはいなかった。上田万年と松井簡治との編集による『大日本国語辞典』(一九一五年/大正四)には、「母語」の項目さえみあたらない(「母語」ということばが当時知られていなかったわけではない。大槻文彦『大言海』(一九三二—三七年/昭和七—一二)には「母語」という項目があり、「英語、Mother Tongue の訳語」という説明がつけられている)。

晩年の上田が著わした『国語学の十講』(一九一六年/大正五)は、一般読者に「国語学」の方法や目的をわかりやすく説き明かそうとすると同時に、上田万年の言語思想と時代とのかかわりを率直に映しだしてくれる点からして、たいへん貴重な著作である。「国語と国家と」でみせた情熱にあふれた上田の姿は、もはやここには存在しない。

上田は「国語といふものに定義を下さうとして、いづれの場合にも適合するやうに解釈しようとすると、尠からぬ困難がある」という。上田によれば、「国語とは一の国家に属する人民の用ゐる言語である」という説明ではまったく不十分である。日本には「朝鮮人や、アイヌ人や、台湾の土人蕃人」がいる。これらの民族の話す言語はいったいどのように位置づけられるのだろうか。そこで上田は次のように述べることになる。

「国語といふ考は、統一せられた国家と相関聯するものであり、国民の精神は国語の統一によつて結付けられ、国家の組織は之によつて鞏固にせられるのであるから、国語はその国家を形成する国民の中枢たる民族の言語であり、全国民に対して統一的勢力を有する言葉で無ければならぬ。〔……〕我が大和民族は過去に於て、国民の中枢となり、他の異種異族を同化して今日の国家を維持して来た。将来に於ても亦、さうなければならぬと思ふ。〔……〕我が国語が久しい間、よく外来の分子を包容し、融化しつゝ、常にその純潔を保ち来つたのも亦、国民の中枢たる大和民族の言葉が、よくその統一的勢力を失はなかつたからである。吾々は此の、国語の統一的勢力を失墜させずに、然もよく、その純潔を保つて行くことを希望してやまないのである。(47)」

したがって、「母のことば＝国語」という等式があてはまるのは、「大和民族」においてのみであり、上田はそのことを熟知していた。また、支配民族と被支配民族のあいだには、こえがたい断絶がなければならないと上田は考えていた。しかし、そのとき言語と国家を自然化しようとした上田のもくろみは、あえなく破綻してしまう。したがって、言語にかんする論理を首尾一貫させ、しかも植民地支配と同化主義を貫徹させるためには、「母のことば＝国語」とは次元の異なる概念が必要となってくる。そこで保科孝一が提唱した「国家語」の概念が意味をもってくるのであるが、これまた世の注目するところにはならなかった。

しかし、音声と文字の関係についての上田の考えかたは、変わることなく一貫していた。上田は「此の日本語ほど、開国以来、国民によつて、純粋に語り伝へられた言葉は、世界の何所にも無い(48)」というが、その日本語の「純潔」とは、文字のなかには存在しない。上田は漢文を尊重する文学者や方言を軽蔑する学者を批判してやまない。上田はこう述べている。「国民に此の団結力のあるのは、全く、口にされる言葉、「はなし言葉」の上の一致があるためである。[49]」「文学に残つて居る国語は、学者には兎に角、現在の国民一般の脳裡にある国語では無い。[50]」

じつに文字ではなく音声、書きことばでなく話しことばにこそ「言語そのもの」の姿があるという点こそ、上田の言語思想をつらぬくひとつの柱であった。この立場から、上田は一貫して漢字廃止とローマ字採用を主張しつづけたのである。

「今日は田夫野人の間に存して居る日本語でも、其の日本語は漢語若くは洋語よりは遥かに貴重な、祖先よりの賜である。〔……〕此の在来の日本語を守立てて世の中に出して、之を帝国の言語として世界に紹介するのは今後の一の愉快なる事業である。[51]」「私は漢字を排斥し国語を尊重し、同時に其の国語を羅馬字と云ふ着物を以て包んで、之を世界の広場へ提供したいと云ふ事を考へるのである。[52]」

このような「国語改革」の主張が、当時の日本の知的土壌に受け入れられるはずはなかった。東京帝国大学国語学講座主任教授であり、文部省の国語政策を主導しうる文部省専門学務局長という地位にありながらも、上田の言語思想は無視されつづけた。上田は憤るかのようにこう述べている。

「一体日本人は、自分の祖先が用ゐた言葉、古来語り伝へて自分が現在用ゐて居る言葉、即ち国語といふものに対しては、極めて冷淡であつて、実は国語に対する国民的自覚力といふものが殆ど無い。[53]」

「大正の今日猶、活きた言語は、依然としてまだ充分に国民から重要視もされず、同情も寄せられず、保護奨励もされずに居る。[54]」

「現在用ゐて居る言葉」「活きた言語」こそ「国語」の真の姿であるにもかかわらず、それに対する「国民的自覚力」がないとするなら、いったい「国語」はほんとうに存在しうるのだろうか。話されるだけで意識されない「国語」は「国語」の名には値しない。だからこそ、上田の「国語学」には「国語」の姿を明らかにするという実践的任務が背負わされたのである。

さらに、この『国語学の十講』には、あきらめと自嘲にみちた悲観的なことばが見出される。

「予が明治二十七年に留学から帰朝した時は、恰も清国との開戦のあつた際で、国民が清国に対する敵愾心の極めて盛な時であつて、漢字漢学から独立して、此の国語国字問題を解決しようと云ふ上には、非常によい機会を形作つた。[55]」

「併ながら此の運動は、日露戦役に於て、殊に其の戦捷後に於て、東洋の文物制度が遥に泰西の文物制度よりも優る点があると自覚すること、若くは少くも東洋の文物制度を厳然維持して進まなければならぬと云ふ考の下に一転化を来すやうになつた。言ひ換へて見れば、日露戦争後の日本の社会、若くは教育社会は、非常に復古的の潮流を喚起し来つて、極めて保守的になつた傾がある。〔……〕かやうにして此の国語国字問題も、教育の上に於て全然看過されるやうになつて来て、今日では寧ろ日清戦争以前、維新後の形勢に逆戻りしつゝあるかの感がある。(56)」

そして上田は、つぎのような悔恨あふれることばによって書を閉じる。

「終りに一言を加へて置きたいのは、吾人はかゝる問題に於てはやはり敗軍の将である。将といふことが甚だ僭越であるならば敗軍の士卒である。現代に於て尽すべきことは尽したつもりであるが、社会は常にわれ〳〵に同情を表さなかつたのである。猶附加へて置くが、正しい事は終に何時かは行はれると信ずる。吾人が明治三四十年代に於て述べたこと、一部行つたことは、将来何時か成功するであらうといふ事を今でも信じて居るのである。(57)」

いったいなぜ上田はみずからを「敗軍の将」と呼んだのだろうか。「保守的」「復古的」な潮流とはいったいなにを指すのだろうか。これについては、上田万年以降の言語思想の流れをみることによって、理解できるものとなるだろう。とりわけ、上田の忠実な弟子ともいえる保科孝一の歩みをあとづけることによって。

第三部　国語学と言語学

第七章　忘れられた国語学者保科孝一

一　上田万年から保科孝一へ

第二部では、上田万年がいかにしてあらたな国語学を近代言語学のうえに基礎づけようとしてきたかを見てきた。その上田の意志と情熱もあってか、上田万年の門下からは、新村出、小倉進平、金田一京助、橋本進吉、藤岡勝二、岡倉由三郎など多くのすぐれた言語学者・国語学者が輩出した。しかし、言語政策と言語教育の面で上田の仕事を全面的に、しかも忠実にひきついだといえる保科孝一は、いまではほとんど忘れ去られた存在になってしまった。その問題に入るまえに、まず保科孝一の簡単な年譜を一覧しておこう。


一八七二年(明治五)　山形県米沢市に生まれる。

一八八九年(明治二二)　第一高等学校入学。

一八九七年(明治三〇)　東京帝国大学国文科卒業。ただちに上田万年の創設した国語研究室の助手に採用。

一八九八年(明治三一)　文部省図書科嘱託となる。国語国字問題の研究調査に当たる。

一九〇〇年(明治三三)　東京帝国大学文科大学講師。

一九〇一年(明治三四)　同大学助教授、東京高等師範学校教授を併任。

一九〇二年(明治三五)　国語調査委員会官制公布。保科は同委員会補助委員となる。

一九〇四年(明治三七)　最初の文部省国定教科書編纂に参加。

一九一一年(明治四四)　国語教育・国語政策の調査のため、二年間ドイツ、フランスに留学。

一九一三年(大正二)　六月国語調査委員会官制廃止。保科は一二月に帰国。

一九一六年(大正五)　文部省普通学務局「国語ニ関スル調査嘱託」主任となる。

一九一七年(大正六)　月刊雑誌『国語教育』を創刊。編集主宰にあたる。終刊は一九四〇年(昭和一五)。

一九二一年(大正一〇)　臨時国語調査会官制発布。保科は幹事に就任。

一九二三年(大正一二)　「常用漢字表」発表。

一九二四年(大正一三)　「仮名遣改定案」発表。

一九二七年(昭和二)　東京大学助教授を辞す。

一九三〇年(昭和五)　東京文理科大学教授。臨時ローマ字調査会官制発布。保科は幹事に就任。

一九三一年(昭和六)　臨時国語調査会「常用漢字表」「改定仮名遣」の修正を発表。保科「国語国字問題」についての「御進講」(六月一八日)。

一九三四年(昭和九)　国語審議会官制発布。保科は幹事に就任。

一九三七年(昭和一二)　臨時ローマ字調査会の答申にもとづき文部省は「訓令式」ローマ字綴表を発布。国語審議会「漢字字体整理案」発表。

一九四〇年(昭和一五)　東京文理科大学教授退官。同大学名誉教授。

一九四一年(昭和一六)　官制改正にともない、保科は国語審議会幹事長に就任。戦後までその職にとどまる。

一九四二年(昭和一七)　国語審議会「標準漢字表」を発表。国粋派の憤激をひきおこす。

一九五五年(昭和三〇)　没。

もし、今なお保科孝一が記憶されているとするなら、戦後の「現代かなづかい」や「当用漢字表」に見られる「国語改革」をいちはやく提案し、制度的な面においても戦前からその実現に努力した者として、その仕事がふりかえられるにすぎない。長いあいだ保科のもとで「国語改革」の仕事にたずさわってきた吉田澄夫は、「土台作りに終始した保科孝一」の功績をたたえている[1]。ここで「土台作り」という意味は、戦後になってやっと実現した国語改革を長年にわたって準備してきたことをさしている。

保科は一八九八年(明治三一)に文部省嘱託となってから一貫して、表音式仮名遣い、漢字廃止を最終目標とする漢字制限、公的機関での口語文の採用を主張しつづけてきた。もちろん、こうした立場は上田万年のものでもあったが、保科はそれを愚直なまでに忠実に実行しようとしたのである。そのことが、「国語の伝統」の権威にしがみつく保守派をどんなに憤激させたかについては、のちにくわしく見ることにする。

保科において、いわば国語改革の原型が典型的にしめされていたのだから、戦後の国語改革をどうとらえるかの立場にしたがって、保科の仕事をどのように評価すべきかは、はっきりと二つに分かれる。改革賛成派からは、「戦前からずっと文部省国語課にあり、国語審議会の幹事長としてかげの苦労をなさった保科孝一氏」[2]は、尊敬の念をもって思い起こされるが、「国語国字の簡易化、合理化を、〔……〕民族の伝統を傷つける破壊的活動と見る」立場からは、「保科という人は永年文部省に居すわって、国語改革という国家的事業を一党一派の偏った見解によって遂行しようとする、厄介な男」だと見なされてしまう[3]。

このことは現代日本語史にとってたいへん重要なことを示唆している。すなわち、戦前の教育行政を主導しつづけてきた文部省の中枢部に、じつは戦後の「国語改革」の種子が温存されていたということである。いったいこのことは、どう読み解かれるべきであろうか。

第二次世界大戦後に保科は、回想録『国語問題五十年』を刊行するが、その題名がしめすとおり、保科の活動はそのまま戦前の日本の国語政策の足どりをしるすものだった。ところが実際には、保科のくわだてはことごとく挫折した。保科のめざした「国語改革」が実現にむかって動きはじめたのは、ようやく戦後になってからのことだった。

保科みずからも、自分の仕事が第二次大戦後に実現した「国語改革」のさきがけであったことを、いささか誇らしげに認めていたらしく、現代かなづかいと当用漢字表を解説した著作のなかで、次のように回想している。

「わたくしは、漢字の節減、かなづかいの改定、口語文の普及は国語問題としてもっとも重要なもので、これを完全に解決しなければ、欧米の文化に追従することが、至難であるから、ぜひその解決に一歩を進めなければならないとふかく決心しておりましたものの、問題が問題だけに、わたくし一生の間に、その実現を見ることは、とうてい及びもないこととあきらめておりました。ところが終戦後世界情勢の急激な変化により、新憲法が当用漢字表のワク内で口語文で起草されたことは、わたくしにとりましては意外のまた意外、まったく夢のような感じでありました。〔……〕かような革新が夢のまた夢でなくして、わたくしの在世中にいよ〳〵実現したのでありますから、わたくしとしては言葉にいいあらわせない大きなよろこびであります。」(4)

たしかに、保科は戦後の「国語民主化」の種をまいたといえよう。しかし、それだけならば、いま保科の仕事の意味をあらためて検討する値打ちはそれほどないだろう。じつは戦後の「国語改革」のパースペクティヴの狭さそのものが、保科という存在の意味を隠蔽しているのである。

ひとつの問題点は、すでにふれたように、戦後の「国語改革」の種子が、戦前の文部省のなかにすでに存在したということである。戦後の「国語改革」は、けっして占領軍の押しつけではないが、だからといって、戦前に抑圧されてきた在野の民主勢力の努力の成果であるともいいきれない。むしろ、それは戦前から改革派官僚が願ってきたことの実現であるという側面がある。

戦前の日本の体制を「天皇制ファシズム」ということばでひとくくりにすることは容易だが、じつはそのなかではさまざまな多様な勢力が対立しあいながら存在してきた。言語の面においても、国語問題や国語政策において、保守派と改革派はたえず衝突しあい、たがいにみずからの主張によって相手を倒そうとしてきたのである。保守派とは、この場合、「国語」と「国体」とを同一視し、「国語改革」そのものを反国家的なもくろみとして攻撃した勢力をさす。その意味で、保守派を「国粋派」と呼んでもいいだろう。

言語政策というものの必要性を痛感していたのは、保守派ではなく、改革派の方だった。第一の点は、国内の言語政策にかんする点である。保守派にとって「標準語」は、伝統にもとづく書きことば中心に考えられていた。かれらは、「国語」の存在を日常の「話しことば」のレベルからとらえることをかたく拒否していた。それにたいして、改革派は、「標準語」をあくまで話しことばのレベルで実現しなければならないと考えていた。そして、そのためには、話しことばにおける方言から標準語への移行を推進するための言語教育というものが、どうしても必要とされたのである。

もし「国語」が伝統的な書きことばのなかだけに存在するのであったら、高度の教育を受けた少数の者だけが「国語」を習得することができるし、それでこと足りるであろう。ところが、日常の話しことばそのもののなかに「国語」を求めるとしたら、話し手のありとあらゆる言語行動を規制するような方策を考えなければならない。「罰札」制度に代表される苛酷な標準語教育は、「国体」を尊ぶ保守派よりは、じつは「国語改革」をなんとしてでも実現しようとする改革派の願望のなかに根をもっているといえるのである。

保守派と改革派とのさらに重大な対立は、植民地にたいする言語政策の場面であらわれた。極端なことをいえば、保守派にとっては言語政策はまったく必要でなかった。保守派にしてみれば、古来から「日本人」――この概念の定義は誰もくだしたことがないが――が用いていた伝統的言語形式をひたすら守れば十分なのであって、日本人でもない人間が日本語をどのように用いるかは、日本語の本質にはかかわらないどうでもいい問題なのである。ところが、日本語が海外へ「進出」するということは、日本語が非日本人に学ばれることを意味していた。そこで、改革派からみれば、植民地における言語政策にどのような方向づけをあたえるかは、日本語の将来にとって死活にかかわる問題であった。ここでもまた、植民地の言語政策に腐心していたのは、保守派ではなく、改革派なのである。「戦後」になって、この保守派＝国粋派の勢力はほとんど消滅したといえよう。けれども、保科に代表される改革派官僚は、「敗戦」という断絶を超えて、ほとんどそのまま生き残った。それは右に引用した保科の言をみればよくわかる。まさに保科は、その生きのびた改革派の先頭に立って、日本に確固とした言語政策をあたえようと苦心していたのである。

二　「国語」と植民地

保科は、国内の国語問題にかんしては保守派＝国粋派に対立する第一の人物であったが、その一方で植民地・「満洲国」・「大東亜共栄圏」にたいする言語政策に焦慮の念をいだきながらとりくんでいた。のちにくわしく論じるが、保科は日本語の支配圏の拡大と植民地の異民族にたいする同化政策をめざしており、その言説は言語的植民地主義を表明するものとしてはひとつの典型を示しているといってよい。そして、国内の「国語改革」と植民地への言語政策は、保科のなかでは不可分に結びついていた。最終的な局面では、この両者はたがいがたがいを前提としあう補完的なものでさえあった。植民地への言語政策を一貫した視点から論じ、まがりなりにも全体的な整合性をつけようと苦心していたのは、けっして「国語の伝統」への崇拝を強要していた保守派ではなく、保科のような「改革派」だったということは、くりかえし想起すべき点である。

この点からみると、保科をたんに戦後の「国語改革」の先駆者としてだけとりあげることが、いかに一面的であるかがよくわかる。「国語改革」を技術の面だけで一面的に論ずるしかたは、戦後日本がかかっている健忘症の病状のひとつに数えられるであろう。戦後の日本は、かつてみずからが植民地を支配していたという事実の多くの部分を、記憶のかなたに追いはらうことによって、また真実からも遠ざかってしまった。言語のレベルでいえば、戦後の日本では、それまで何ごともなかったかのように、ひたすら表記法のレベルで仮名遣いと漢字の問題を論じることが「国語国字問題」の主要な関心事であった。その意味で、戦後の日本の「国語国字問題」は、戦前よりもむしろ鈍感で欺瞞的だったともいえる。のちに述べるように、保科は、最近になって話題になることの多い「日本語の国際化」の問題にいたるまで、かなり的確に見通していたのである。

いずれにせよ、日本の言語的植民地主義の諸問題は、真剣に考察されることのないまま、葬られてしまった。忘却とは、自己の同一性をおびやかす危険な記憶を無意識のなかに抑圧することである。しかし、その危険性が消し去られたとしても、その記憶はあらたなかたちで再びよみがえることもありうるだろう。

先にしめした経歴だけからみると、保科は教育官僚の典型だということになるかもしれない。たしかに、保科はそのときどきの政治状況に機敏に反応した点では、有能な役人気質の持ち主だったと思われる。こうして保科は、「韓国併合」と植民地支配、「満洲国」の建国、「大東亜共栄圏」の提唱という大日本帝国のひとつひとつの歩みに応ずるかのように、熱心に言語政策の問題にとりくんだのである。しかし、保科の仕事には、批判的精神がまったくなかったとはいえ、たんに政治への迎合とはいいきれないそれ自体で検討すべき内容がふくまれている。社会言語学における言語政策論という視点からみると、保科孝一は興味深い研究対象であると同時に、すでに保科の著作の中には、今日の社会言語学を予見するような部分さえふくまれていたということができる。一見単純そうに見える保科孝一の著作には、さまざまに錯綜した方向がふくまれているのである。

この点からすれば、漢字と仮名遣いの問題だけに焦点をあてた従来の「国語国字問題」の枠組みがあまりに狭すぎるのはいうまでもない(というよりも、「国語国字問題」の枠組みを狭めてしまったのが、戦後の「国語」意識なのである)。保科孝一を分析するためには、そうした個別の局面を検討することにもまして、それらが全体として形づくる言語意識をさぐる必要がある。さらには、保科孝一という人物を通じて、近代日本の言語意識を言語思想史的なパースペクティヴのもとで探ってゆかねばならない。

そのようなアプローチをとるのは、次の理由からである。言語政策家としての保科の活動は、国語学者としての活動と密接なつながりがあった。師上田万年の圧倒的影響のもとで、保科は上田から、日本の科学的国語学の構築と、確固たる国語政策の確立という、このふたつの課題をそのまま引き継いだ。上田にとっても、保科にとっても、これらふたつの課題はけっして矛盾するものではなかった。まず一方において、国語学は、その研究対象である日本の言語に「国語」としての洗礼をさずけるという学問的使命をもっていた。さらに、国語学は、解決すべき国語問題の科学的処方箋をあたえるものとみなされていた。ここには、学問から政治へというベクトルが見いだされる。

他方において、上田も保科も、近代日本の「国語学」の確立のためには、「国語」そのものの規範化が必要であると考えていた。その意味で、国語政策は、国語学が確立した上での応用分野ではなかった。むしろ、国語政策を予想しないでは、国語学の学問的基礎そのものが危うくなるという関係にあった。そうでなければ、「国語」の一体性は、まったく想像上のものになってしまうからである。ここには大づかみにいえば、政治から学問へのベクトルが認められる。

このような学問と政治との葛藤から生まれ、生まれると同時にその葛藤を昇華してしまうもの、それこそ上田がつくりあげ保科が受け継いだ「国語」の理念なのである。「国語」という理念は、科学的国語学と言語政策という、聖と俗との不可分の結合の枠組みをつくりあげたのである。

このように学問と政治のふたつのベクトルの合流の産物としての「国語」の理念は、たんに国語学は学問史的に、国語政策は政治学的にというふうにとらえるだけでは、その全体像が十分に究明されないままに終わってしまう。学問的装置としての、また言語政策上の概念としての「国語」の理念は、その両者に通底する言語意識に接近するときに、はじめて明らかにされるはずだからである。したがって、ここでは学問における真理性と政治における有効性というように、問題を分裂させて取り扱うことはしない。いいかえれば、国語学者保科がどれほど学問としての真理を語ったか、そして、言語政策家保科の提言が現実の上でどれほどの効果をあらわしたかは、ここでは問わない。そうではなくて、保科が新しい時代の国語学をどのように構想したか、またその認識のもとにどのような言語政策を提起したかを、ひとつの言語思想の展開としてながめる必要があるのである。そこには日本の「言語的近代」の問題が凝縮して表現されているはずである。

わたしがことさらに保科をとりあげる理由は、研究史上の欠落を埋めるためだけでもなく、忘れられた偉大な学者の功績を顕彰しようという野心からでもない。どんなに工夫をめぐらしてみても、保科孝一に燦然たる光輝をそえて、歴史にその名をとどめさせることは、むしろ困難な作業である。その著作は理論性にとぼしく、学問的緻密さも、人の心に訴えかける精気にも欠け、文体も思想もじつに平凡きわまりない。このことが日本の学問史のうえで保科の地位を不当に低めている理由のひとつであろう。

ところが外国人、とりわけ朝鮮人であるわたしにとって、この凡庸さこそが保科孝一をとりあげる強い動機の一つになった。これは逆説ではない。というのは、これまでの韓国における日本研究の対象は、悪人にしたてあげられた「日本の英雄」か、それとも数少ない「良心的な」思想家に限られる傾向があった。しかし、わたしが思うには、ある社会に広く深くよどんでいる意識は、むしろこれといって目立ったところのない平凡な人間によってつくられるのである。生活のなかに埋めこまれたこうした意識下の意識をふつうのひとは、ことばでもってあらわすすべをもたない。たまたま保科のように、とくにつきつめた思想的格闘も、常人には近づきがたい深い洞察力ももちあわせていない、いわば「凡庸な知識人」においてこそ、その平均的意識のありかたを見いだすことができるのではないだろうか。こうした研究が重ねられることによって、朝鮮人にとってはじめて粉飾も誇張もないありのままの日本の姿が見えてくるはずである。

しかし、ここでいう凡庸さとは、保科の思想のスタイルのことであって、けっして彼の言語思想の内容が、言語にたいする凡庸な日常意識そのままの露出だといっているのではない。保科は近代日本が言語にたいする自覚的反省を持っていないことに、多弁ではあるが凡庸な語り口で、くりかえし訴えつづけた。ことばの問題など論じるに値しないとする日本の支配的雰囲気の中からみれば、保科は孤独でむしろ非凡で例外的な存在だったともいえる。昔も今も、日本における言語への関心は、社会の中で言語が果たすおそるべき役割には目をつぶったままであり、日本語の起源や語源探索、さらには最近の「日本語の国際化」などという評論家用の話題をかすめているだけなのが、わたしにはじつに不思議でならない。それと対応するかのように、専門的研究者からは、保科のような国語政策家は、一度も学問的にまじめに検討されないまま、見捨てられてきた。「言語政策」を時代の限界の中でまがりなりにも学問的に論じようとしたのが、高尚でアカデミックな学者ではなく、保科孝一という凡庸な官僚学者であったことは、当然の帰結であったろう。それは、いまもかわらぬ日本の言語研究の風土をあらわにしているのである。

（付記）　東京大学文学部国語学講座の初代主任教授は上田万年、二代目が橋本進吉であるが、保科が上田の後を継ぐ可能性もないわけではなかった。金田一春彦は、橋本進吉が金田一京助にもらしたことばにもとづいて、つぎのように語っている。

「〔橋本進吉〕博士は昭和二年、十八年の助手の生活を送った時、数え年四十六歳になっていた。その時上田万年が定年を迎えて退官し、博士はそのあとを襲い、二月十二日東京帝国大学助教授の辞令をもらい、その四月から教壇に立った。講師を一躍飛び超えたのである。そのころ、保科孝一が博士より上にいて講師をしていた〔助教授のあやまり〕。博士は保科が上田のあとを襲うのではないかと思っていた。もし、保科が助教授〔教授のあやまり〕になるようだったら、自分は上田に辞表を出すつもりだったそうである。」(金田一春彦「橋本進吉博士の生涯」『金田一春彦日本語セミナー5・日本語のあゆみ』筑摩書房、一九八三年、三〇七頁)

金田一春彦によれば、「橋本博士は上田万年のその場の思い付きとも思われるような突然の指名で、東京大学文学部助教授を命ぜられた」(同書、三一〇頁)という。ところが、保科の回想はすこしちがっている。保科はつぎのように語っている。

「橋本進吉君は大学の助手として二十三年の久しきにわたり、忠実にその職を守っていたので、学内でも同情者が多く、あのままにさしおく上田学長の冷酷さを非難する声もなかなか高く、史料編纂官に推薦しようという話もあったが、上田学長が同意されないのでそのままになった。しかし、上田学長は橋本君をそのまま助手にさしおいて、別に取り立てようというふうも見えなかった。わたしは明治三十五年以来兼助教授であったが、上田学長は時おり自分は停年までいすわっているつもりはない、そのうち君に譲るよといわれたが、そのときわたしは、たとえ先生のあとを継いでも、停年の関係上四、五年しか在職できないのだから、それよりも橋本君を先生の後継者としていただきたい、わたしは高師(高等師範学校)において、もっぱら国語教育の改善と、国語問題の解決に微力を尽したい覚悟であるとお答えしたが、それがどうやら曲りなりにも実現したことは、わたしの常に満足しているところである。」(保科孝一『ある国語学者の回想』朝日新聞社、一九五二年、六二頁)

保科が回想のなかで述べているように、上田は他人にはけっして本心をもらさない冷淡なところがあったようなので、上田の真意は謎である。

第八章　国語学史をめぐって

一　国語学と言語学

保科孝一は、近代言語学の諸原理にもとづく「国語学」を確立し、そしてその国語学を指針として国語政策を方向づけるという上田万年の理念を、そっくりそのまま愚直なまでにひきついだ。後年の保科は、もっぱら国語教育と国語政策のような実践的な分野に専念することになるが、初期の保科は、国語学の体系化という野心をいだいていた。その野心を、保科は国語教育、国語政策の場を通じて実現しようとした。保科が主導した国語政策は、それほど緻密なものではないにせよ、上田の意志に忠実に沿いつつ、「国語」にたいする理論的認識の枠組みに支えられていたのである。したがって、保科の本領ともいうべき国語政策について論ずるまえに、保科が学問としての「国語学」をどのように構想したのかをまず検討しておかなければならない。

まず、上田万年が近代言語学を導入することによって「国語学」を創設したということに、どのような意味がふくまれているのかについてふれておこう。言語学であれ国語学であれ、おなじくことばを対象にする学問であることに変わりはない。そうであるなら、そのふたつの学問のあいだには、当然分析方法や研究成果の相互交流があるはずだと思われるであろう。日本語も言語のひとつであるかぎり、国語学はすなわち日本語に適用された言語学であるとかんがえても、なにも不思議はない。しかし、実際にはそうではないのである。たとえ日本語を対象にして構造主義や生成文法などの手法を駆使した言語学的研究をおこなっても、それがそのまま「国語学」の成果として認められるわけではないだろう。おそらく、そうした日本語の研究を「国語学」とみなすことには、かなりの抵抗があるにちがいない。これはたんに、構造主義や生成文法などの言語学の方法論が国語学の主流になっていないということだけが理由ではないし、また大学や学界における学問の領域分けだけがその原因ではない。国語学を言語学の一般的方法を日本語へ適用した個別分野であるとみなすことは、国語学自体の学問の同一性と正当性をあやうくするのではないかという意識が、国語学そのもののなかに深く根ざしているのである。原理的にいえば国語学者は言語学者でなければならないし、さらに亀井孝のように学問としての「国語」学を拒否することも可能である(彼の著作集第一巻は「日本語学のために」と題されている)[1]。しかし、それはあくまで国語学界の少数派にとどまる。現実には、言語学と国語学とは、背景となる学問的伝統においても、方法論においても、さらには学問が逃れようとしても逃れられないイデオロギー的基盤においても、はなはだしく離反し、ときには敵対するほどの関係にあるのである。この意味で、上田万年が近代言語学の方法を指針とすることによって近代「国語学」の祖となったということは、ひとつの「事件」であり、のちの数々の問題の発端とみなすことができる。

上田万年のもとからは、新村出、金田一京助、橋本進吉といったすぐれた「国語学者」が生まれたことはすでに述べた。かれらはいずれも上田万年を直接の師とあおいだ人たちである。橋本の音韻史研究も、金田一のアイヌ語研究も、新村の西洋における日本語研究の発掘も、すべて上田が萌芽的なかたちで示唆したものを綿密な研究に実らせたのであり、かれらはつねに上田にたいする学恩を感謝しつづけた。かれらはみな「国語学者」であったが、学問の方法論として指針とあおいだのは、もっぱらヨーロッパの近代言語学であった。新村出は、上田万年の講義のうちでもっとも印象にのこったのは、ヘルマン・パウルの『言語史原理』による演習だったという(2)。

その新村出は国語学と言語学との関係について次のように述べている。「将来の言語学、日本の国語学者のがはから見る将来の言語学、〔……〕その将来の言語学が、日本の旧い国学者系統の国語学、或は隣邦旧代の考証学者風の支那国語学、などから直接に進展して来ることは、今日に於てはもはや望むべからざる所である。全然西洋系統の国語学あるひは一般言語学の影響を直接にでも間接にでも受けずには殆んど新しい言語学が生れることは期待出来まいと思ふ。[3]」

ところが、上田万年、橋本進吉を継いで、東大文学部国語学科の三代目の主任教授となった時枝誠記は、みずからの学問的出発点を回顧したエッセイ「私の選んだ学問[4]」のなかでつぎのように述べている。

「私が大学に入学して国語学を専攻するやうになつた時〔……〕その研究法として聴講もし、読みもしたことは、言語学の研究法と研究課題とが、国語学の指導原理であるといふことであつた。我々の学問の先達である新村出、金田一京助、橋本進吉の諸先生が皆言語学の出身であることを思へば、あるいはそれが正しい道順であるのかとも思へた。〔……〕私をして、近代言語学といふものに、疑問を抱かせるやうになつた、もう一つの事情は、私がその頃日本の古い国語研究書を読み始めてゐたことである。そこに見られる言語研究の性格、言語に対する考へ方が、いたくヨーロッパのそれと相違してゐることに興味を抱かせた。ヨーロッパの学問が唯一絶対のものではないといふこと、ヨーロッパの言語学が必ずしも国語学の指導原理にはならないといふこと、総じて、近代言語学に対する反逆精神が芽生え始めたのは、その頃であつたと思ふ。」

「言語学」と「国語学」の関係という問題は、学問の方法論上の対立であっただけではない。「日本」対「ヨーロッパ」、そしてそれに連なる「伝統」対「近代」という、日本の近代意識をさいなみつづけた巨大な問題が、言語研究の場で「言語学」と「国語学」の対立というかたちであらわれたのである。

それでは保科孝一はこの問題にどのように対決し、どのような解答をあたえたのだろうか。

二　保科孝一の『国語学小史』

保科孝一は一八九四年(明治二七)、東京帝国大学国文科に入学する。それはちょうどヨーロッパから帰国したばかりの上田万年が、東大博言学講座教授に就任し、はなばなしい活動を始めた年にあたる。保科はそのときの上田の講義の清新な印象を、のちにこのように回想している。

「上田万年先生が明治二十七年欧州留学から帰朝されて、はじめてわたくしどもに新しい講義をされたので、その新鮮味に学生がつよく引きつけられた。先生の講義は国語学史概説で、釈契沖の国語学から説きおこして、その後の発達を講述されたのであるが、各学者の研究を批判し、言語学を基礎として、国語の科学的研究は、いかに進むべきかを教示されたので、わたくしどもははじめて国語学の進むべき道を知りえて、前途に一条の光明を見いだした感じをもち、今後国語について、この新しい研究を進めてみようと考えるようになった。(5)」(傍点引用者)

一八九七年(明治三〇)に大学を卒業した後、保科は上田が創設した国語研究室の助手に採用され、国語にかんする文献資料を収集し分類するという仕事をまかされた。保科自身が語るところによれば、そのころ保科は「言語学や音声学に関する原書を読み、過去におけるわが国語学の欠陥を認識するにしたがって、ますます新しい国語学をうちたてようという希望にもえはじめた」(6)という。

このように、保科の初期の活動は、西欧言語学の紹介と国語学史の整理というふたつの軸を中心にまわっていた。まず保科は、ホイットニーの *The Life and Growth of Language* の抄訳『言語発達論』(一八九九年／明治三二)の訳者として学界に登場する。序章で論じたように、ホイットニーは森有礼の日本の国語として英語を採用するという主張に反論した言語学者であるが、最近では、一般言語学の構想という点でソシュールにも影響をあたえたとして再評価されつつある。(7)言語記号は恣意的であり、したがって言語はなによりも慣習にもとづく社会的制度であること、そして言語はたえず変化してやまないことを強調したホイットニーの言語思想に、保科は深い感銘を受けたようである。言語は社会制度のひとつとして話し手の慣習によってのみささえられるのであるから、言語活動にとって本質的なものは歴史や伝統ではなく、あくまで現在話されている生きた言語のありかたであるという認識は、国語学においてだけでなく、国語教育・国語政策においても、保科のすべての仕事をかわることなく支えた。この把握がどのような重大な帰結をもたらすかは、のちに明らかにしよう。

さらに保科は、『言語学大意』(一九〇〇年/明治三三)、『言語学』(一九〇二年/明治三五)などの著作を通じて近代言語学の理論と方法を熱心に紹介していく。しかし、この時期の保科の著作で最も注目すべきなのは、日本ではじめての「国語学史」である『国語学小史』(一八九九年/明治三二)であろう。

この著書で保科は、これまでの国語学の歴史を五つの時期に分け、それぞれの時期の国語学者の業績を年代にそって人物別にとりあげていった。第一期は契沖以前、第二期は契沖から本居宣長まで、第三期は宣長以後から橘守部まで、第四期は江戸末期から明治一九年まで、第五期は明治一九年以後というように時代区分をおこなった。

刊行当時の書評にも述べられているように、「小史」と銘打ちながら全体は四百六十八ページにおよぶ大著であり、叙述には少々「散漫」なところがあるが、学問的著作ではまだ当時まれであった「言文一致体」を用いたことは画期的なものとして注目された(8)。また、「国語」研究史をはじめて一貫した流れのなかにとらえて位置づけ評価した保科の功績は、だれも否定することができないだろう。

しかし、保科は国語学の歴史を不偏不党の立場から叙述したのではない。『国語学小史』は、過去の国語学にたいする保科の断固とした評価によって支えられていたのである。保科は『国語学小史』の冒頭でこういいきってためらわない。「是まで我邦の言語の研究に於きまして、純粋なる言語学上の研究として見ることの出来るものは、誠に微々たるものでありました。多くの学者は古典を研究するといふ事を以て、言語研究の重なる目的と考へて居つた様に思はれます。〔……〕モー一ツ言ひ換へて申せば、過去に於ける我邦の言語研究は、殆んど今日の言語学上に貢献すべき結果なしと言つて宜からうと思ふ。(9)」

これまでの「国語学」は、今日からみてまったく学問的価値がないものだとするなら、過去の業績をふりかえり、国語学史を編む意味はどこにあるのだろうか。保科はこう述べる。「前申上げました通り、我邦の語学研究は色々の点に於て、不充分な処がありました。それで、我々は此不充分な処を補つて、我が国語の位置を高めて行かなければなりません。此目的に向ては、予め先輩の研究を一々事実に当て取調べて置く事が必要である。則ち、我々が国語学史の研究を必要とする所以であります。(10)」

つまり、「国語学史」とは、これまでの国語研究の誤りと欠陥を歴史的に見定めることが任務となる。保科は、その視点にもとづいて伝統的国語学が、どのようにかたよった理論にもとづき、どのように誤った方法論を用い、どのように限定された対象しかあつかってこなかったかを、克明にあとづけていく。

したがって、保科にとって、「国語学史」そのものは否定的作業にとどまる。いいかえれば、それ自体からはいかなる科学的真理も生まれない。「国語学史」の意味は、これまで何世紀にもわたって国語研究を支配してきた「闇」をうかびあがらせることで、ひとびとに「光」への希求を意識させることにある。そして、科学的言語学こそ、国語学に真の「光」をもたらす唯一の光源なのである。

「過去に於ては真に科学的研究＝則ち言語学的研究と称すべきものは、誠に乏しかつたであります。〔……〕過去に於ける我邦の学芸界は、一般に科学的研究に乏しく、国語研究の関係学科として見るべきものは、殆んど成立つて居りませんでしたから、従て国語の研究も不完全であつたのでありませう。(11)」

「明治維新以来既に三十年になりまして他の学科に於ては立派な事業が沢山出来て居るに拘らず、国語界は猶依然として昔の儘であります。〔……〕然し、国語の科学的研究の必要を認めて、明治十九年大学に博言学科を置かれてから以来、漸く十幾年にしかなりませんから、我々が希望する様な結果の顕はれないのは、無理もないことだらうと思ひますが、兎に角、科学的知識を以て大に我が国語を研究するといふことは、我々の責任だらうと考へます。(12)」

保科が一八八六年(明治一九)の「博言学科」(のちの「言語学科」)の設置に重大な意味をみているのは、それがヨーロッパ近代言語学の移入の端緒となったからである。だからこそ、保科は、国語学の第四期と第五期とを分けるメルクマールとして、この「博言学科」の設置をおいたのである。しかしまだ、その歩みは緒についたばかりである。だから、保科は「第五期の国語学」については口をとざす。あとで論ずるように、山田孝雄も『国語学史要』において、明治以後の国語学については口を閉ざすのだが、じつはその沈黙の意味はまったく異なるのである。

三　国語学の体系化

近代言語学の紹介と国語学史の整理をひとまずおえたのち、保科はそれを基礎にして、「新しい国語学」の体系化に着手する。その仕事は大著『国語学精義』(一九一〇年/明治四三)として実を結んだ。今度はすでに亀田次郎の『国語学概論』がこの前年に刊行されており、この分野ではじめての著作とはいえないにせよ、この『国語学精義』は、国語学が成立してまだまもない時期にいちはやく刊行された国語学概説書であり、「精義」の名にふさわしく、七百五十四ページにもおよぶ大冊であった。それは保科一流のおだやかで冗漫な文体で書かれており、師上田万年の熱っぽい口ぶりとはかなり対照的である。

それでは保科の追いもとめた「新しい国語学」とはどのようなものであったのか。ここでは、個々の具体的な問題をめぐる保科の叙述に論をおよぼすことはせず、国語学の言語学的基礎づけとそれにともなう明治以前の日本の国語研究史への評価という、この二点に論点をしぼろう。

保科の『国語学精義』は、第一編「総論」、第二編「国語学の過去」、第三編「国語学の現在」、第四編「国語学の将来」、第五編「結論」、という構成をとっている。それら各篇への記述の配分を見れば、保科の意図はおのずから明らかになる。総論と結論をべつにして、「国語学の過去」と「国語学の現在」はほぼおなじく七十数ページにすぎないのにたいし、「国語学の将来」はなんと五百ページ以上に達する。保科は、本来その名にふさわしい「国語学」はいまだ実現しておらず、国語学の確立はきたるべき「将来」にむけての課題にとどまると考えていた。そのためには、国語学に言語学的原理を導入し、「国語学の過去」を清算することが必須の条件となるのである。

それでは、どのような点で過去の国語学は言語学的でなかったのかというと、保科は、研究の目的、研究の方法、研究の対象それぞれに問題があったと見る。

まず研究の目的について保科は、国学にもとづく伝統的国語学を「古代における文学や言語によつて、その人文の発達を論述せんとする」「古典学」と規定したうえで、次のように述べる。「言語学は言語そのものについての研究であるから、勢ひ言語の成立及び起源、その史的発達といふ様なものが重要な問題になるのであるが、古典学においては、言語上における種々の現象、或は、原理・原則といふものゝ研究が、その目的でない。〔……〕殊に我邦の古典学は古代における人文の発達を闡明するに止まらずして、猶一歩進んで、国体の精華を発揮せんことを一大理想とするのであるから、言語学的研究とは、愈その目的を異にするのである。」(13)

上田万年が「言語そのもの」の把握をめざすことこそ言語学の本来の任務であると主張していたことは、すでにさきの章で見た。いままでの国語研究は「言語そのもの」をおおいかくすさまざまな外的衣装のみにひたすら注意を向けてきたのであるが、いまや言語学的国語学は、そのさまざまな衣装をはぎとり、「言語そのもの」の姿をあらわにするという任務をになっている。そして、このときの保科からみて、「言語そのもの」にとってなんら本質的でない要素のひとつに「国体の精華」があったということは注目すべきである。たしかに、のちになって保科も、『国語と日本精神』（一九三六年／昭和一一）などという著書をあらわし、「国体」と「国語」とのむすびつきを説くようになる。しかし、その場合にも保科は、言語的復古主義にはおちいることなく、むしろ「国体」をふりかざす伝統主義者たちの攻撃に真正面からさらされることとなるのである。その点については、のちにくわしく論ずることにする。

もうひとつ指摘しておかなければならないのは、保科がここでおこなった伝統的国学にたいする批判は、十九世紀にヨーロッパに勃興した比較言語学がそれまでの古典文献学にたいして放った批判とおなじであるということである（第二部第四章参照）。ヨーロッパ近代言語学、とくに十九世紀比較言語学が文献学から脱皮して、近代科学としての市民権を得ることができたのは、「言語そのもの」の発見によってなのである。

だから保科は、ヨーロッパ近代言語学の理念に忠実すぎるほど忠実であった。国語学のとるべき方法論について保科はこういっている。「言語学は言語を科学的に研究せんとする学科であるが、この学科における原理原則の如きは如何なる国語を研究する場合に於ても、ほぼ之を応用することが出来るのである。それゆゑ、一般言語学の知識を有すれば、国語に対する一通の研究には差支がないわけで、国語研究上言語学の知識の必要は、今深く贅するを要せんのである。猶今日の言語学は、印度欧羅巴語(Indo-European Languages)を基礎として発達したものであるから、印欧言語学の知識も一通りはありたいものと思ふ。[14]」

それまでの著書でも保科はすでに、印欧言語学にとってもっとも重要な方法は「歴史的研究」と「比較的研究」であるとくりかえし述べていた[15]。つまり、時間軸にそった音韻、語形など言語要素の変遷の記述と、複数の同系言語間の語要素の比較による言語系統論の研究である。これらの研究法は、言語学の科学性そのものの基礎になっている。「それゆゑ、国語の科学的研究において、歴史的研究と比較的研究とは、最も重要なるもので、この研究法が並び進むにあらざれば、国語学の基礎を鞏固ならしめることが出来ないのである[16]。」

とくに保科はヨーロッパの比較言語学に対応する「東洋比較言語学[17]」をうちたてることが、科学的国語学の使命と考えていた。この「東洋比較言語学」の構想は、当時の国語学界に新しい領域を切りひらいた。保科の『国語学精義』が出された一九一〇年(明治四三)

には、金沢庄三郎の『日韓両国語同系論』が刊行された。朝鮮の植民地支配を正当化するイデオロギーのひとつであった、いわゆる「日鮮同祖論」は、のちにこの金沢の著書を母胎にして展開されるのである。

こうして保科は歴史研究と比較研究の必要性をことあるごとに主張したのだが、そこには伝統的国語学への批判的視点がふくまれていた。保科は次のように述べる。

「我邦の国語学は歌学の上から見ても、古典学の上から見ても、平安朝以前における国語を研究すれば十分で、その以後に降る必要がなかつたから、古今に通じてひろく日本語の歴史的発達を研究するといふことは、あまり必要がなかつた。古典学者は古代の言語を以て、日本語の模範と認め、ひとり是のみ全力を尽して研究し、その他を顧みなかつたから、歴史的の研究があまり盛に起らなかつたのである。又、古典学者は古代の言語を以て、日本語の模範と認め、世界万国の言語はこれに及ばざること遥に遠いものである、是がそも〳〵我邦の神国たる所以であると論じて居たから、東洋諸国の言語と対等のものとして、其間における血族的関係を発見せんとするが如きは、彼等の夢想だも及ばざるところであつた[18]。」

科学的国語学をうちたてるということは、伝統的国語学を支えるこのようなさまざまな価値づけを根底からくつがえすことを意味する。歴史研究と比較研究という科学的方法は、時間的にも空間的にもあらゆる言語現象を対等にあつかう。したがって科学的国語学においては、日本語そのもの、さらには特定の歴史段階における日本語に特権を与える理由はない。もちろんこのことは、日本語内部のさまざまな言語変異形のとらえかたにたいしてもあてはまる。

保科によれば、伝統的国語学は上で述べてきたような方法論的欠陥をもつため、きわめて限定された研究対象をあつかうことしかできなかった。「是までの学者が、研究の対象として取つた国語の範囲を見るに、それは甚だ狭小であつた。国語学上から見れば、研究の対象として取るべき国語の範囲は、成るべく広くなければならん。如何なる種類のものでも、如何なる時代、如何なる地方に行はれるものでも、すべて等しく之を研究しなければならん。それでなければ、国語学の基礎を鞏固ならしめることが出来ない[19]。」

このような観点から、日本各地のさまざまな方言は対等にあつかわれ、日本語の歴史の再構成のための重要な研究対象となった。保科は、方言を国語より低い地位におく意見を仮借なく批判する。「国語と方言との区別は、単に程度の問題に属するので、人為的に定めるより外ない[20]」のであるから、「一定の標準を取て比較的に方言といふ名称を与へるならば、一向差支のないことであるが、然しながら、実質上方言といふ名称を立てゝ、恰も言語としては不正鄙俚なものであるがごとく認定するのは、全く誤解である[21]」。文献資料は、文字をつうじた過去の言語状態の一部の痕跡にすぎない。それにひきかえ方言は、現在話されている「生きた言語」である。科学的方法によって「言語そのもの」を把握することが国語学の使命なのであるから、「死語と生語とは、国語学上の研究資料として、何ちらが適当であるかといふと、それは言ふまでもなく、生きた言語である」[22]。そのうえ、方言は研究資料としての意義をもつというだけではない。方言という言語的存在様式こそが、日本語の現実態なのである。「この方言の集合体が即ち日本語であつて、此以外に日本語と称する、特種のものが存在して居るわけではないのである。」[23]それでは、保科にとって、国語学の中身はすなわち方言学にほかならないということになるのだろうかという疑問がうかぶが、この点については、のちに論じることにしたい(第一〇章第二節参照)。

こうして保科は、研究の目的、その方法、その対象のそれぞれにたいして、過去の国語学を支えた価値意識の完全な転倒をはかる。けれども、保科がこのようなきびしい批判をなげかけるのは、たんに過去への決別の意志をもっていたからばかりではない。じつは過去の国語学の悪霊が、今なお国語の真の姿を歪めつづけているという意識が保科にはあった。その意味で保科においては、言語学の革新と言語規範の革新は、同じ盾の両面であった。

そして、そのことは保科の敵対者においても同様であった。かれらにとって、旧来の国語学の伝統をひきつぐことと伝統的国語規範の維持とは一体になっていた。したがって、この両者にとって、国語学と国語規範とがどのように結びつくかを問うことが、つぎの章で検討すべき課題になる。

ただしそこに進むまえに、保科の国語学史に対立する国語学史の把握がどのようなものでありうるかを見ておきたい。国語学史のとらえかたにおいてこそ、言語の伝統にたいする意識がはっきりとあらわれるからである。

四　山田孝雄の『国語学史要』

まずとりあげなければならないのは、山田孝雄の『国語学史要』(一九三五年/昭和一〇)である。まず山田は、国語学が対象とする「国語」というのは「日本国家の標準語」のことだと述べるのだが、そこにはつぎのような但し書きがつく。「ここに私のいふ標準語といふ名目は、国家の統治上、公認して標準と立ててゐる言語といふ意味で、今の世俗にいふ所とは意味が違ふ。世俗にいふ標準語といふ意味は誤つてゐるのであつて、あれは中央語といふべきである。(24)」山田がここでしりぞける「世俗にいふ標準語」というのは、「東京の中流社会のことば」を標準語の基礎とした上田万年と国語調査委員会以来の考えをさしている。山田が国語の内実とする「標準語」は、上田のように言文一致を前提としてはいない。山田は、話しことばを言語の本体と見る言語観を「謬見」ときめつけさえする。「又現今用ゐる語といふことについても現代の国語学者の間に往々僻説が在る。それは口語のみが生きた国語であつて、文字で書いたものなどは重きをおくに足らないとするやうな意見である。これは文化といふ重大事実を無視して、野蛮人の言語を標準とした謬見であつて、文化を有する国民の間には害有つて益なく、存立せしめてはならぬ僻説である。[25]」

さらに山田は、保科のように近代言語学を規準にして国語学史を記述するという態度をしりぞける。「国語学史は単に国語学の歴史といふだけでは無くして、国民が国語に対して行ひ来つた自覚反省の描写[26]」なのであるから、「われ〳〵は現代的の智識を以てその批判の規準とすることをつゝしまねばならぬ[27]」と山田はいう(山田の態度は一見すると「歴史主義的」に見えるが、内実はそうではないことは次章で論じる)。

古典の価値を絶対視する山田は、言語学を国語学の指導理念とする上田の流れをくむ国語学者たちを憎悪せざるをえなかった。右に見たような山田の態度は、まさしく「言語学」にたいする「文献学者」の反感の典型である。山田の『国語学史要』が特異であるのは、上田万年以降の国語学の歴史がまったくとりあげられていない点にある。上田はその名前さえ言及されないのである。保科が「国語学の将来」に眼をそそいでいたのとは逆に、山田はあくまで「国語学の過去」の叙述だけでその国語学史を終わらせる。同時代に近い国語学については、いまだ歴史的な判定がむずかしいという学問的禁欲がその理由ではない。『国語学史要』の序文で山田はこう述べている。「大体からいふと、今の国語学といふものは明治の中頃に西洋の言語の学問が輸入せられて来てから、それらに説く所の理法に国語をあてて説かうといふのが主眼になつてゐると思ふ。[28]」山田は、このような国語学は

「真正の国語学」ではないといいたいのである。

のちに山田はこう告白している。「私は「国語学史」を書いたが、それは明治二十年頃を以て終つてをる。なぜ二十年頃を以て了へたかといへば、それから後の国語学は、その出発点が間違つてゐる。これが反省してしまふまでは歴史は書けない。それで書かないのである。意味なしにそこで筆を擱いたのではない。(29)」

「明治二十年」といえば、上田の師チェンバレンが『日本小文典』(30)を刊行した年にあたり、その前後は、日本語の言語学的研究がその緒についた時期にあたる。明治二〇年以後の国語学の「間違った出発点」とは、言語学を国語学の基礎として導入したことにほかならない。山田の国語学史は、近代言語学、さらにはその近代言語学にもとづく国語学というものを拒否することで成り立っているのである。

五　時枝誠記の『国語学史』

保科の国語学史の把握にたいするアンチ・テーゼをもうひとつあげよう。それは時枝誠記の『国語学史』(31)(一九四〇年／昭和一五)である。時枝は「国語」という対象を「日本語的性格を持つた言語」と規定する。それは循環論法ではないかという当然予想される反論にたいして、時枝はこう答える。国語学のみならずあらゆる人文科学においては、自然科学とことなり、「研究者の前に置かれた対象が、常に漠然とした輪廓のみしか示さない[32]」。そこに外部からできあいの体系的理論をあてはめると、むしろそれによって対象それ自体の真の性格を見うしなうおそれがある。したがって、「国語学の任務は、分析によつて種々な要素を摘出してこれを体系化することの外に、常識的に与へられた無規定な対象を、明確に輪廓付けることに存する[33]」。まず最初になすべきは「対象の本質をしつかり見通すことであり、「国語学は寧ろかかる対象の本質観の不断の改訂によつて、次第にその目標に到達することが出来る[34]」。「従つて我々の必要とするところのものは、体系に必要な理論ではなくして、発見に必要な国語を視る眼である[35]。」

時枝によれば、過去の国語研究の価値を評価する際にもこのような態度をとらなければならない。「過去における国語研究の歴史の価値は、それが真に国語を凝視したものであるか否かによつて決定されるのであつて、それが理論的に完成してゐるか否かにあるのではない。〔……〕従つて明治以前の国語学史は、過去の研究者の国語に対する意識の展開である[36]。」「理論」ではなく「意識」の展開としてとらえるかぎり、近代言語学という外的尺度によって正誤を決定することはできなくなる。まさにそれが時枝の意図するところであった。

つぎの一節は、それと名指しはしないものの、西欧近代言語学の理論を絶対と考える保科の「国語学史」にたいする断固とした批判をふくんでいる。「しかしながら、我が過去の国語学史は、明治以後において、専ら国語の学説史と考へられたために、その理論と体系の貧弱なことに対して峻烈な批判を受け、価値なきものとして斥けられ、多くの学者は、それらの欠陥を現代の言語学の理論に照らしてこれを批正することが、現代の国語学にとつての国語学史の有効な利用法であるかの如くに考へた。国語学史は、後車の戒として僅かに存在理由があつたのである。私はこれらの国語学史に対する見方を一切排除して、国語学史を国語意識の展開の歴史と見、更に国語学史そのものが、国語現象の投影であると考へることによつて、今日以後の国語学の礎石としようとした。[37]」

「国語意識の展開としての国語学史」という時枝の認識の出発点は、大学卒業論文「日本ニ於ル言語観念ノ発達及言語研究ノ目的ト其ノ方法(明治以前)」であった。その論文で時枝は、資料の考証そのものを目的としなかったので、論じる材料を保科孝一の『国語学小史』と長連恒の『日本語学史』からしかとらなかったという。[38] しかし、そこから時枝は、保科とは完全にあい反する国語学史の認識をみちびきだした。右のように述べたとき、時枝には、『国語学小史』で「過去に於ける我邦の言語研究は、殆ど今日の言語学上に貢献すべき結果なし」と断言した保科のことが念頭にあったのではなかろうか。

引用の最後で述べているように、時枝は明治以前の国語学のなかにこそ「今日以後の国語学の礎石」があると考えた。明治以降の国語学は、ヨーロッパ近代言語学を盲信しその方法を適用するのに急なあまり、ほんとうの意味で「国語を視る眼」をやしなってこなかった。外来の言語学はけっして国語学を基礎づけることはできない。したがって、「新しい国語学は、過去の国語意識を継承して、その理論的展開の上に建設せられねばならない(39)」のである。

さらに決定的なのは、時枝がヨーロッパ近代言語学そのものに言語にたいするあやまった見方が宿っていると考えたことである。時枝によれば、ヨーロッパの近代言語学は言語を人間の外に実体として存在するモノと考えている。そうした見方からすれば、人間はみずからの外にある道具を利用するように、言語をもちいることになる。そして、言語研究の唯一の方法は、それ以上小さい単位に還元不可能な最小単位をとらえ、その単位がどのように組み立てられていくかを観察するだけになる。時枝は、近代言語学の本質をこのようにとらえ、その「道具主義」「構成主義」を倦むことなく批判しつづけた。そして、時枝は、近代言語学の「構成主義的」「道具主義的」言語観と対決するべく、伝統的国語学の遺産のなかから独自の「言語過程説」を構築していくことになる。

つぎの時枝の発言は、日本における「言語学」と「国語学」との複雑な関係を象徴している。「このやうに見て来るならば、泰西科学の理論を借用した明治以後の国語学よりも、旧国語学がより科学的精神に立脚してゐると言つても過言ではないのである。もしこのやうな科学的精神に立脚せずして、徒らに言語学の理論に追随するとしたならば、言語学は国語学にとつて他山の石となり得ないばかりか、寧ろ国語学の自立的発展に大きな障礙とならないとも限らない(40)。」

山田と時枝にとって「国語学史」は、「国語意識の展開の歴史」のあらわれにほかならなかった。けれども、それだからといって、彼らが歴史主義的な眼をもっていたということはできない。なぜなら、山田も時枝も、上田万年と保科孝一の「国語」観を「国語意識の歴史」のなかで決してとらえず、伝統からの異端として一方的に排除するだけだからである。つまり、かれらにしても、上田や保科と同じように、歴史を裁断するひとつの絶対化した規準を手にしていた。それこそ山田と時枝における「伝統」の意味なのである。

第九章　国語の伝統と革新

一　言語学と「国語改革」

二十世紀初頭、言語学に革命をもたらしたとされる『一般言語学講義』をはじめるにあたって、ソシュールは言語学の歴史を一瞥し、言語学の発展を三つの段階に分けた。まず、はじめに「正しい」ことばを教える文法を編むための規範学があり、つぎに過去の文献を解読し作品を解釈する文献学の時代をへて、十九世紀になってやっと言語そのものをあつかう比較言語学に到達したと。しかし、ソシュールにとって、真の言語学はさらに進んで、歴史と規範から解放された生きた共時態をあつかう「ラング」の学でなければならなかった。いまでこそ言語学から規範を排除することは、みずからの方法を「科学」と頼むすべての言語学者にとって当然の前提となっているが、少なくとも半世紀前までは、それだけで十分に過激な思想であった。今日でもなお、ある特定言語の教師、すなわち「国語」や「外国語」の教師にとって、言語を教えることはすなわち規範を教えることにほかならないから、規範からの解放をとなえる「言語学」への反感、嫌悪感には著しいものがある。
すぐれた言語学者であるとともに、英語教育の面でも大きな貢献をのこしたチャールズ・C・フリーズは、英語教育にたずさわる者の多くが言語学にたいして反感をいだいていることを憂慮して、『近代言語学の発達』という書物を著わした。フリーズがその本を書いたのは、「言語学者とは元来、正確にして完全な表現に役立つ特質のすべての破壊にこれつとめるもの――つまり存在するものは何でも認めよう("anything goes")という無責任な言語使用者――としての「言語学者のイメージ」をはらいのける」[1]ためだという。フリーズによれば、このような言語学者への誤解は、近代言語学というものを正確に理解していないことにもとづくものであり、近代言語学は「伝統的言語観に反対しようという意図的目的からではなく、言語研究のこの新しい方法の使用のため、伝統的言語観はこれを支持できないとする結論に追いこまれた[2]」(傍点引用者)のであるという。

「近代言語学」イデオロギーをはじめて導入するひとびとは、どこの国であっても、こうした啓蒙的な仲介役、あるいは融和的な弁解役を演じないですませるわけにはゆかなかった。ところが保科孝一にとって、伝統の拒否は科学の追究から生まれた付随的な結果などではなかった。かれは、まさにフリーズのいう「意図的目的」をもって、伝統的言語観をくつがえす規範を言語学そのもののなかからひきだそうとしたのである。それは、保科が言語政策とかかわりあったためでも、文部官僚としての職分上の義務から生じた結果でもない。言語学そのもののなかに、保科のような凡庸な人物にも容易にひきだせるようなイデオロギー性がひそんでいたのである。

すでに前章までで述べたように、上田万年とその周辺の言語学者たちは、現在の話しことばこそ「国語」の本体であるという認識をわかちもっていた。そして、『言語学雑誌』を活動の中心として、言文一致体を率先して採用しはじめた。そのなかでも、もっとも気まじめに言文一致を実行したのは保科孝一であった。そのまじめさがわざわいとなって、保科の文体は、言文一致体の短所とでもいうべき冗長性と平板性をいかんなく発揮することになってしまった。保科の本を読むと、どうしても眠気をさそわれてしまうのは、内容よりも、かれの文体によるところが大きい。このような文体をもってしては、どんなに先駆的な考えであっても、迫力をもってひとびとを捉えることはむずかしいかもしれない。

さらに、保科はその著作のなかでじつに戦闘的ともいうべき仮名遣いをも実践した。保科が理想とした仮名遣いは、話しことばの音声をできるだけ忠実に表象するような表音的仮名遣いであった。保科が著作で用いた仮名遣いはけっして一貫していない。しかし、保科はたんに自分が最良と信じる仮名遣いを気ままに用いたのではなく、そのつど保科が加わっていた委員会の定めた新機軸の仮名遣いをいちはやく自分の著書のなかで用いていったのである。その意味で、保科の著作はその内容だけでなく、その形式そのものが「国語改革」の先導となるように書かれているのである。

こうして、『国語教授法指針』(一九〇一年/明治三四)、『言語学』(一九〇二年/明治三五)では、一九〇〇年(明治三三)の小学校令がさだめたいわゆる「棒引き仮名遣い」が、『改定仮名遣要義』(一九〇七年/明治四〇)では、一九〇五年(明治三八)に国語調査委員会が文部省に答申した改定仮名遣いが、『国語と日本精神』(一九三六年/昭和一一)、『国語政策』(同年)では、一九二四年(大正一三)に臨時国語調査会が発表した改定仮名遣いが用いられることになった。ところが、『国語学精義』(一九一〇年/明治四三)と『大東亜共栄圏と国語政策』(一九四二年/昭和一七)で保科は歴史的仮名遣いにもどった。それは、それぞれの時期に、歴史的仮名遣いこそ日本の神聖な伝統であると強弁する保守派の攻撃が激しくなったためである。この点については、あらためてふれることにする。

保科が著作にもちいた仮名遣いのなかでもっとも急進的なのは、初期の『国語教授法指針』『言語学』にみられるそれであろう。一九〇〇年(明治三三)に文部省が小学校令施行規則第十六条で定めた仮名遣いは、「棒引き仮名遣い」と呼ばれていた。そう呼ばれたのは、母音の長音を表わすために「ー」という風変わりな長音記号をもちいたからである。またそのほかにも、拗音・撥音を右側下に細書きし、「か」と「くわ」、「が」と「ぐわ」、「じ」と「ぢ」、「ず」と「づ」の区別を廃するなど、徹底した表音式仮名遣いをめざすものであった。ただし、この仮名遣いは、字音語つまり漢字の音読みの部分についてのみ適用され、また小学校での教育のためにだけ実施された。つまり、児童にたいする教育的な手段として用いられたにすぎない(また、このとき同時に漢字が千二百字に制限された)。

ところが保科はこの仮名遣いを専門書のなかで、しかも字音語だけでなく、国語仮名遣いにまでおよぼそうとした。『国語教授法指針』の「例言」で保科は、「本書わ愚見の存するところに従って、言文一致体お用い、且つ、それお表音的に表記した。その表記法案わ、新定字音仮字遣の法式お、国語にまで及ぼしただけで、別に私案わ加えない(3)」とつつましく述べているが、じつはそこには保科の断固たる意志があった。実際、「棒引き仮名遣い」を「国語」——つまり漢字の訓読部分とやまとことば——におよぼす「だけ」で、歴史的仮名遣いに慣れた目からみれば、その表記法はまったく別物になってしまうのである。とくに、現在の「現代かなづかい」でさえ固守している助詞の「は」「を」を廃止して、すべて発音どおり「わ」「お」と書き、そこに長音符号の「ー」が加わったつぎのような表記法は、今の「現代かなづかい」に慣れた感覚からさえ、異様に感じられるかもしれない。

「一体、禁酒禁煙とゆーことわ出来るが、節酒節煙わ出来ないとおなじで漢字の節減わどーも六かしい。これで、従来の障害お、一洗しよーとゆーことわ、国語教育百年の大計でない。単に過渡時代における一時の方便に過ぎないものである。真に国語教育百年の大計おおもーなら、漢字わ全く廃止して、しまわなければならん(4)。」

「言語学(Science of Language)わ、どーゆー学鑵かとゆーと、それわ言語とわいかなるものであるかお説明する科学である。それゆゑ、言語学者わ国語(a language)お組織する語詞（words）について、その意義お研究し、その発達変化等お説明する、任務お有するものである。(5)」

文部省の側もこうした改革の波におされて、この仮名遣いを字音語だけでなく、全面的に実施する意向をもつようになり、一九〇五年（明治三八）二月に文部省は国語調査委員会に仮名遣いの改定を諮問した。当時の文部次官はつぎのように述べている。

「字音仮名遣ノミ発音的ニシテ国語仮名遣ノミ全然旧来ノ仮名遣ヲ墨守スルコト教育上不便ナレハ国語仮名遣ニ関シテモ何分ノ改正ヲ加ヘタシトハ教育社会一般ノ希望ナルカ如クニシテ是レ誠ニ道理アル希望ナリト信ス(6)」

これをうけて国語調査委員会は、同年一一月に「国語仮名遣改定案」を答申した。それは先の「棒引き仮名遣い」をさらに改良して「口語文語共ニ適用スル」ことを定め、「中等教育ノ学校教授上ニモ実行センコトヲ期」していた。(7)

仮名遣いを全面的に発音式にすることは、保科の年来の主張であり、ここに保科の願いがようやく実現したのである。そして、この「国語仮名遣改定案」は、一九〇八年（明治四一）四月から小学校で実施されるはずであった。しかし、そこに立ちはだかったのが、歴史的仮名遣いを信奉する保守派の知識人と文学者たちであった。かれらは、急進的な保科の試みを文字どおり「愚見」として葬り去ることで、仮名遣い改定を阻止しようとはかったのである。

二　仮名遣い改定をめぐって

「国語仮名遣改定案」は、保守派から猛烈な非難と攻撃を浴びることとなり、実施は一年延期された。そして、この問題を処理するために、一九〇八年(明治四一)五月に文部省は「臨時仮名遣調査委員会」を設置したが、その委員のなかには、改革派の急先鋒であった上田万年と保科孝一の名前は見あたらなかった。

文部省はこの「臨時仮名遣調査委員会」にたいして、あらたな改定案を諮問した。それによると、もっとも強い反発をよびおこした一九〇〇年(明治三三)の「棒引き仮名遣い」は廃止することとされていた。また、「国語仮名遣モ亦字音仮名遣改定ト同一ノ趣旨ヲ以テ速ニ之ヲ整理スルノ必要ヲ認メ」てはいたものの、「仮名遣ノ如キハ教育ノ階級ニ依リテ截然限界ヲ画スヘキニアラス」という理由から、「新仮名遣ヲ強制スルコトナク新旧並行セシメ自然ノ淘汰ニ一任スル」という中途半端な態度に後退していた(8)。

しかし、歴史的仮名遣いこそ国語の伝統にかなうものであると主張する保守派は、この改定案さえも許すことができなかった。委員のなかには大槻文彦、芳賀矢一などごく一部の賛成意見もあったが、改定案ははげしい反対にさらされた。そのなかでももっとも有名なのが、「私ハ御覧ノ通リ委員ノ中デ一人軍服ヲ着シテ居リマス」ということばではじまる森鷗外の「仮名遣改定反対意見」である。(9) 結局、委員会の決着はつかず、九月に政府は臨時仮名遣調査委員会への諮問案そのものを撤回する。さらにその余波で、文部省は小学校令施行規則を改正し、すでに小学校で実施されていた「棒引き仮名遣い」を廃止し、旧来どおりの字音仮名遣いを復活させた。そして、任務のなくなった「臨時仮名遣調査委員会」は、同年一二月には廃止されることとなったのである。

保科の『国語学精義』(一九一〇年/明治四三)が歴史的仮名遣いによって書かれた背景には、このような事情があった。しかし、こうした流れのなかで保科は決然と次のように主張する。「歴史的仮名遣は、上下二千年の国語について見ると、随分不合理的にして、非論理的なものであるが、之に反して、表音的仮名遣は、以上に述べた様な順序で、合理的基礎の上に組織されたものであるから、歴史的仮名遣に比すると、遥に簡潔にして合理的なものである。それゆゑ、仮名遣の実質から見ても、表音的仮名遣は大に優つて居るのである。(10)」

これは、表音的仮名遣いを提案しみずから実行しながらも、やむなく撤回せざるをえなかった現状にたいする保科の抗議の声であった。

その後も、保科は臨時国語調査会、国語審議会の幹事をつとめ、いわゆる「国語改革派」の中心人物となった。臨時国語調査会、国語審議会が発表した仮名遣い改定案は、部分的に歴史的仮名遣いと妥協しながらも、表音式表記の原則をできるかぎりすすめるように努めていった。そしてそのたびに、歴史的仮名遣いの伝統を神聖視する保守派から、「仮名遣いの改定は、国史、国民道徳、国家の伝統破壊につながる危険思想と決めつけられた」(11)のである。

このように「国語改革」をめざす保科の活動は、国語の伝統を神格化する保守派のたえまない攻撃をうける。それにも屈せず、保科がひたすら表音式仮名遣いの優位を主張することができたのは、「一体言語と文字の関係を見るに、言語は被代表者で、文字は代表者である。言語は実体で、文字はその符牒である。この関係から見れば、文字としての本然の職分は、成るべく正確に言語を代表することである」(12)という近代言語学からひきだした原理を、かたく守っていたからである。

このような立場にたつ保科にとって、漢字については当然ながら漢字全廃論者であった。それは、漢字ほど音声としての言語を「代表」しない文字、したがって言語の原理に反する文字はないからである。保科の漢字にたいする基本的態度は、次のように明言されている。「国語教育の進歩と、国運の伸張を期待する上から見れば、漢字の全廃は最も急要とするのは明である。今日こそ是に反対する者があるけれども、大勢の赴くところ、必ず全廃の行はれる時代が到達するに相違ないと信ずる。」(13)しかし、保科が漢字の問題に踏みこめば踏みこむほど、仮名遣い改定のとき以上に保守派の憤激をかうことになるのである。

三　山田孝雄と「国語の伝統」

前島密が「漢字御廃止之議」で主張した漢字廃止論は、それ以後の国語国字問題の最大の争点となった。保守派も改革派も、漢字の問題は近代日本語のゆくえを決定するものと考えた。すでに第六章で述べたように、国語調査委員会がその決定事項で「音韻文字（「フオノグラム」）ヲ採用スルコト」をあげたことは、漢字の廃止を前提にしていることを意味していた。また戦前のおもな「漢字節減」案は、漢字をある枠組みのなかで維持するのではなく、最終的には漢字の全廃を目的としていた。この点からみれば、戦後の当用漢字表に象徴される漢字節減案は、戦前よりも、より保守的で冒険精神に乏しい発想に出たものであることがよくわかる。

こうした国語改革派に対立する漢字擁護論者は、今でもその傾向は残っているが、きわめて国粋主義的でときにはヒステリックであった。かれらは、漢字の優秀性を理をつくして説くことよりも、漢字を制限しようとすることは日本の「国体」を侵すものだと主張することに急だった。

そうした気分は、国語審議会が一九四二年（昭和一七）六月に「標準漢字表」を決定答申した時、一気に爆発した。その「標準漢字表」は、常用漢字千百三十四字、準常用漢字千三百二十字、特別漢字七十四字、計二千五百二十八字で、この三種類の区別は次のようなものであった。

「常用漢字ハ国民ノ日常生活ニ関係ガ深ク、一般ニ使用ノ程度ノ高イモノデアル。

準常用漢字ハ常用漢字ヨリモ国民ノ日常生活ニ関係ガ薄ク、マタ一般ニ使用ノ程度モ低イモノデアル。

特別漢字ハ皇室典範、帝国憲法、歴代天皇ノ御追号、国定教科書ニ奉掲ノ詔勅、陸海軍軍人ニ賜ハリタル勅諭、米国及英国ニ対スル宣戦ノ詔書ノ文字デ、常用漢字、準常用漢字以外ノモノデアル。(14)」

そして、国語審議会幹事長であった保科孝一は、同年三月にこの標準漢字表の中間報告が発表された際に、準常用漢字は用いないようにし、次第になくしていくことが国語審議会の方針であると、新聞談話で述べた(『朝日新聞』四月五日付)。

このような漢字節減の動きを、保守派は黙って見ていられなかった。とりわけ、詔勅、勅諭などの天皇のことばが、「国民ノ日常生活ニ関係ガ深」い「常用漢字」ではないことに、保守派は憤激したのである。まず、同年七月に、頭山満、松尾捨次郎など十二名の連署による標準漢字表反対の建白書が、文部大臣に提出された。さらに、国語学者、文学者のみならず各界の文化人を総動員した「日本国語会」の結成をつのり、一〇月にはその発会式をはなばなしく執りおこなった。かれらの熱狂的な反対におされて、一二月に文部省は、常用・準常用・特別の区別をなくし、全体の字数も三千六百六十九字に及ぶ標準漢字表を発表した。そして、この標準漢字表は漢字の制限を目的にしたものではないとの弁明を付さざるをえなかった。一方、「日本国語会」の方は、一九四三年(昭和一八)に『国語の尊厳』という論文集を出したあとは、さしたる活動もせずに自然消滅におわった。(15)

論文集『国語の尊厳』は、橋本進吉の論文「仮名遣の本質」をのぞいて、ほとんどが改革派についての憤激をそのまま吐き出したものであった。

大西雅雄の論文「日本国語道」は、明治以来の国語改革の流れを批判しながら、「国体と相即一如の国語の尊厳」をたたえることを主旨としていた。大西は、上田万年が著書『国語のため』において国語と国家とのむすびつきを強調したことはいちおう評価する。しかし、「言語学・国語学の専門家である上田万年博士御自身が、大きな錯誤に陥つてゐられた(16)」と非難する。上田が国語の現状を批判し、音韻文字の採用と漢字の廃止をはかったことは、まさに「国語軽視」にほかならないのである。大西としては、「慣習」にもとづく国語の「伝統」は、けっして変革すべきではない、いや本来変革できるはずのない「国体」なのである。したがって、「国語改革家の国語尊重論といふものは、上田博士と限らず、国語軽視に終り勝ち(17)」であり、「上田博士を継承された保科孝一氏」も、当然その例外ではないのだ、と大西は保科を名指しで非難する。「明治三十三年の国語調査委員会以来、臨時国語調査会、国語審議会と四十五年に亙つて上田・保科の両学説の実施機構は、政府によつて維持せられて来たけれども、その成果は何一つとして実現してゐるものはない[18]。」それはかれらの国語観が「皇国三千年の国語道」を踏みはずしているからにほかならない。国語教育はこの国語の伝統を「在りのまま」受けいれることからはじまるべきであるのに、「国語調査会なり国語審議会の存在が、右の教育の実際へ間接的に攪乱の手を入れて来たものである事は否めない。——即ち、之らの存在は、前述の通り、国語道に於ける革命的分子であり、「在りのまま」の否定的存在であつたからである」[19](傍点引用者)。

大西の議論はおもに国語政策と国語教育という外面に目をむけているが、山田孝雄の論文「国語の伝統」は、そうした実践面だけでなく、国語改革というもののもつイデオロギー的基盤にまで迫ろうとしている点で、より本質をついているといえよう。

『国語の尊厳』所収の山田の「国語の伝統」という論文は、『文藝春秋』一九四二年(昭和一七)九月号に発表され、一九四三年(昭和一八)刊行の著書『国語の本質』に「国語の本質」という題名でおさめられたものと、題名こそちがえ、その内容はまったく同じものである。『国語の本質』は、それとあわせて「国語とは何ぞや」「国語国文の本旨と教育」「国語とその教育」という合計四篇の論文が収められている。

まず山田は次のような、問題のそもそもの淵源から話を説き起こす。「こゝに一つ注意すべきことがある。それは明治十三年二月に加藤弘之が、日本の国語の改革といふか整理といふか、それに着手するに先だつて、博言学の研究をする為に、秀才をヨーロッパに留学せしめ、その帰朝を待つてそのことに着手せしめようといふことを、今の学士院の前身である学士会院から、文部卿(すなはち今の文部大臣)に開申するといふ建議をやつてゐる。この事柄は、じつは明治の国語学の歴史の上に、非常に大きな意味をもつものであつて、これが今日までやはり影響してゐる。[20]」

加藤弘之が会長、上田万年が主事となった国語調査委員会から、「時の文部大臣中橋〔徳五郎〕氏と次官南〔弘〕氏と保科孝一氏との合作[21]」である臨時国語調査会、さらに南弘が会長、保科孝一が幹事長になった国語審議会へといたる国語改革の流れをさかのぼれば、そのすべてのみなもとはここにあると山田は考えた。つまり、「国語改革」とは西欧言語学を日本に移植したときに生まれた鬼子だというのである。「それだから今の国語審議会といふものは、国語を慎重に審査するといふことよりも、初めの加藤弘之氏が、博言学の研究を興しそれに基づいて国語の修正とか改正とかをやらなければならぬといふ意見の、具体的延長に止まるものと思ふのである。[22]」

山田はこうした上田万年以来の国語学と国語政策を全否定しようとした。その場合、山田は二つの面で原則の否定をおこなわなければならなかった。すなわち、「言語は変化する」という言語学の原理を学問的に否定し、「言語は改良しうる」という国語改革の原理を実践的に否定しようとするのである。そのために山田は、西欧言語学でさえ否定しえないさまざまなキーワードを、理論の全体の文脈から切り離してきれぎれの断片としたうえで、それらを都合よくまぜあわせる。山田は「言葉の社会性」「言葉の歴史性」「言葉の客観性」などという教条を引き合いにだしながら、言語は個人や時代の恣意で変えるべきでない、また変えることもできないと強調しようとする。山田は、ホイットニーやソシュールが、言語は社会的制度(institution あるいは fait social)であるといった際のその意図を理解していなかったか、故意に無視していた。欧米言語学のこの奇妙な「受容」のすがたは、日本の国語学の中で、病理現象に近い一つの伝統をつくった。こうした理論的貧困さを埋めるためにきまってもちだされる道具、すべての反論を封じこめるためのかれらの奥の手は、ここでもまた「伝統」なのである。「国語の正しさは、伝統以外に何ものもない。これは世界共通の道理である。したがつて、この国語の伝統を無視して、たゞ便利にしようとかいふやうな考へ方は、非常に恐るべき思想を根柢にもつてゐる。御本人はさういふことは意識してをらぬかも知れない。けれども、その、伝統などはどうでもよいといふ考へ方は、我が大日本皇国の忠誠なる国民として、夢にも考へてはならない思想ではないだらうか。[23]」(傍点引用者)

ここにいう「恐るべき思想」は何ゆえにそうなのか。それは「国語」の「伝統」を無視することは、「国家」さらには「国体」を否定することになりかねないからである。つまり、山田孝雄の目には、近代言語学にもとづく「国語の学問」は「恐るべき」アナーキスティックな「学問の姿」として映っていた。山田にとっては、近代言語学にもとづく「国語学」などというものはそもそも存在してはならない学問なのである。

山田はすでに『国語学史要』のなかでこういっていた。「大体からいふと、今の国語学といふものは明治の中頃に西洋の言語の学問が輸入せられて来てから、それらに説く所の理法に国語をあてて説かうといふのが主眼になつてゐると思ふ。〔……〕それに心酔したあまり、国語の国といふ意識が殆ど無くなり、ただ言語といふ意識のみが跋扈してゐる。それが為に、今の国語の学問といふものの多くは実際上、国家を捨象した学問の姿になつてゐる。[24]」(圏点・傍点は山田)

山田の『国語の本質』のなかで、この「恐るべき」「学問」に対抗するためにもちだされるのは、次のような異議抹殺的なドグマでしかない。このドグマこそが、国語の伝統を「天皇制」的神聖不可侵の「万世一系」性に結びつけているのである。

「我々の日常使用する純正なる国語といふものはこの国家とそのはじめを一にしてゐると信ぜられるものである。[25]」

「要するに、国語は永遠に一つである。古今を貫いて、絶対的な時間性の上に立つて居る。[26]」

「国語は国家の精神の宿つてゐる所であり、又国民の精神的文化的の共同的遺産の宝庫であると共に、過去の伝統を現在と将来とに伝へる唯一の機関である。[27]」

「国家は個人の生滅を超えて、永遠無窮に存在する。即ち教育に宿るものは永遠の生命である。[28]」

「今日の国語は、今日までの日本の歴史の結果であり、その故に、国家の精神が一貫してこの国語の中に流れて居るといふことが出来る。〔……〕我々と我々の先祖とは、国語によつて同心一体となるのである。[29]」

「国語には祖先以来の尊い血が流れて居り、その中には国民精神が宿つて居るのであるから、之を改めんとすることは、日本人としての考へ方の改革であり、国民精神の改革であるといふことになる。そんなことを平気で審議しようなどと云ふのは、気狂の沙汰だと云はれても仕方があるまい。〔……〕之〔国語改革〕は国家に対する冒瀆である。[30]」

「開闢以来革命といふものがなくて、万世に亙つて変ることの無い我が国家、我が民族にあつては国語の根本的の変革といふものが一度も行はれないから、我々の日常使用する純正なる国語といふものはこの国とそのはじめを一にしてゐると信ぜらるるものである。[31]」

「要するに国語は我々国民の遠い祖先から継承して来た精神的文化的の遺産である。後世の子孫に伝はつてゐる遠い祖先の血が遠祖の持つてゐたのと同じ興奮と感激とを後世の子孫の心に湧き立たせるが如くに、国語は横には現在の国民の心を結合して一つとなす力を有すると同時に、縦には時の古今を貫いて遠祖よりの心と現代の国民の心とを一つにする力を有するものである。[32]」

この種の山田の発言は、いくらでも引用をかさねることができる。山田の言説は、一見客観性をよそおいながら、最後には祝詞のように無意味な呪文にゆきつき、ひとつの場所をめぐって空転するしかなかった。それこそ「国語」と「国体」との一体性ということである。

このようにして、「国語と国家と」によって日本語を国家の象徴にしたてた上田万年も、言語学との妥協をはかりながら国語政策に形を与えた保科孝一も、大西や山田からみれば、「恐るべき思想」をいだく「革命分子」の首領にほかならなかった。この対立は、国家崇拝、天皇崇拝の信仰の深さや敬虔さのちがいにあったのではなく、じつに国語学と言語学という言語イデオロギー的基盤に発する対立であったことを、けっして見逃してはならない。

このような山田孝雄の言辞を、戦時中の白熱した異常な状態の下での一時的な逸脱とみなすことはできない。山田の反応は、一つの点で、問題の本質を鋭くついていたのである。それは言語学の系としてみちびきだされた国語学と明治以降の国語改革をめざす国語政策とがたがいに支えあう関係に立ち、そのいずれもが「国語の伝統」を否定することにつながるという直観である。この直観は、戦後国語学界の天皇ともいうべき時枝誠記によって、より精緻に展開されてゆく。

四　時枝誠記と言語過程説

時枝誠記の国語観は、山田孝雄の国語観とまったく同じというわけではなく、場合によっては著しい対立を示している。たとえば山田は、日本国民がみずからの国語を研究したとき、はじめて「国語学」という名称がつけられるのであって、「外人がわが国語を研究しても」それは国語学にはならないと主張した(33)。時枝はこのような山田の見解に反対して、「もし日本人の研究と、外国人のそれとの間に相違が生ずるとしても、それは学派の相違であって、一方が国語学であり、他方がさうでないとする根拠は出て来ない(34)」と異をとなえている。

時枝はさらにすすんで、国語を「日本帝国の標準語」と定義する山田の国語概念をも批判する。「国語」はあくまでも言語的特質の内部から定義されるべきであって、国家や民族という言語外的事実によって「国語」を基礎づけようとするのは誤りであるという。「国語学にいふところの国語は、日本語と同義語と考へるべきで、これを日本語あるいは日本語学といはずに国語あるいは国語学と称するのは、日本国に生まれ日本語を話すところの我々の側からのみ便宜上そのやうに呼ぶに過ぎないのであつて、厳密にいへば、やはり日本語あるいは日本語学と称し、国語の名称は別にこれを他の場合のために保留するのが適切であると思ふ。」[35]

ところが、時枝はみずから「厳密」であるという学問名称である「日本語学」をこれ以後けっして用いることなく、すすんで「便宜」に過ぎない「国語学」を用いていくのである。なぜ「日本語学」ではなく「国語学」なのかを、時枝はいちどもはっきりと説明していない。推測するなら、「日本語学」という名称をとったとたんに、「言語学」のなかの個別分野という印象が生まれてしまうことを時枝は恐れたのではなかろうか。時枝はあくまで固有名詞としての「国語」に固執するのである。しかし、このような心性はけっして時枝の個人的見解にとどまるものではなかった。「日本語」を拒否し「国語」に固執することがどのような意味をもつかについては、のちに論じることにしよう。

時枝は、言語学的方法を日本語に適用することを批判する点では山田に劣らなかった。しかし、その批判は、山田とは異なり、言語本質論とからみあいながら、より手のこんだ手法を用いて展開されてゆく。

時枝は、言語を人間の外に、たとえば「社会」という名のもとに、実体として存在させる言語観を「構成主義的言語観」と呼び、このような言語の外在的対象化を断固としてしりぞける。言語は実体として存在するのではなく、話し・聞き・書き・読むという行為、表現と理解という主体的行為としての心的過程が言語そのものなのだという。この認識にたって言語本質そのものの理解にせまろうとしたのが、かつて有名になった時枝の「言語過程説」である。この「言語過程説」のなかでもっとも特徴的なことは、言語を研究する言語学者においても「主体的立場」が要求されるということであろう。つまり言語を外側からながめる「観察的立場」からは、けっして言語の本質はつかむことができないというのである。時枝はこういう。

「この様に凡て言語といふことの出来るものは、常に主体的活動であり、観察者がこれを対象として把握するといふことは、観察者自らの主体的活動に於いて、これを再生することによつて始めて可能となつて来るのである。主体的なものを、客体的存在に置き換へるといふことは、研究上の便宜といふことによつて許されることではない。我々は主体的なものを何処までも主体的なものとして把握し、記述しなければならないのである。(36)」

時枝は、話し手の主体的言語意識そのものを追究していくことが、言語研究の唯一の方法であると断言している。そうであるならば、国語研究者はかならず国語の話し手と同じ心的体験を積む必要があるだろう。そのときはじめて、国語を支える心的過程を「再生」することが可能になるからである。国語研究者は、当然「国語」による生活をしなければならない。だとすると、国語の生活のなかにいない外国人の研究者は、いったいどのようにすれば言語過程説による国語研究ができるのだろうか。学問的概念としては「国語」よりも「日本語」が好ましいといいながらも、その方法論的要請によって時枝は、しらずしらずに「国語」とその研究を閉ざされた世界に監禁することになったのである。

時枝が『国語学原論』のなかでソシュール理論をはげしく批判したことはよく知られている。しかし、その批判は良訳とはいえない『一般言語学講義』の邦訳にもとづいていたことや、時枝自身の強引な「誤読」もあって、あまり実りのあるものではなかった。しかし、時枝とソシュールとを対比することはむだではない。なぜなら、ソシュールもやはり言語の本質を問うにあたって、まずなによりも「話し手の意識」に向かうことからはじめたからである。それでは、おなじく「話し手の意識」を言語にとって本質的なものとしながら、時枝とソシュールとでは、いったいどこが異なるのだろうか。

ソシュールが「話し手の意識」に目を注いだのは、意識内容の実質そのものを問題にしたいからではなく、言語意識を成り立たせる形式的条件を抽出しようとしたからだった。そこから出発してソシュールは、「集合表象」としてのラング、さらには記号の純粋価値の体系としてのラングを掘りあてるまで、理論を純化させていった。そのさい、ソシュールが排除したのは、文字であり、歴史性であり、規範性であった。「過去を抹殺しないかぎり話手の意識のなかに入ることはできない。歴史の介入は、かれ〔言語学者〕の判断を狂わすだけである」[37]とまでソシュールはいう。このおそろしいほどの禁欲的な態度から、共時的体系としてのラングを浮かび上がらせることにソシュールの苦心があったのである。

ところが、時枝は意識過程の実質そのものを言語と同一視したため、言語にたいする規範意識や歴史意識をも言語の本質のなかに包摂させてしまうのである。そして、この意識過程そのものを批判的観点から分析することは許されない。なぜなら、意識過程を対象化したとたんに、「観察的立場」に立つことになるからである。時枝のいう「主体的立場」とは、けっして言語批判的な観点を徹底させることではなく、あるがままの言語伝統と言語規範をそのまま肯定し受容することにつながるのである。

このことがもっともよくあらわれるのが、文字言語にたいする時枝の態度である。すでになんども述べたように、近代言語学の見方によれば、無意識に話されるままの口語にこそ言語の本質が現われており、文字は言語にとって二次的なものにすぎない。いやむしろ、文字は「言語そのもの」を覆いかくす邪魔物でさえあった。それにたいして時枝は、言語主体の意識的意図的活動としての「価値と技術といふことは、言語に於ける最も本質的な要素の一[38]」だと主張する。「価値」とは話し手がどのような言語表現が正しく適切であるかを判断する意識であり、「技術」とは話し手が意図的目的にもとづいて表現を選択したり洗練させたりする実践的活動のことである。この見方によれば、話しことばの慣用だけが言語をつくるわけではなくなる。言語の外のなんらかの伝統にもとづき、表現的意図によって実現される書きことば、文字言語もまた、話しことばとひとしく言語の本質を構成するものとなる。こうして時枝は、話しことばには還元できない書きことばの固有性を言語の本質のなかにとりこんでいく。そのとき歴史的仮名遣いや漢字の使用は、国語に本来そなわった「価値と技術」として言語過程説から立派な承認をうけることになるのである。

戦後になっても時枝の立場は一貫していた。時枝は、戦後まもなく発表された「国語規範論の構想」(一九四七年/昭和二二)でこう述べている。

「私は明治以来国語学の伝統的な問題である国語の歴史的研究の基礎としても、先づ規範的意識の考察が必要であり、それが先決問題であることが痛感せられた。他方国語政策、国語教育の諸問題も私の立場に於いては、これを国語学の体系中に包摂する可能性を見出すことが出来ると信ずるやうになつた。[39]」

一方では言語主体の表現過程・理解過程に内在するものとして、他方では言語政策の対象として、「規範」の問題は時枝理論のひとつの重要なかなめとなった。時枝によれば、事実として言語体系がまず存在し、話し手がそこに意識的に対するときに「規範」が発生するのではない。つまり、規範は言語にとってけっして二次的な要素ではない。「言語主体の規範的意識なるものは、国語の内部に存する体系的事実の一つ[40]」なのである。「言語を端的に表現行為自体であるとする考方に従ふならば、規範的意識は、言語といふ資材に対する言語主体の意識ではなくして、表現行為自体である言語に於ける意識となり、それは言語成立の根元と考へられねばならないのである。極言するならば、言語主体なくして、或はその規範的意識なくして言語は成立し得ないといふことになるのである。[41]」(圏点は時枝)

それでは、その規範的意識は「国語政策」にとってどのような意味をもつのだろうか。

時枝は論文「黎明期の国語学と国語政策論との交渉」（一九五六年／昭和三一）のなかで、「明治以来の国語政策論の実施に伴ふ今日の国語の現状は、言語学国語学と国語政策論との歪められた結び付きに基づく」という(42)。「言語学国語学」とは見慣れないことばだが、おそらく近代言語学の方法にもとづく国語学という意味であろう。その言語学的国語学は「国語についての雅俗の観念や価値観を極力排除」しようとするのにたいし、国語政策は「国語の将来について規範を設定」することを目指しているのであるから、この両者は「氷炭相容れない」。ところが「近代言語学に対する無反省な信頼(43)」があったため、近代言語学が国語政策にたいする処方箋をあたえてくれるものとひとびとはあやまって信じてきたのだというのである。

時枝は、学問的な「国語理論」が実践的な「国語政策」に結びつくことを否定しているのではない。むしろ、正しい「国語理論」は必然的に「国語政策」の導き手になれるし、ならねばならないと考えていた。その理論こそ「言語過程説」である。その理由は、言語にたいする規範意識をあらかじめ言語本質のなかにくりこんでおいたため、「国語政策、国語教育の諸問題も私の立場に於いては、これを国語学の体系中に包摂する可能性を見出すことが出来る(44)」からである。

けれども、話し手の規範意識を分析の対象とすることと未来にむかっての規範を設定することは、まったくべつの水準のことではあるまいか。学問分野として「国語規範論なるものの成立[45]」が可能であることは、「適切な国語論によつて国語の将来を正しい方向に向はせる可能性[46]」をどうして生み出すことになるのだろうか。

ここで時枝の言語過程説が「観察的立場」を排除し、あくまで「主体的立場」に立っていたことを思い出さねばならない。その意味は、生活のなかでことばを話す話し手の意識と、言語を分析する言語学者の意識は、質的に連続していなければならないということである。話し手が具体的状況で規範意識をはたらかせるなら、言語学者はその規範意識を理論のレベルでも引きつぐことができる。そして、時枝によれば、「言語主体の規範的意識」は言語の本質である伝達行為の基盤となると同時に、文化としての言語の統一性を維持し言語変化を阻止しようとする「保守的な力[47]」となって、言語の伝統を支えている。それならば、言語理論はこの「保守的な力」を肯定するしかないのである。時枝はこうもいっている。「国語政策論においても、言語の変遷に順応するといふことだけが、国語に対する科学的処理であり、進歩的な見解であると考へられて来たことは、何と云つても、一面的見解であることを免かれない[48]。」

このような立場から時枝は、漢字制限と現代かなづかいに代表される戦後の「国語改革」を批判しつづけたが、それは「言語過程説」に立っての近代言語学批判の異なるあらわれであることを見逃してはならない。

戦後時枝は国語審議会のメンバーとなるが、改革派が主導する審議会のありかたにかなり不満をもち、一九四九年(昭和二四)の国語審議会改組の際に退会してしまった。その後も審議会は改革派と保守派とのはげしい対立の場となった。その対立は、一九六一年(昭和三六)、第五期国語審議会のさいに一挙に爆発した。舟橋聖一ら五人の審議員が、審議会が暗黙のうちに改革派をあとおしするような運営になっていることを理由に突然脱会した。これは当時かなりのスキャンダルとなり、マスコミでも大きくとりあげられ、審議会の続行は暗礁にのりあげた。そこで、代表者がかわりの委員を選出することで、ようやく文部省は第六期審議会を発足させた。(49) そのとき時枝は委員の再任を依頼されたが、辞退の態度を貫いたのである。

この事件をきっかけとして、時枝は『国語問題のために』という著書をあらわす。この本は、近代言語学批判と国語改革批判が一体となっている点で、時枝の言語観をもっともわかりやすく示している。(50)

時枝は戦後の「国語改革」を次のように非難する。まずそれは明治の国語調査委員会以来唱えられつづけた国語改革論の延長である。そして、その国語改革論はつねに近代言語学理論をよりどころとしてきた。過去、そして現在の国語改革論の破綻は、近代言語学の理論的破綻と本質をおなじくしている。つまり国語改革論の根底には、言語を人間の外にある道具としてみる言語道具説、言語をモノとしての単位の集合と考える言語構成主義という近代言語学の認識論的な誤りが根をおろしている。また、文語をしりぞけ口語だけを言語の本質として見て、言語の変化のみに着目する史的言語学の一面的な方法論が、言語政策にまで適用された結果、文語の軽視と伝統の断絶が国語改革論の基調をなすようになった。このように時枝は批判するのである。

ところが保科孝一にあっては、山田や時枝のように、国語の統一性を「伝統」という魔法の呪文から引き出すことはできなかった。保科は、保守主義者たちがいう「伝統」とは、限られた知識階級、とくに歌人や国学者のあいだだけで合意の得られたものであって、それを「国民」全体に及ぼすことはできないと考えていた。そのうえ、保守主義者たちが尊ぶ伝統の規範力はつねに書きことばに立ち返らなければならない以上、生きた口語にこそ言語の本質があると考えていた保科には、伝統をよりどころにすることは自己否定にならざるをえなかった。保科が求めたあらたな「国語」の規範は、過去の伝統からではなく、現在の慣用から引き出されるべきであった。しかしそのとき、保科の前には、まったく統一性のない多様な方言の姿が立ちあらわれた。こうして、標準語の制定が国語にとって、緊急の課題として浮び上がってきたのである。保科があれほどまでに標準語制定の必要を訴えたのは、じつは保科の伝統拒否の態度の、別の姿におけるあらわれであった。

近代日本の国語学にとっても国語政策にとっても、「国語」にどのようにして統一性をあたえるかは、一つの重大な課題であった。したがって、日本語には確固とした統一性と自立性が見いだせないという森有礼の悲痛な認識は、近代日本の言語意識がたえず否定しつづけなければならない悪夢だったのである。

（付記）　森鷗外と仮名遣い改定とのかかわりには後日談がある。一九二一年（大正一〇）に鷗外は臨時国語調査会会長を命じられ、ふたたび国語問題の仕事にとりくむことになる。今度は保科も委員にくわわり幹事職についた。鷗外は翌年に世を去ったが、臨時国語調査会は仮名遣い改定の作業をすすめ、改定案は一九二四年（大正一三）一二月の総会で可決された。本文で述べたように、鷗外は臨時仮名遣調査委員会では歴史的仮名遣いを擁護する立場にあったので、この仮名遣い改定はいろいろな憶測をよんだ。つまり、鷗外はみずからの意にそまぬ仮名遣い改定の作業に憤り、それが死期を早めることになったのではないかというのである。

たとえば、山田孝雄はこの改定案に断固反対する意見を雑誌『明星』一九二五年（大正一四）二月号）に掲載したが、そのさい「故森林太郎博士が国語問題に如何に心を労せられしか」と訴えた。山田によれば、先の臨時仮名遣調査委員会に提出した意見からもわかるように、鷗外は仮名遣い改定にあくまで反対だったが、臨時国語調査会はその意志を無視して改定の作業をすすめていった。つまり、このたびの仮名遣い改定こそ「故森博士が憂慮措く能はず、それが為に死期をも早められし問題」であったのだと述べた（山田孝雄『国語政策の根本問題』宝文館、一九三二年、八九―九二頁）。

ところが、保科孝一の見方はまったく異なる。保科の証言はこうである。鷗外は死の直前に保科を勤務先によび、仮名遣い改定の仕事はぜひ必要なのですぐに着手してくれと頼んだ。そして、ヨーロッパの正書法改革についての多くの文献を保科の手に託した。その後まもなくして鷗外が死去すると、保科は鷗外からの「遺言」と思って仮名遣い改定にただちに着手したというのである。したがって、仮名遣い問題で鷗外が憤死したなどというのは「常規を逸した暴言」であり、「笑止のきわみ」だと保科はいう(『国語問題五十年』一六二―一六三頁)。

保科によれば、鷗外が仮名遣い改定に賛成するようになったのは、じつは元老山県有朋の死と関係があるという。軍医にして文学者であった鷗外は、陸軍のなかでけむたがられた存在であったが、その鷗外の後ろ盾となっていたのが山県有朋であった。その山県が歴史的仮名遣いを支持していたので、鷗外は山県に遠慮して仮名遣い改定に賛成できなかったが、山県が死んでからやっと、仮名遣いの改定に素直に賛成できるようになったのだというのである。保科は、鷗外が古典語の仮名遣いを変えることには反対だったが、現代語についての改定は賛成していたのではないかと述べている。ただし、これはあくまで保科の推測にとどまる(『ある国語学者の回想』二三七―二四一頁)。

山田と保科で証言がまったくいちがうのは、どうしたことなのだろうか。鷗外の直接の証言がないので、判断をくだすことはむずかしい。

第四部　保科孝一と言語政策

第一〇章　標準語の思想

一　「標準語」と「共通語」

日本語において、「標準語」ということばには、特殊な感情価値が付着しているようである。戦前は「標準語制定」の名のもとに、方言が卑しむべきことばとしておとしめられたため、方言の話し手はみずからのことばにたいする深い劣等感をうえつけられた。実際、学校で方言を口にした生徒の首にみせしめの札をかけるという「罰札」制度さえをも動員して、すさまじい方言弾圧がおこなわれた。一九四〇年(昭和一五)の柳宗悦の発言が導火線になった「沖縄方言論争」で、この問題がするどく噴出したことは、よく知られている(1)。「標準語」という概念は、明治以来のこの方言撲滅政策のシンボルとしての表現なのであった。そうなると戦後においても、「標準語」ということばには、戦前の暗い影がつきまとうようになった。そのため現在でも、学問的に「標準語」を論じるときにさえ、世に浸透した「標準語アレルギー」への気づかいが必要とされるほどなのである(2)。そこで、こうした過去の記憶をうすめるために、「標準語」から「共通語」へのやや見えすいた「言い換え」がおこなわれた。しかし、一九五五年(昭和三〇)に刊行された戦後初の『国語学辞典』(3)を見ると、「共通語」は「一国のどこででも、共通に意思を交換することのできる言語」と、「標準語」は「共通語を洗練し一定の基準で統制した、理想的な国語」と定義されている。これによるなら、「共通語」と「標準語」とは、厳密にいえば異なる意味内容をふくむ概念であることになるが、それにもかかわらず、「共通語」が「標準語」の言い換え語としての役を担うことができたのはなぜなのだろうか。

柴田武によれば、「共通語という言葉が歓迎されたのは、標準語という用語に伴う「統制」〔……〕という付随的意味がきらわれたため」だという。そして、柴田は「国語教育の目標が標準語から共通語に変われば、目標の達成は楽になる。共通語は、全国どこででも適用する言葉というだけで、特別に「洗練」された「理想的な」言語である必要はないからである」とつけくわえている。(4)このいいかたにしたがうなら、「標準語」から「共通語」への転換は、たんに目標のレベルを下げ、実現の道をたやすくするという、きわめて実効的な理由以外にはないことになる。つまり、「共通語」は「標準語」の一歩手前のすがたにすぎないことになるだろう。しかも、現在「共通語」が日本全国に浸透したのは、明治以来の「標準語」教育の帰結ということになる。そこで、「統制」という「付随的意味」さえとりはずせば、「標準語」は「共通語」へと衣がえすることができたのである。そうであるなら、「標準語」から「共通語」への言い換えは、戦前と戦後の日本の言語制度史の連続性を隠蔽しているのではなかろうか。そして、「共通語」という耳ざわりのよいことばを選ぶことで、言語のなかにひそむ権力の問題が、かえって見過ごされてしまったのである。したがって、いまなすべきは「共通語」の普及をよろこぶことではなく、「標準語の思想」を徹底的に問いつめることであろう。

すでに第六章第二節で論じたように、日本において公式的な意味での「標準語」という語は、おそらく上田万年の講演「標準語に就きて」(5)(一八九五年/明治二八)ではじめて用いられたと思われる。そこで上田は、「一大帝国の首府の言語」である「東京語」、そのなかでも「教育ある東京人の話すことば」を基礎にして、それに「人工的彫琢」を加えたものが標準語になる資格のあることばだと主張した。

国語の中央集権化の歩みがここからはじまったのである。その後、一九〇四年(明治三七)二月に文部省が発表した『尋常小学読本編纂趣意書』のなかでは、より綿密に「文章ハ口語ヲ多クシ用語ハ主トシテ東京ノ中流社会ニ行ハルルモノヲ取リカクテ国語ノ標準ヲ知ラシメ其統一ヲ図ルヲ務ムル(6)」という定義がなされ、国語教育の目的は、「国語ノ標準ヲ知ラシメ」ることだという意図がはっきりと現われた。

それでは、標準語が普及することによって、各地の方言はどうなるのか。また、国語という統一体のなかで、標準語と方言との関係はどのようなものなのか。上田はこの問題についてくわしい論述を残していない。標準語と方言との関係をどう見るかということは、上田の弟子、保科孝一がとりくまなければならない問題として残されたのである。

二　「方言」と「標準語」

『言語学大意』『言語学』『国語学精義』といった保科の初期の言語学・国語学関係の書物には、かならず標準語と方言との関係を論じた章がおさめられている。言語学を少しでも学んだ者なら、言語のあいだに優劣、美醜の区別はなく、言語の内的な構造からみるかぎりあらゆる言語はみな平等であると理解しているだろう。保科の「方言」にたいする把握も、その言語学的原理から出発するのである。

すでに第八章第三節でも見たように、保科によれば、言語とは分節音によって思想を表象したものだという定義にもとづくなら、方言は「其形態と実質とに於ては、決して普通の言語と異るところはありませぬ(7)」ということになる。「国語と方言との区別は、単に程度の問題に属するので、人為的に定めるより外ない」のであり、「実質上方言といふ名称を立てゝ、恰も言語としては不正鄙俚なものであるがごとく認定するのは、全く誤解」なのである(8)。

それでは、あることばを「方言」と見なすのはまったく根拠のないことなのだろうか。

ここで保科は言語の「通用範囲」という観点をもちだす。「方言は普通に行はれて居る言語に比較すれば、思想交換の区域が遥に狭小である。」しかし、「言語の職分」は「交換の区域が広大でなければならぬといふこと」であるのだから、「其交換区域の狭小なる点に於て、方言は言語本然の職分に背いて居る」ことになる。「其形態及実質から観察すれば、方言でも決して卑しむべき理由がありませぬが、唯交換区域の狭小なるところから、自然排斥されるやうになる。又、排斥しなければならぬものであります。(9)」

そして、標準語と方言との関係について、保科はじつに明快にこう述べている。「方言を打破して国語の統一を計ることは、尤も急速なる事業であるといふことは、今申述べましたところで、粗御分りになりましたらうと存じます。此事業は文化の進歩に依て或程度まで自然に成就するものであります。けれども、一方に於て、人為的彫琢を加へて、急速に其目的を達することを力めなければなりませぬ。而して、私が茲に人為的彫琢と申しますのは、標準語を創定して、方言を撲滅するのであります。(10)」

これはけっして国語政策を論じた本からの引用ではなく、『言語学大意』という立派な言語学書の一節である。客観的立場からの言語の記述と説明が、いつのまにか規範設定の論理になっていくことは、上田と保科に共通する宿命的な特徴である。またこのことは明治において言語学と国語学がどのような政治的任務を果たさねばならなかったかをあきらかにしている。

上田において標準語のための「人工的彫琢」とは音声・語彙・文体などのあくまで言語内的レベルにおける洗練を意味した。ところが保科のいう「人為的彫琢」とは、標準語を「創定」し方言を「撲滅」するという徹底した言語政策の概念となったのである。しかし、保科にとって、方言の「撲滅」は言語学的原理を無視した無鉄砲な政治的方針ではなかった。『国語学精義』において保科は、「言語の分岐、方言の発達を促す主要なる原因」として「個人の不同」「社会制度の不同」「地域の不同」という三つのものをあげている（『言語学大意』では八つの原因があげられているが、内容はほぼ同じである）。しかし、保科によれば、これらの要因は「未開なる時代」には力を発揮するが、「社会の進歩、人文の発達に伴うて、漸々消滅するものもあり、薄弱になるものもあるので、其結果言語分岐の勢力が微弱になる」。したがって、方言は人為的な政策によって滅びていくのではない。「その勢力が微弱になれば、数百の方言も早晩自然統一に帰する」のである。[11]

標準語を実現する力は、政策以前に現実のなかにあり、それが政治経済文化の中心地の言語のもつ「他の方言に対する感化力」[12]の果たす役割であると保科は考えていた。しかし、自然のままに放置しておくだけでは、言語統一の過程は緩慢で不徹底なものでありつづける。そこで、国語政策の任務は、中央言語の「感化力」をできるかぎり顕在化させて強化し、その及ぼす範囲を拡大し、統一のスピードを速めること、さらには「自然的統一」の過程においては損なわれやすい標準語の純粋性をたえず保持することにある。

この意味で、保科にとって標準語政策は、なんら言語の自然的本性と矛盾するものではなくなるのである。つまり、国家の言語政策は、言語そのもののなかに内在する言語変化と言語統一の過程の延長線上に位置づけられることになる。こうして保科が言語学の教えに忠実であればあるほど、「標準語制定」の政治性は見逃されていくのである。

けれども、やはり言語学に忠実であるかぎり、保科としても「方言といふ名称は、元来約束的のもの」、「仮に設けた名称」であることは認めざるをえなかった。というよりも、あらゆる言語はじつは「方言」なのである。「この方言の集合体が即ち日本語であつて、此以外に日本語と称する、特種のものが存在して居るわけではない[13]」のである。それでは、「国語」が「方言」の集合体であるなら、「国語学」はすなわち「方言学」の集合体になるのだろうか。ここでふたたび重要性を帯びてくるのが「標準語」である。たしかに、保科は同時代のどの学者にもまして「方言調査」の必要性を説きつづけた。過去の文献よりも、現在話されている方言のほうが、言語資料として価値が大きいということを、保科は主張してやまなかった。けれども、「方言調査」は、たんに学問的な目的によってなされるべきものではなかった。保科はつぎのようにいう。

「然るに、今日のところでは此目的(国語教育の目的)が未だ完全に達せられて居ない。是は畢竟現代の正しい日本語とは如何なるものであるかが、未だ判明しないからである。猶委しく言へば、現代の標準語・標準文体といふものが、未だ一定しない結果である。斯の如き状態にあつては、国語学の基礎が確定し難いのであるから、既に述べた様に、標準語・標準文体の制定は、一日も忽諸に附すべからざる急要な事業であるが、此事業を完成するには、方言の調査が先決の問題である。[14]」

これはじつに不思議な文章である。国語学の基礎づけ、標準語の制定、方言調査という異質のものが、学問的にも実践的にも結びついているというのである。「標準語」が制定されなければ「国語学の基礎が確定し難い」という保科の言は、学問と政策をとりちがえた暴言であるかのようにみえる。しかし、そうではない。過去の伝統によりどころをもとめられない保科にとって、「標準語制定」は「国語学」の確固とした認識対象をつくりだすために必要な理論的要請だったのである。[15]

三　「標準語」から「政治的国語問題」へ

保科が、同一民族の話すひとつの言語の内部での「人文的国語問題」と、それにたいして異なる言語を話す民族間の衝突から生まれる「政治的国語問題」とを区別するようになるのは、一九一一年(明治四四)から一九一三年(大正二)にかけてのヨーロッパ留学以後である。保科によれば「人文的国語問題」は「その結果において政治上になんらの影響をも及ぼさない」ものであるのに対し、「政治的国語問題」は多民族国家や植民地統治において国家体制の存続にかかわるほどの政治問題となりうるという。(16) 後にくわしく論じるように(第一三章第二節)、激しい政治闘争を誘発するヨーロッパの言語問題の深刻さが、保科にこのような区別をとらせたにちがいない。しかし、「人文的国語問題」と「政治的国語問題」とは断絶しているのではなく、前者から後者へとつながる一つの線があった。それは、政治的文化的に優越した言語は、必然的に他の言語を駆逐するし、またしなければならないという認識である。

保科は留学以前に書いた『国語学精義』のなかで、すでにこう述べていた。「国語が其独立を失う様になれば、国民も漸々国民的精神を失ふ様になつて、何時しか国民の勢力が、衰退するのが、自然の勢である。それゆゑ、政策の上から見ると、征服者たり、治者たるものは、其被征服者たり、被治者たるものをして、速に祖先伝来の国語を捨てさせ、強制的に己の国語を用ゐさせるのが、統治上最も上策である。〔……〕斯の如く自己の国語を押し拡めるのは、つまり国民の勢力を偉大ならしめる所以で、是が実に言語の微妙なる力の致すところである。(17)」

中央語のもつ「感化力」による方言の消滅も、支配民族の言語の強制による異民族の同化も、この「言語の微妙なる力」が原動力となっているのである。そして、人文的国語問題の到達点が「標準語制定」にあるとするならば、政治的国語問題はまさに「国家語制定」の問題に帰着する。

しかし、国内の国語問題、国語教育の問題をはるかにこえた「言語政策」の問題に保科を目覚めさせたのは、やはりヨーロッパ留学であった。保科は、留学先のひとつであるプロイセン領ポーゼン州の危機的な言語状況を見聞し、そこにおいて、異民族を統治下に置いた場合の言語政策の重大な意味を悟ったのである。帰国後、保科は機会あるたびに、日本が言語政策にまったく無関心なままでいることを、多弁ではあるが凡庸な語り口でくりかえし訴えつづけた。それは、たとえていえば、事故の現場を一人で見てしまった子どもが、耳を傾けようとしない大人たちに何回も同じことをくりかえし、説き伏せようとして手ごたえもないままに苛立っている、そんな様子に似ている。しかし、保科が饒舌であればあるほど、ことばなどというものに自覚的な政策は無用だとする社会のなかでの、保科の孤独がいっそうきわだつのである。

第一一章　朝鮮とドイツ領ポーランド

一　朝鮮とポーランドの「二重写し」

保科は文部省の命を受けて、一九一一年(明治四四)夏から一九一三年(大正二)秋にかけて、はじめてヨーロッパに留学するが、それは当時一般に留学のために派遣された人たちの場合とは、かなり異なるかたちであったようである。保科はのちにこう回想している。「文部省では、国語学・漢文学・国史学専攻のものは、留学させない内規であった。したがって、わたくしは留学の資格がないはずであるが、国語調査のため、熱心に努力している功績にむくいるため、特に留学させようということになり、言語学・語学教授法研究のためという名義で、派遣されることになった。(1)」

二年間の留学を終えて日本に帰ってみると、国語調査委員会は知らないうちに廃止させられており、かなり保科は落胆したようである。けれども、保科は残された資料の整理にあたるとともに、留学中にたくわえた知見にもとづいて、海外の言語問題、言語教育の状況を精力的に紹介していった。とりわけ一九一三年(大正二)から一九一四年(大正三)の二年間には、帰国以前に発表したものもふくめて『国学院雑誌』に海外の言語問題にかんする論文をたてつづけに八本も発表した。それらがあつかっている国は、ドイツ、イギリス、スイスからアメリカ合衆国、アルバニア、南アフリカにまでおよび、エスペラント運動にかんする論文もある。(2) ここには留学を終えて、国語国字問題の解決に役立とうと意気ごむ保科の姿がある。そして、ヨーロッパにくらべて日本の国語教育がかなり立ち遅れているのを痛感した保科は、しだいに国語学から国語教育に活動の場をうつしていった。一九一七年(大正六)には、保科みずからが編集にあたる雑誌『国語教育』を創刊する。そして保科は、この雑誌に毎月休むことなく巻頭論説を書きついでいくのである。

けれども、留学の意味はそれだけではなかった。保科は留学中に朝鮮総督府から、ヨーロッパの政治的国語問題と国語政策の調査をおこなうよう依頼を受けたのである。保科の回想によれば、「当時朝鮮の統治上、国語政策の重要性を、総督府の主脳部が痛感し、わたくしにその調査を託された」という。(3) それはまさに「韓国併合」(一九一〇年／明治四三)直後のことであった。朝鮮の植民地統治という具体的な場面を提示されたことが、保科にその後、言語政策の研究に深くコミットさせる動機になったのである。

留学先で、保科はじつに熱心に言語問題を調査し、資料を集めた。とりわけ、ドイツ領ポーゼン州(現ポーランド、ポズナニ県)における言語政策の実態を見聞したことは、おおきな意味をもっていた。保科の回想によると、ポーゼン州の状況を直接見聞したことで、言語政策の重大性をはじめて実感したという。

この「ポーゼン州」とはどのような地域なのか。すこし歴史的事実をふりかえってみよう。

「ポーゼン」はポーランド語の「ポズナニ」のドイツ語読みである。この一帯はポーランド人の多住地域であり、現在はポーランド領となっている。一七七二年、一七九三年、一七九五年の三回にわたる「ポーランド分割」によって、ポーランド国家は地図の上から姿を消した。ポーランドの領土は、プロイセン、ロシア、オーストリアの三国によって文字どおり「分割」され併合された。プロイセン領となったポーランドは、その後ナポレオンが創設したワルシャワ公国として復活する。しかし、ナポレオン戦争後のウィーン条約によって、プロイセンはワルシャワ公国の西部をポーゼン大公国として支配下においた。その後、ポーゼン州は、一八六七年に北ドイツ連邦、一八七一年にはドイツ帝国に編入され、完全にドイツの一部となる(4)。そして、第一次世界大戦後のヴェルサイユ条約により、ポーゼン州はポーランド共和国に編入される。

このポーゼン州においてプロイセン=ドイツは、政治・経済・文化のあらゆる面において徹底した「ゲルマン化政策」をとることで、ポーランド人のドイツへの同化をすすめようとした。ポーランドの民族性はあらゆる場面で抑圧されたが、とりわけ、ポーランド語にたいする弾圧はすさまじかった。プロイセンは、民族性の最後の砦であるポーランド語の存在そのものの抹殺をはかろうとした。こうしてポーゼン州は、プロイセンのポーランドに対する「言語闘争(Sprachkampf)」の最前線となったのである。

ドイツ史研究家の伊藤定良は、『異郷と故郷』において、ポーランド人の「ゲルマン化」の問題が、プロイセン国家の存立基盤そのものにかかわるものであったことをあきらかにした。そして、「帝国主義期におけるドイツ社会とポーランド人の関係は、日本＝朝鮮関係と二重写しになって、われわれに迫ってくる」と述べている(5)。たんに植民地的支配体制がとられたというだけでなく、土地調査事業、同化政策、「創氏改名」、民族差別などの具体的問題にいたるまで、ドイツ＝ポーランドと日本＝朝鮮とのあいだには極度に類似した平行関係さえ見いだせるのである(しかもその問題が現在でもなお生きつづけていることも共通している)。

しかし、プロイセン＝ポーランドと日本＝朝鮮の関係は、すでに半世紀以上も前の保科孝一の目にも「二重写し」になって見えていた。ただし、その「二重写し」の意味は、現在の「われわれ」の関心とはまったく逆方向のものであった。保科は、プロイセンのポーランドに対する政策のなかに、日本が朝鮮にたいしてとるべき指針をさがしもとめるようになった。こうして、ポーランドと朝鮮との「二重写し」は、日本最初の本格的な言語政策研究家保科孝一を生み出すきっかけになったのである。

二　国語教育と同化政策

保科は帰国して一年もたたないうちに、八百五十四ページにおよぶ大著『国語教育及教授の新潮』(一九一四年/大正三)を著わす。ここでの保科の意図は、「我邦における国語教育及び教授の方法に一大改善を加ふる」(6)ために、ヨーロッパの進んだ言語教育法を紹介することであった。しかし、この本のなかでドイツ・ポーゼン州の言語教育をあつかった二つの章は、他の章とは性格を異にしている。というのは、そこで論じられているのは、被支配民族ポーランド人にたいする同化政策の基礎となる言語教育であるからである。保科はここに日本の植民地教育の手本を見いだそうとした。

まず保科は、ポーゼン州における教科教材の特異性に注目する。概してドイツの教科書では、あからさまに教訓的ないしは道徳的な教材はすくないのだが、ここポーゼン州ではそうではない。ポーゼン州で用いられる教科書には教訓的なもの、とりわけドイツ皇帝と皇室にかんする教材がすこぶる多い。たとえば、小学校下級用教科書のなかの「わが皇室」という教材は、皇帝の名、誕生日、在位年数、皇帝の家族の紹介にはじまり、つぎのように結ばれる。「皇帝は恰も慈父の赤子におけるがごとく、陛下の臣民を愛撫し給ふのである。ゆゑに、陛下はわれ〳〵の国父である。われ〳〵は陛下の赤子である。善良にし

て忠節な赤子は、陛下の大御心に対し感謝し奉り、臣民は陛下を親愛し尊敬し奉るのである」と。(7)

保科は、これらの教材が「植民地の児童をして忠君愛国の観念を旺盛ならしめることを目的として選択し配材せられてゐる」(8)ことに着目する。保科がここに引いた一節は、「赤子」という表現も含めて、日本の「皇民化」的テクストと表現上の著しい一致をしめしているが、保科が日本の背景によってこのように読みこんだものか、あるいは「皇民化」的テクストのモデルが、まずプロイセンの方にあって、日本はその受けとり手であったのかは、注意深く調べてみる必要があるだろう。

また、ドイツでは一般に郷土教育が盛んで、教科書にも郷土教材が数多くとりいれられているのだが、ポーゼン州における郷土教材は他の州とは異なる目的をもっている。それは生徒に郷土にたいする愛着を教えるのではなく、ポーランド人の郷土がドイツの領土であることを正当化するための教材なのであり、保科によれば、ポーゼン州では郷土教材が「ポーランドの児童をして独逸化せしめんとする一大目的」によって編纂されているのである。

たとえば、郷土編の教科書における「ポーゼン州」という教材では、プロイセンの歴代の国王がポーゼン州の開発に多大の苦心をはらったこと、かつては悲惨な状態であったポーゼン州が「独逸の支配に帰するに至つて、全くその面目を一変した」こと、ドイツに分割されたことで「ポーランド人は今や自由の民」となったことなどが語られる。(9) また、「ポーランドの衰亡」という教材では、一七七二年の分割の以前、ポーランドは都市も農村も「甚だ憐むべき状態」にあったが、フリードリッヒ大王は「ポーランドの窮状を救はんがために」ドイツ人を植民させ、産業を興し、交通を整備し、学校を設立させたこと、一八一五年にポーゼン州がプロイセンの統治下に入ってのち「政府は新領土の幸福のために、絶えず熱誠に尽瘁してゐる」こと、一八四八年の「騒乱」の際もプロイセンの軍隊によって「州内の安寧秩序」が回復したこと、などがしめされる。(10) つまり、これらの「郷土教材」は、ポーゼン州がドイツの統治下に入ったことは必然であり、しかもポーランド人にとって歓迎すべきであることを生徒に教えるという目的をもっているのである。

こうして保科は教材のなかで植民地体制を賛美する手法をつぎつぎと紹介していくが、これらの教材はすべて「ポーランド人を独逸化せんとする政策(11)」にもとづいていることを見逃さない。そして保科は、日本の植民地朝鮮における教材のありかたもこうしたプロイセンの前例にならうべきだと、次のような具体的な提言をおこなっている。

「例へば、朝鮮の普通学校における国語読本にも、朝鮮と日本と古代における関係、交通状態、朝鮮が支那のために虐待されたこと、統治の制度不完全であつたために、つねに苛政に苦んだこと、徴税の制度乱雑であつたため、人民が官吏のため苦められたこと等を記し、今や日本に合併してから、国内に善政を布かれ、人民はじめて自由になり、彼等の人権は善美なる裁判制度のため完全に保護せられ、普く学校を設立して教育を盛にし、交通機関大に発達し、人文愈々進歩して、朝鮮の面目更に一新したること等を郷土篇に於て叙述し、或は、之によつて盛に直観教授を進めるやうにしたならば、彼等の思想を日本化せしめ、漸次悦服して反日の感を懐くことがなくなるであらうと思ふ。(12)」

これらの例からみると、保科は「併合」直後から、のちのいわゆる「皇民化教育」の姿をすでに見とおしていたかのようである。ただし、保科は、国内における標準語教育においても、おなじような直観教育、郷土教材、直接教授法が有効であることを強調していたことは注意すべきである。保科がここで見いだした言語政策と言語教育の原理は、日本国内においてすでにその効果が確認されていたのであり、その方式が植民地へと拡大されたのであった。

教材ばかりではない。ポーゼン州のポーランド人がすべてドイツ語で教育されるのとおなじように、朝鮮においてもあくまで日本語が教育語とならねばならない。「新附の国民統治の政策としては、愛撫を主として、彼等を親和せしめつゝ、一方に於ては、国語教育によつて一大圧迫を加へるのが、上策である(13)」と保科はいう。のちにもふれるが、オーストリアでは教育語に二言語併用主義をとったために、言語問題が政治問題化して「国家の基礎を危険なる状態に陥れてゐる」と保科は見ていた。そのことを念頭におきつつ、保科は結論としてこう述べる。「朝鮮の如きも普通教育は絶対に日本語に拠る方策を採るのが急務で、現今の過渡時代には、多少朝鮮語を教育するの必要はあらうが、しかし乍ら、成るべく速に之を日本語によつて統一するの方策を取らなければ、将来或は拯ふべからざる禍機を伏在せしめることがないとも限らない。[14]」

三 『独逸属領時代の波蘭に於ける国語政策』

こうして、ポーゼン州というまたとない実験場を手に入れた保科は、植民地支配における言語教育のありかたにしだいに注目するようになっていく。けれども、『国語教育及教授の新潮』におけるポーゼン州の記述は、本の全体的な意図からすればやはり付随的なものであった。また、保科の眼も、いまだ言語教育の領域だけにとどまっており、全体的な言語政策の問題を視野に入れるまでにはいたっていなかった。

保科がドイツのポーランドにたいする言語政策を包括的な視点で論じるようになるには、『独逸属領時代の波蘭に於ける国語政策』(一九二一年/大正一〇)を待たねばならない。そこで保科は、一七七二年の第一次ポーランド分割から二十世紀初めにいたるまでのプロイセンのポーランドにたいする言語政策を、じつに綿密な資料にもとづきながら通時的に論じた。この書物は言語政策研究家保科孝一の誕生をしるすものだといってもよい。しかし、あれほど筆の速い保科が、なぜ帰国から八年もたって、このような書物を書かねばならなかったのだろうか。この点については次節でふれることにする。

ここで保科は、十八世紀末の三次におよぶポーランド分割から一八三〇年のワルシャワ蜂起までを第一期、一八三二年のポーランド議会廃止から一八五〇年のプロイセン(改正)憲法制定までを第二期、一八七一年のドイツ帝国成立までを第三期、ビスマルクの「ゲルマン化」政策がおこなわれてから現在までを第四期と区分し、それぞれの時期に、公用語、裁判語、教育語、軍隊語の四つの領域にわたってポーランド語が排除され、ドイツ語化が進められていく過程を詳細にあとづけている。保科の視点は、現在の社会言語学における「言語領域(domain)」の分析の手法とかなり似かよってさえいる(のちに保科は、この四つの分野における言語の使用規定を総合するものとして「国家語」の概念を提唱することになる。この書でもすでに「国家語」という語は用いられているが、それほど重要な内容を与えられていない)。

この本は、外国人がおこなった研究としては、当時おそらくもっとも詳細なものであり、保科の常として少々叙述が散漫なことをのぞけば、プロイセン＝ドイツの言語政策を論じた研究書として現在でも十分参照するに足るものであろう。研究史の上からみるとこの本は、H・グリュックの理論的に深くかまえた『プロイセン・ポーランド言語政策』(Glück, H., *Die preussische-polnische Sprachenpolitik*, 1979)に半世紀以上先だって、社会言語学的観点から著された興味ぶかいプロイセン言語政策史ということになる。

しかし、保科の関心は、もっぱら植民地支配者側の「政策」にあったために、学問として批判的に体系づけることはできなかった。というよりも、この『独逸属領時代の波蘭に於ける国語政策』は、けっして客観的な立場からの研究書ではない。直接ふれられることはないが、その背後にはつねに植民地朝鮮のすがたが「二重写し」になっているのである。保科は「序言」で次のように述べている。「植民地に対する統治政策の同化に存することは言を俟たない。徒らに武力を以て圧迫することは、国際関係から見ても不得策であるのみならず、却て反感を刺激して其の結果が面白くない。新附の民をして自然に悦服せしめなければならないが、それには彼等の思想を同化するのが最も万全の策である。是に於て国語政策が頗る深遠な意味を生じて来るので、近来欧州列強がこの政策を重視して来て居るのは固より当然の事由である。」(15)

このような観点から、保科がもっとも関心を注いだのが、ビスマルクによるポーランド人の「ゲルマン化」政策であった。「併合」当初からすでにプロイセン政府は、公用語、裁判語の領域からポーランド語を排除するための政策をとりつづけてきた。しかし、ビスマルク時代の「ゲルマン化政策」は、それ以前の対ポーランド政策とはまったく異なる性格のものであった。それは、たんにポーランド語を公共生活から閉め出すことを目的としたのではなく、言語政策を通じてポーランド人の民族性そのものを改造しようとする試みだったからである。その点を保科はこう述べている。「プロイセン政府の波蘭政策は一言にして掩へば独化 Germanisierung であつて、あらゆる手段により波蘭人の国民的精神と愛国語心を喪失せしめ、彼等を根本的に独逸人たらしめなければ止まないといふ意気込である。[16]」保科はこの「意気込」のさまをつぎのように詳しく追いかけている。

一八七二年二月、「プロイセン政府は議会に学校管理規則を提出したが、ビスマルクは之を機会として波蘭問題を解決しようとした」。これ以後ビスマルクは「独逸語を普及せしめるべき幾多の法律」は「ポーゼン州を目的としたものを発布する積」と述べ、「国語政策は明に波蘭問題の中心たるものと認め」た。[17]

一八七二年一一月、「省令を以てポーゼン州の高等学校(Höhere Schulen)に於ては、一千八百七十三年四月一日より宗教教育は他の科目と同じく独逸語を以て授けると云ふことを発布」した。[18]

一八七三年七月、「省令を以てポーゼン州に於ける高等学校の波蘭語の学級をその翌年〔度?〕十月から廃止することにした[19]」。

同年同月、「〔ポーゼン州〕総督はポーゼンの小学校に於て、下級における宗教及び讃美歌を除く外、すべての科目に対して独逸語を授業語とする」ことを決定した。[20]

一八七六年八月、プロイセン政府は「プロイセン州の各官庁各官吏及びその他の政治的団体に関する公用語規則を発布した[21]」。プロイセンはこの公用語規則により「波蘭語を公共生活に禁止してしまつた[22]」。

一八八三年三月、「ポーゼン政府は一千八百八十三年五月一日からすべての都市小学校及び私立小学校の中級上級に於ける宗教教育を独逸語で授ける」という訓令を発するが、ポーランド人の強硬な反対に出合い、「独逸語を使用する児童の比率によつてその適用を手心すると云ふことにした(23)」。

このように保科の眼は、じつに注意深くポーゼン州の「ゲルマン化」の過程を見つめていた。ここで保科が注目するのは、この「ゲルマン化政策」においては、公用語、裁判語、軍隊語にまして教育語の問題が重要視されたことである。被支配民族の「思想の同化」を達成するためには、支配言語を学校科目として課するだけでなく、あらゆる科目の授業を支配言語によっておこなうことがもっとも有効な政策であるとみなされた。それは支配言語を認識内容と不可分のものとして生徒の精神そのもののなかに植えつける作業なのであった。こうして一八七〇年代から八〇年代前半にかけて、教育語のドイツ語化は、高等学校から小学校へと次第に底辺をひろげてゆき、最後のポーランド語の砦であった宗教教育でさえも風前のともしびとなった。

さらに、保科の叙述によれば、ポーゼン州の教員にはドイツ人だけが採用されることになっていた。しかも、それはポーランド語をまったく知らないドイツ人に限られていた。ポーランド人が教職から完全に排除されているのは、「彼等〔ポーランド人〕が反独感情を挑撥するのを恐れるのと、独逸語を以て波蘭児童を教育すると云ふ根本義が破壊されるのを憂へる」[24]からであるという。まさに「独化政策の最も有力な手段に供したのは独逸語の学校であった」[25]のである。

四　「学校ストライキ」と「三・一独立運動」

けれども保科は、プロイセンの「ゲルマン化政策」を朝鮮の植民地支配のための絶好の指針として見ていたからといって、それを全面的に称賛していたわけではない。同時に保科は、そこに植民地支配の失敗の面をも見ていたのであった。じっさい、ドイツのポーランド支配は結局成功せず、一九一六年にはポーランド王国が独立し、一九一八年にポーゼン州は新生ポーランド共和国に組み入れられたのである。これを見た保科は、「約一百年に亙る終始不断の独化政策もあまり効を見ないで、遂に波蘭国の再興を促したのは、為政家の深く戒しめるべきことである」[26]と警告する。

つまり、『独逸属領時代の波蘭に於ける国語政策』のもうひとつの意図は、ドイツの言語的植民地支配がなぜ崩壊したのかの原因をさぐることにあった。保科は、この失敗の最大の原因は「国語政策が常に動揺して勇往邁進することが出来なかった」[27]ことにあるという。ビスマルクの「ゲルマン化政策」につづく「カプリウィ〔内閣〕の愛撫政策」は、宗教の私教育におけるポーランド語の使用をみとめる文部省令を発し、さらに他の私教育でもポーランド語の使用を許可する方向にさえ向かったが、内閣交代後は再びポーランド語を一律に禁止した。こうした状況から保科の得た教訓は次のようなものであった。「此の如き政策の変更は常に波蘭の人心を動揺させ、激烈な反抗運動を惹起し、その結果学校騒動を醸成するに至つた」(28)のであると。

ここで保科が「学校騒動」と呼んでいるのは、一九〇六年から一九〇七年にかけて生じた大規模な「学校ストライキ」のことである。当時宰相ビューローの率いるプロイセン政府は、ポーランド語の最後の砦であった小学校の宗教教育からもポーランド語を完全に排除しようとしたが、これに対するポーランド人の怒りがポーゼン州全土で爆発したのである。伊藤定良によると、一九〇六年の秋に最高潮に達した学校ストライキは一年あまりつづき、総計約千六百校、九万三千人の生徒がストライキに参加した。さらに、言語と宗教というポーランドの民族性の根源が脅かされることにたいする民衆の反抗は激しかった。こうした状況で「大司教スタブレフスキがストライキを容認し、新聞編集者や下級聖職者が運動を積極的に支援し、抗議集会等によって広汎な社会層がそれを支えた」(29)。こうしてこの学校ストライキは、「ドイツ第二帝制期最大のポーランド民族運動」(30)となったのであり、「プロイセン＝ドイツの支配者は、総じて、学校ストライキをドイツの国家的統一を破壊するおそれのあるものとして受けとめ、プロイセン＝ドイツ支配の根幹に関わる問題として理解した」(31)のである。

この学校ストライキにたいして、保科も「プロイセン＝ドイツの支配者」と共通の恐れを分かちもっていた。だからこそ、保科は学校ストライキの姿を懸命になって矮小化しようとする。保科はつぎのように述べている。「同盟罷校と云ふやうな罪禍」を引きおこしたのは生徒自身ではなく、「学童の父兄、旧教の僧侶、新聞及び貴族」である。つまり、「父兄」が「僧侶や新聞や貴族に煽動された」ことが直接の原因である。[32] この三者こそ「同盟罷校の真の煽動者」である。「この三者は貧困にして教育もなく独立の意志の乏しい下層の人民を煽動したのであるが、而かも煽動の手段として宗教を利用したのは甚しい罪悪である。[33]」「一体波蘭人がこの罷校運動を起したのは、之に依て波蘭国の独立を図らんとする誤つた考に支配されて居るのである。[34]」「つまりこの罷校はプロイセン王とその政府に反抗するのが真の目的でない、若し出来得べくんば、プロイセンから往時の波蘭領地を恢復しようと云ふ一大野心を抱き、その手ほどきとして之を惹起したのである。之に依て波蘭人の間に大反独運動の存在して居たことが分る。[35]」

このように、「学校ストライキ」を貴族、僧侶、新聞という反プロイセン勢力による無知な民衆の「煽動」としてとらえる保科の胸中には、朝鮮における「三・一独立運動」（一九一九年／大正八）の衝撃がいまだ鮮やかな記憶として残っていたにちがいない。『独逸属領時代の波蘭に於ける国語政策』が「三・一独立運動」の二年後、「京城府明治町一丁目」朝鮮総督府で秘密文書として発行されたことはけっして偶然とはいえない。保科は、ポーゼン州におけるポーランド人の抵抗のむこうがわに、「三・一独立運動」で日本の支配に抵抗する朝鮮民族の姿を見ていたのである。

事実、保科は、前著『国語教育及教授の新潮』のときとは、プロイセンの植民地政策にたいする評価を一変させていた。

前著のときには、保科はこう述べていた。プロイセン政府が「飽までビスマークの圧迫主義を捨てず、ポーランド人の反感を挑撥しつゝあるのは甚だ遺憾」であり、「政策を緩和して、専ら彼の国民を愛撫することを力めたならば、必ずや今日のごとき統治上の困難は起らなかつたであらう」と。[36]

ところが、『独逸属領時代の波蘭に於ける国語政策』では、つぎのように、植民地支配における「愛撫」政策の無効性が説かれるのである。「これは畢竟愛撫政策によつて新附の民を悦服せしめようと考へた結果であるが、それは見事に裏切られたのである。新附の民はかゝる温情主義によつて教育されても、彼等は何等感謝するものでない、たゞ益ゝ治者たるものを軽蔑し、愈ゝ増長してすべての利権を恢復しようとする。若し聴かれなければ叛乱を惹起すと云ふ順序になるのは、新附の民に見る共通普遍の心理である。〔……〕治者と被治者の関係を保ちながら、愛撫政策を施す場合には、その結果が必ず失敗に終るのが常例と見て宜しい。[37]」

プロイセンのポーランド支配が失敗したのは、ビスマルクが「圧迫主義」をとったからではなく、その後の政府が時に応じて「愛撫」政策をとったために「同化」政策が進展しなかったことに原因があると保科は考えるようになった。このふたつの著作のあいだに、保科は、一方ではポーランドの独立、他方では「三・一独立運動」の爆発にであった。まさにこのふたつの事件が、保科に筆をとらせたのだといってもよい。「今に於てその宜しきを制しなければ、〔朝鮮は〕プロイセン政府に対する波蘭、英政府に対する愛蘭たるに至るかも図られない。」(38) つまり、植民地支配体制は少しでも被支配民族の要求をうけいれることによってみずから崩壊をまねく、これが「三・一独立運動」から二年後の朝鮮総督府へむけた保科の警告なのである。

この本のなかで保科は、植民地においてとるべき言語政策の要点をつぎのような四項目にまとめている。

第一は「国語政策」の意義について。「国語と民族とは極めて密接な関係を有するものであるから、被治者をして其の固有の言語から離れて、治者の言語と親密な接触を保たしめると云ふ点に、国語政策の深遠な意義が生じて来るのである。」ただし、保科は「民族語絶滅政策」をとることには反対して、つぎのようにいう。「露国政府の波蘭に対する政策のごとく、一切固有の民族語を使用せしめないと云ふことはあまり無謀である。その使用を禁止する様なことは到底行はれるものでない。或は固有の民族語を絶滅するといふことは、更に一層無謀の挙である。(39)」

あまりに強圧的な政策をとることは、かえって民族意識を高揚させ、ひいては植民地体制をあやうくすることにつながるというのが、保科がポーゼン州から学んだ教訓であった。ただし、それは「同化」政策を緩和することを意味しない。他の三点の提言は、そこから生まれた帰結である。

第二は「国語政策」の目的について。「異民族を同化するには国語教育によつて進むのが最も安全で、而かも捷径である。即ち治者の言語によつて被治者を教育することは、彼等をして自然に帰服せしめる所以である。(40)」

第三は「国語政策」の長期性について。「国語教育によつて被治者を急速に同化せんとすることは殆と不可能」であり、「一世紀は愚、場合によつては数世紀を要するかも知れない」。「若しこの方策を誤つて急激に同化の目的を達しようとすれば、必ず失敗に終り、禍累を永く後世に貽す恐がある。(41)」植民地における言語政策は「成るべく穏健な手段で、Slow and Steady にその目的〔思想の同化〕を達する心掛が肝要(42)」である。

第四は「国語政策」の一貫性について。「国語政策に於ける最も重大な条件は一旦確乎たる方策を樹立した以上決して之を変更しないといふことである。(43)」ポーゼン州においては「波蘭人が一再ならず叛乱を起して居るが、之を鎮撫するに当て、いつも彼等の要求を容れたから、彼等をして反抗すれば要求を容れるものと云ふ不逞の考を起さしめるに至つた」。したがって、植民地においては、「確乎不抜の方針を樹立し、一旦之を以てその民に臨んだ以上、同化の目的を達するまでは、幾世紀でも断然その変更を許さんのである」[44]。

こののち保科は言語政策について何冊もの書物を著わしていくが、言語政策の基本的な側面については右に掲げた意見を変更することはなかった。すなわち、異民族統治、とりわけ植民地支配においては、長期的でありつつ一貫した目的から言語にもとづく同化政策をおこなうことがもっとも強力な武器となるという認識である。その意味でも、この『独逸属領時代の波蘭に於ける国語政策』は、保科の著作のなかでもっとも重要なものである。

この保科の著作が、朝鮮総督府の「武断政治」から「文化政治」への政策転換、とりわけ朝鮮教育令改正(一九二二年/大正一一)にどれほど影響をおよぼしたかは、さだかではない[45]。しかし、「国語教育」による「同化政策」という一点に関しては、保科の提言は確実に日本の植民地政策のなかに生きつづけていく。「三・一独立運動」の衝撃を受けて朝鮮総督府は、「文化政治」という聞こえのいいスローガンで民族運動を押さえこもうとしたが、実際には「同化政策」はより巧妙になり、ますます強化されていったのである。この点については次章で論じることにする。

そして保科は、これ以後、総督府による「民族語抹殺政策」の実態を知ってか知らずか、「わが国の植民地に対する国語政策はすこぶる穏健」であり、「ドイツのポーランドにおけるがごとく、その地方語を絶対に禁止することは[46]、あへて行つてゐないのであるから、新附の民のこの点に対する不満は毫もないのである」という持論を繰り返していくのである。

このような保科の見方は、日本の植民地統治を正当化するときにきまってもちだされる紋切型の「妄言」となって現在でも生きつづけている。

保科は「Slow and Steady」で「穏健」な「言語政策」を提言したとはいえ、けっして「民族語」の維持にこころをかけていたわけではなかった。むしろ保科は、いかに「民族語」が存続していようとも、植民地支配体制を微動だもさせないような強力な言語体制のすがたをえがきたかったのであろう。そうした言語体制のもとで一貫した政策をおこなえば、おのずと「同化」はすすんでいくと、保科は考えていた。この視点が彼をしだいに「国家語」の考察へと向けていくのである。

第一二章　「同化」とはなにか

前章で見たように、保科は、植民地統治政策は同化主義、とりわけ言語による同化政策を基本とすべきであることを誰よりも明確に主張した。けれども、「同化」とはいったいどのような現象を指しているのだろうか。また、なぜ同化政策のなかで言語が中心的な役割を占めるべきなのだろうか。こうした疑問には、保科は答えてくれない。保科の著作は、とてもわかりやすく書かれている反面、根本的な疑問は棚あげにして、ひたすら応用問題につきすすむ傾向がある。その点では、けっして保科は「理論家」ではない。そこで、この章では、少し保科をはなれて、近代日本にとって「同化」とはいったい何を意味していたのかを考察してみたい。

一　植民地政策と同化政策

日本の植民地支配のクライマックスといえば、なんといっても、一九三七年(昭和一二)

七月からの日中戦争の拡大とともに開始された皇民化政策の実施だろう。もちろん、それ以前から日本は、植民地にたいして内地延長主義をとり、徹底した同化政策をおこなってきたが、皇民化政策においては被支配民族の民族性は完全にもみ消され、すべての植民地異民族を「皇国臣民」へとつくりかえることが至上命令とされた。

一九三六年(昭和一一)八月に朝鮮総督に着任した陸軍大将南次郎は、「第一に朝鮮に陛下の行幸を仰ぐこと」「第二は朝鮮に徴兵制度を施くこと」(1)をもっとも重要な目標と定めた。このためにかかげられたスローガンが、いわゆる「内鮮一体」であった。そして、一九三八年(昭和一三)二月に陸軍特別志願兵制度、三月に第三次朝鮮教育令が、一九四〇年(昭和一五)二月からはかの悪名高い「創氏改名」政策が着々とすすめられた。

かねてから日本の植民地政策の同化主義的方針には批判的だった矢内原忠雄は、盧溝橋事件勃発のおよそ半年前、このような皇民化政策の出現を予言するような論文をのこしている。それが「軍事的と同化的・日仏植民政策比較の一論」(2)である。

この論文で矢内原は、日本とフランスの植民地政策がきわめて類似していることを論証しようとした。まず、ひとつの類似点として、日本の場合は台湾、朝鮮、サハリン、満洲を、フランスの場合は北アフリカのマグレブ地域をというように、本国と地理的に隣接した領土を軍事的に征服領有することが、両国のあらゆる植民政策の出発点となっているということである。矢内原は、フランスの植民政策が「国家的虚栄心と軍事的膨脹政策による植民地獲得熱」によって押し進められてきたと述べているが、これはそのまま日本にもあてはまるといいたかったのであろう。

さらに、こうして軍事的に領有した植民地にたいして内地延長主義をとり、「本国中心の一体的ブロック経済」をつくりあげようとしている点も、日本とフランスに共通しているど矢内原はいう。そしてその支配は、植民地を包括する巨大な経済圏をつくるにとどまらない。両国の植民政策は政治的・経済的な要因よりも、まず軍事的要因によって主導されており、そこでは「軍事的政治的支配の一大地理的ブロック形成」がめざされているというのである。

もうひとつの重要な類似点は、両国ともに植民地統治に極端な「同化政策」がみられることである。矢内原は、フランスの植民政策が政治的にも経済的にも「各植民地の特殊なる社会事情」を無視し、フランス本国と一体化させるだけでなく、「原住者政策」においては「原住者のフランス人化」をめざしているという。この同化政策の核になるのは、なによりもまず言語である。矢内原によれば、「フランスが植民地原住者同化の最も適切なる手段となすものは教育、殊にフランス語教育である」。矢内原は「北アフリカ人がフランス語を話す日こそ、それは真実にフランスの地となり、祖国の延長となるであらう。それはフランスの如く感じ又考へるに至るであらう」というアルバン・ロゼのことばを引用して、これこそ「フランス植民地の原住者政策の伝統」であると指摘している。

その上で、まさにこの点において、日本の「同化政策」はフランスの「同化政策」よりもはるかに徹底していると矢内原はいう。「教育殊に言語による同化政策においても亦、日本はフランスと同様、否却つてそれ以上の決定的態度を以て植民地に臨んでゐる。即ち植民地人に日本語を教へることによつてこれを日本人と化せんとする事が、我国植民地教育政策の根本として把持せられてゐるところである(3)。」

さらに矢内原は、フランスの同化政策の背景には「十八世紀末の啓蒙哲学並びにフランス革命思想」があるという。つまり、「人間はその出生境遇の差別に拘らず理性の所有者として凡て同一であり、従つて植民地原住者も亦フランス人と同一なる天賦人権即ち人間としての自然権を保有するものであり、原理的にはフランス人と同一の人間として、政策的にはこれをフランス人に化し得べき人間として見るのである(4)」という。

ふつうは人間解放の思想として語られることの多い啓蒙哲学とフランス革命のなかに、植民地同化政策の根拠があるというこの矢内原の指摘は、じつに興味ぶかい。この矢内原の視点によるならば、植民地主義は、けっして国民国家にとって付随的なものでも一時的な逸脱現象でもなく、国民国家成立の本質そのもののなかに根ざしているということになる。

事実、フランス革命のさい「国民」の創出がもとめられたとき、その最大の障害のひとつとして立ちはだかったのが言語の問題であった。フランス国内の多種多様な方言、さらにはアルザス、ロレーヌ、ブルターニュ、バスク、コルシカなどで話されていた異言語の存在は、同質的な「国民」をつくりあげるためには排除しなければならない異物としてとらえられていた。その意味で、国民国家はまず国内で「同化主義」を展開する必要があるのであり、少数言語地域は国民国家の側からは「国内植民地」としてとらえられたともいえるのである。ただし矢内原の考察は、そこまでおよんでいない。

しかしそれでは、と矢内原は問う。「フランスの同化政策には右の如き哲学的思想的背景がある。然らば日本の同化政策の思想的根拠は何であらうか」と。

矢内原は、日本語と日本精神とを同一視する見方が日本の同化政策の根本にあるという。「台湾人若しくは朝鮮人、アイヌ若しくは南洋群島島民に先づ日本語を教へ、これによつて彼等に日本精神を所有せしめよう。社会的政治的自由は彼等がかくして凡て日本語を語り、日本精神の所有者としての日本人となり終つた暁の事であるといふのが、我が植民地原住者同化政策の根本的精神である。それはフランスにおける如き自然法的人間観に基くものではなく、寧ろ日本国民精神の優越性の信念に基くものであつて、その意味においてフランスの同化政策よりも更に民族的、国民的、国家的であり、従つて軍事的支配との結びつきはフランスにおけるよりも一層容易である。」(5)

矢内原の指摘は、その直後から植民地で開始された「皇民化政策」を予言しているかのようである。植民地においては、「国語常用運動」がくりひろげられ、「同化」への強制が生活のあらゆる場面に入りこんでいった。朝鮮での「創氏改名」政策、台湾での「国語家庭」運動などは、その端的なあらわれである。そして、とりわけ朝鮮にたいしては、徴兵制の施行がその最終目標とされていたことからもわかるように、「皇民化政策」を規定していたのは、なによりもまず軍事上の関心であった。

このように日本の植民地支配を特徴づけた矢内原は、言語をつうじた同化政策が植民地政策の基礎となることにたいへん危惧の念をいだいていた。とはいえ矢内原は、植民地統治そのものを批判していたのではない。『植民及植民政策』(一九二六年/大正一五)のなかでは、つぎのように述べられている。

「原住者間に於ける本国言語の普及は統治及植民者の活動に便利にして且つ両社会群の有力なる連絡の手段であり従つて政策を以て奨励せられざるは無いが、言語の普及を以て直ちに種族間の融合同化であると為すは非常なる早断である。言語は社会生活の形式に過ぎないからその変更を以て直ちに心的変化を来たすものではない。且つ原住者の言語も歴史的存在を有するものであるから之が使用抑圧はその反抗を招く。本国語の普及はなるべく自然的発展によるべきである。(6)」

つまり、言語は「社会生活の形式に過ぎない」のであるから、言語的同化主義は、一方では真の意味での同化の実現とはほど遠く、他方では民族語の抑圧によってかえって「反抗」の種をまくことになるというのである。植民地体制のなかで「自然的発展」を推進することがなにを意味するかを、矢内原が知らなかったわけはあるまい。それは必然的に宗主国言語の拡張と非支配言語の抑圧をまねくことになるのである。それを矢内原は「本国語」の「自然的発展」と述べているのである。植民地朝鮮について矢内原がつぎのようにいうときも、この点を考慮しておかなければならない。

「朝鮮の普通学校に於ては最近に至り朝鮮語の教科目を置いたが学校用語は朝鮮語の教授以外には一切日本語を用ふべきものとす。併乍ら嘗て私は一鮮人識者の言を聞いた、「初等教育に国語として日本語を強ふる勿れ、相当国語(日本語)を解する迄は国語科以外の学科は朝鮮語を以て教授するを要す」と。之をしも不当の要求といふを得やうか。(7)」

しかし、矢内原がいうように、言語はほんとうに「社会生活の形式」にすぎないのだろうか。矢内原の考察は日本の植民地主義の本質を解明するためには、きわめて貴重なものではあるが、言語にたいする認識という点については、矢内原は日本の植民地主義を批判しうるための視点を見いだしていない。ほとんどの社会科学者がそうであるように、矢内原は言語をコミュニケーションの道具としてしかとらえていない。もし「言語は社会生活の形式に過ぎないからその変更を以て直ちに心的変化を来たすものではない」ならば、日本の同化政策の大半はむだな作業についやされたことになってしまうだろうし、民族語に民族のアイデンティティを見いだすという被支配民族の努力も空しいものになってしまうだろう。

二　植民地朝鮮における「民族語抹殺政策」

日本が植民地下の朝鮮でおこなった言語的支配は、一般に「朝鮮語抹殺政策」あるいは「民族語抹殺政策」と呼ばれている。それは、日本の植民地支配がいかに苛酷であったかということだけでなく、その徹底性をも印象づけようとして、かならず引合いに出されるおきまりの項目になっている。今日、南北朝鮮のいずれにも見られるほとんど熱狂的ともいえる愛国語心へのキャンペーンも、活発な「国語醇化運動」も、この「民族語抹殺政策」の歴史的記憶を絶えざるエネルギー源としてすすめられているといえよう。

それでは、「言語の抹殺」という、これほど困難な課題に挑んだ、かの悪名高い政策は、いったいどのような内容をそなえ、どのような立法措置によっておこなわれたのだろうか、すなわちその政策の内実はいかなるものかという問題になると、それを明らかにした研究はほとんど存在しない。「民族語抹殺政策」という表現は、この時期をあつかう歴史家が、考えなしに使える自明で保証つきの紋切型になってしまっており、そのことが言語的支配の内実に一歩踏みこんだ研究を展開させる道を閉ざしている。

けれども、日本の支配政策の側にも原因がある。「民族語抹殺政策」ということばを、ヨーロッパ諸国でおこなわれたこともあるこの種の政策の具体例を念頭において考えるならば、人はおそらく、一貫した原理原則のもとに熟慮された立法措置とか、あるいはそれにもとづいて立てられた一連の作戦とかを期待するであろう。しかし残念なことに、近代日本は、植民地における言語問題にたいしては、どのような意味においても、一貫した「政策」と呼べるようなものを設け、それを組織的に遂行した形跡がない。植民地における公用語は何語か、また、裁判や教育は何語でおこなうべきかなどを規定した法律はまったく存在しなかった。まるで日本語がそうした地位を占めるのが自明の前提であるかのように、法律的措置ではなく、むきだしの強制力によって日本語がわがもの顔で植民地を支配したのである。その意味で、日本がおこなったのは、言語「政策」ではなく、政策以前のたんなる言語「暴力」であったというほうが真相に近いかもしれない。

ところが、日本では、いまでも日本の植民地言語政策を肯定あるいは弁護するような主張がたびたび聞こえてくる。(8) そうした主張がもとづく論拠は単純きわまりない。それによると、日本はけっして朝鮮語を「抹殺」しようとはしなかったということらしいのだが、その主張を押し通そうとするとき、きまってもちだされるのが、普通教育においては「朝鮮語」の科目が設けられていたということである。しかし、これは事実をいいくるめる強弁にすぎない。

一九一一年(明治四四)の朝鮮教育令により設置されたのは、「朝鮮語及漢文」という欺瞞的な科目であって、そこでは実際には漢文のみが、あるいは漢文解釈のたんなる補助手段としての朝鮮語が教えられたにすぎなかった。しかも「朝鮮語」は、「国語」教育のための補助手段でもあった。そのことは第十条の「朝鮮語及漢文ヲ授クルニハ常ニ国語ト聯絡ヲ保チ時トシテハ国語ニテ解釈セシムルコトアルヘシ」(9)という規定からもわかる。

たしかに一九二二年(大正一一)の第二次朝鮮教育令では「朝鮮語」が科目として独立するが、「朝鮮語ヲ授クルニハ常ニ国語ト聯絡ヲ保チ時トシテハ国語ニテ話サシムヘシ」(10)という規定にあるように、「国語」の役割はむしろ強められてさえいる。この第二次朝鮮教育令は、日本植民地統治においていわゆる「武断政治」から「文化政治」への転換を象徴するものであるが、それは反面、同化政策の強化を図るものでもあった。なぜなら、これ以後、「内地人」は「国語ヲ常用スル者」、「朝鮮人」は「国語ヲ常用セサル者」と法的に規定され、朝鮮人の独自の民族性は完全に否定されたからである。つまり、「国語ヲ常用セサル者」(傍点引用者)という否定表現は、「朝鮮人」が国民となるには本質的な何かが欠けた否定的存在でしかないということを示す。その本質的な何かとは「国語」であった。

じつは、朝鮮教育令改正の作業の最終段階まで、案文のなかに「内地人」「朝鮮人」という語句は残されていた。総督府が作成した最終の勅令案「朝鮮教育令案」(11)でも、それらの語はそのまま印刷されていた。ところが、そこに何者かによって手書きの訂正が入れられ、「内地人」は「国語ヲ常用スル者」と、「朝鮮人」は「国語ヲ常用セサル者」とじつにたくみに言い換えられたのである。この天才的な言い換えを発案し、採用させたのはいったい誰なのかは不明だが、すこぶる興味のある問題である。

総督府が「国語ヲ常用セサル者」という表現を採用したのには、現実的な背景があったように思われる。一九二一年(大正一〇)に朝鮮総督府学務局が発表したパンフレット『国語普及の状況』[12]によると、大正八年一二月末日現在で朝鮮人のうち「国語」での「普通会話ニ差支ナキモノ」は一〇八、二七六名(男一〇〇、〇五九名、女八、二一七名)、「国語」を「稍解シ得ルモノ」は二三二、三九〇名(男二〇一、三五三名、女三一、〇三七名)であった。この資料には「朝鮮人の国語を解する者の人口に対する割合表」がのせられているが、人口千人当たりで示されたその数を百分率に直すと、「普通会話ニ差支ナキ者」は男性の〇・五九六%、女性の〇・〇四九%、「稍解シ得ル者」でも男性の一・二〇〇%、女性の〇・一八五%にすぎず、男性の九八・二〇四%、女性の九九・七六六%は、「国語」を「解セサル者」だったのである。

総督府の「朝鮮学制改正案要領」によると、改正教育令は「朝鮮人ヲシテ漸次完全ナル日本国民タラシムルヲ以テ教育ノ大方針トシ又依然学校ニ於ケル国語教授ヲ重要視スルモノトス」としていた[13]。「一視同仁」の名のもとに「内地人」と「朝鮮人」との区別を撤廃し、「朝鮮人」を「国語ヲ常用セサル者」と定義したのは、このような「国語」の普及度の低さに恐れをいだいた当局が、「国語」を通じた同化教育によりいっそうの力を注ごうとしたことのあらわれであろう。こうして、朝鮮人はもはや「朝鮮人」ではなく、ひたすら「同化」されるのを待つ「国語ヲ常用セサル者」でしかなくなってしまったのである。

さらに、「皇民化政策」のなかで制定された一九三八年(昭和一三)の第三次朝鮮教育令では、「朝鮮語」の教科は正課からはずされ、「加設随意科目」とされたが、この措置は実際には「朝鮮語」の授業を廃止にみちびくに等しかった。

いずれにせよ、日本統治者は、本来の意味での言語教育の目的で「朝鮮語」の科目を設けたのではない。ある意味で、植民地統治下の朝鮮語教科は、日本の支配の暴力性を隠蔽するためのアリバイ作りとして設置されていたにすぎない。なぜなら、いかに朝鮮語が科目として存在していたとしても、学校の授業用語はもっぱら日本語だったからである。

右にふれた『国語普及の状況』をみると、「諸学校の教科書は朝鮮語及漢文を除くの外総て国語を以て記述(必要に依り教科書の訳文をも発行す)し一は学習上の便に供し兼て国語の普及を期す」「学校に於ける教授用語は必すしも一定せさるも官公立学校等に於ては国語を以てするを普通とす」とある。つまり、たんに「国語」教授のために「直接法」を採用するというだけではない。日本語が教育におけるあらゆる知識の導管となるように定められているのである。

ただしここには、右にふれた日本の言語政策のずさんさがあらわれている。なぜなら、学校での授業用語を日本語にすることは、三次の教育令をつうじて法的にはどこにも規定されていないからである。オーストリア＝ハンガリー帝国のような多民族国家では、学校における教授言語を何語にするかをめぐって、しばしば激しい論争、ときには民族衝突さえ起きたことを考えるならば、言語にたいする法的規定への無関心こそ、近代日本の言語意識の一面をしめすことがわかる。

三　「同化」とはなにか――「教化」と「同化」

いったい「同化」とは何だろうか。異民族を同化することなど、そもそもできることなのだろうか。「国民」の本質を構成する要素を異民族に植えつけることで、同化が果たされるとするなら、その「国民」の本質とはいったい何なのか。「他者」を同化するためには、まず「自己」の根拠が確定していることが必要になる。「自己」の姿があいまいなままで、どうして「他者」を「自己」に同化できるのだろうか。こうして、まさに植民地にたいする同化政策においてこそ、「国民」の本質が何であり、そもそも「国民」のアイデンティティの根拠がどこにあるのかが、必然的に問いなおされることとなる。

日本の同化政策の特質がどのようなものであるのかを理解するために、じつに興味ぶかい資料がある。それは韓国政府学部書記官であった隈本繁吉、ないしはその周辺の人物が起草したとおもわれる「教化意見書」(14)である。

隈本は、一八七三年(明治六)に生まれ、東京帝国大学文科大学史学科を卒業、文部省図書審査官、視学官を歴任したのち、一九〇八年(明治四一)より韓国政府学部書記官の職に就いた。一九一〇年(明治四三)の「韓国併合」後は朝鮮総督府学務局に勤めるが、一九一一年(明治四四)には台湾総督府に転任し、一九二〇年(大正九)まで台湾にとどまる。その後は、大阪高等学校長、第六高等学校長などを務め、一九五二年(昭和二七)に世を去った。いわば、隈本は中央文部官僚から植民地行政へと転身していった教育家の典型だといえよう。(15)

ここで見る「教化意見書」は、明治四三年九月八日の日付が付された朝鮮総督府の秘密文書である。この直前の八月二九日には「韓国併合」条約が公布されており、この「教化意見書」は、翌年に公布されることになる「朝鮮教育令」作成の過程で学務局から朝鮮総督寺内正毅に提出された意見書である。朝鮮教育令は「忠良ナル国民ヲ育成スル」ことを最大の目標としたが、この意見書には、法律文にはあらわれにくい総督府の本音ともいえるものがかいまみられる。

冒頭には「本篇ハ主トシテ朝鮮民族ノ果シテ同化シ得ベキヤ否ヤヲ論究シ併セテ之ニ関聯セル朝鮮民族教化ノ方針ニツキテノ私見ヲ陳述セルモノ」(16)であると執筆の意図がしるされている。そして、本文を通じて「同化」という語には、「ジャパニゼーション」というルビがふられており、朝鮮人の「日本人化」が明確な目標とされていることがわかる。

まず意見書は、大日本帝国が世界の国々には類例のない「無比ナル国体」にもとづいているという前提から始める。その「国体」は「万世一系ノ天皇ヲ戴ケル日本帝国民ノ忠義心(17)」により支えられている。そして、「日本帝国民ノ忠義心ハ日本民族ニ固有ナル祖先崇拝ニ深キ根帯ヲ有ス(18)」ものとされる。したがって、日本の「国体」は、政治的な〈支配―被支配〉という権力関係にではなく、日本民族が生まれながらにもつ「祖先崇拝」という民族的心性にもとづいている。そうであるなら、「国体」は政治的制度としての「国家」に先行する概念であり、〈人為〉の世界のかなたの〈自然〉の世界に位置づけられることになる。意見書はつぎのように断言している。

「日本帝国以外ノ君臣ノ関係ハ権力関係ヨリ生スル服従ニ過キザルガ如キモ日本民族ノ天皇ニ対スル関係ハ此服従ニ加フルニ祖先崇拝ヨリ淵源セル敬愛ノ至情ヲ以テス。故ニ前者ハ権力関係ノ存続スル期間ニ限ラルルトスルモ後者ハ永久持続的ノモノニシテ決シテ断絶スルコトヲ得ザルモノナリ(19)。」

このような「国体」概念の解釈は、皇国史観からみても、きわめて正統的なものであるだろう。しかし、「国体」が「日本民族」の自然的心性におのずからそなわっているものであるとするなら、「国体」の概念を「国民」に植えつけるために〈教育〉をほどこすこと自体が、そもそも不必要なものとなるはずである。意見書は「日本民族ノ忠義心ハ建国以来一貫シテ我国民ノ脳裡ニ共通ナルモノニシテ説明訓諭ヲ待チテ後ニ始メテ啓発セラルルガ如キモノニアラザルナリ」[20]とさえ述べている。
それでは、「国体」の概念が「我国民ノ脳裡ニ共通」であり「説明訓論」を必要としないのなら、なぜわざわざ教育勅語などをつくって仰々しく「国民」にたいして天皇制教育をほどこさなければならないのだろうか。これはけっしてあげ足とりの疑問ではない。じっさい天皇制教育の場合には、本来の〈教育〉の概念自体が破産してしまう。そこでは、未知の知識の伝授ではなく、理性を超えた象徴にたいする有無をいわせぬ同意と服従が求められるのである。だが、ひとまずこの点はおいておき、「教化意見書」の続きを見よう。
意見書は、植民地朝鮮にたいする同化政策がどのようなものであるべきかを論じるまえに、同化政策の歴史的先例をあとづけている。まず、古代日本における「帰化セル者」「帰服セル者」の同化現象がとりあげられ、「日本民族ハ大ナル同化力ヲ有スルガ如シ」といちおうは述べられている。けれども、その数は少数にとどまり、しかも「自己ノ選択ヲ以テ帰化セル者」であるために、植民地統治における同化政策の参考とはならないと結論づけている。[21]
それでは、他の国における同化政策はどうであろうか。アメリカ合衆国においては同化が「外面ニ止リテ真ニ其内面ニハ及バザル」状況にある。フランスは「同化主義実行ノ模範者」であり、「新領土ヲ本国ノ延長トシテ認メ仏蘭西文明ノ移植ヲ企図」していたが、「アルゼリアニ於ケル失敗」ののちは、同化主義の方針をしだいにゆるめつつある。イギリスはもともと「経済的拡張主義」を植民地経営の方針としており、積極的な同化政策をくわだててはいない。意見書は、全般的にみて西欧諸国の同化政策はほとんど失敗しており、その原因は、西欧と植民地とのあいだにあるはなはだしい人種の差異、そして、西欧に特有な個人主義的制度にあるとしている。

さらに意見書は、琉球や台湾における植民地統治の経験は、朝鮮の統治にくらべて困難がすくなかったため、参考にはまったくならないという。また、ドイツによるアルザス・ロートリンゲンの領有、ロシア、プロイセン、オーストリアによるポーランド分割についても言及するが、「我朝鮮併合ハ之ニ比シテ更ニ大ナル事業」であるという。意見書は「此ノ如キ著大ナル事件ハ歴史上未曽有ト称スルモ決シテ誇張ニアラズ」[22]とまで断じている。

つまり、日本の朝鮮支配は、日本の植民地統治の歴史の上で画期的であるだけでなく、世界の同化政策の歴史からみても先例がないほどの意義をもつ大事業だというのである。ここには植民地統治者の自画自賛がうかがえる面もあるが、歴史的意義の大きさと比例して、朝鮮の植民地統治にはおそるべき困難があることが、はっきりと自覚されているからこそ、そのような発言が出てくると理解すべきであろう。事実、この「教化意見書」のひとつの意図は、日本の朝鮮支配の前に横たわる困難をはっきりと位置づけることにあった。

意見書は、日本と朝鮮のあいだには、西欧諸国と植民地諸国とのあいだにあるよりもいつそう困難な障害物があるといい、つぎの四つの要因をあげている。第一に「朝鮮民族ハ同化《ジャパニゼーション》ニ必要ナル特殊ノ要素ヲ欠ク」こと。つまり、「朝鮮民族ハ我皇室ニ対シテカ、ル(日本民族のような)特殊ノ関係ナキヲ以テ彼等ヲシテ此美妙ナル忠義心ヲ体得セシムルコトハ全ク不可能ナルベシ」という。(23) 第二に「朝鮮民族ハ不完全ナガラモ三千年来国家ヲ成セル民族」であり、すでに確固とした民族精神が形成されているため、「日本民族ヨリノ感化影響ヲ受ケテ之ト同化セントスル陶冶性ハ頗ル乏シ」い。(24) 第三に「彼等ハ朝鮮民族ナリトノ明確ナル自覚心ヲ有」しており、「此民族的自覚心ハ日本民族ノ同化的感化ニ最モ大ナル障害トナル」。(25) 第四に「朝鮮民族ハ千二百万以上ノ大衆」であり、朝鮮に移住する少数の日本人植民者がおよぼす「感化影響」がさほど期待できないということである。(26) さらに意見書は、そもそも同化政策において、政治と教育の影響力を過大視してはならないといいましめてさえいる。

この四つの条件が「到底如何トモスベカラザル」ものであるなら、いったいどうすればいいのか。朝鮮人の「同化＝ジャパニゼーション」をあきらめるべきなのだろうか。ここで意見書は方向転換し、植民地統治の目標を「忠良化」ではなく「順良化」におくべきであるとの提言をおこなう。意見書はこう述べている。

「朝鮮民族ヲシテ同化セシメテ日本民族ト全ク同様ナル忠良ノ臣民タラシメンコトハ期待シ得ザルノミナラズ教化ノ帰趣ヲ此処ニ求メテノ施設経営ハ徒労ニ終ルベキコト

ハ以上論シタルガ如シ。果シテ然ラバ朝鮮民族ヲ教化ノ柵外ニ放棄シテ顧ミザルヨリ他ニ策ナキカ。決シテ然ラズ他ニ一ノ路アルヲ見ルナリ。即彼等ハ帝国ノ忠良ナル臣民タラシムルコト得バ《ママ》ズト雖教化シテ帝国ノ順良ナル臣民タラシムルコトヲ得ベシト信ズ。厳正ノ意味ニ於ケル同化《ジャパニゼーション》ヲ忠良化トセバ此ノ意味ノ教化ハ順良化ト称シ得ベシ(27)。」

そして、「順良化」の手段としては、「大ニ日本語ヲ普及セシムル」こと、そして、「生業ニ関スル智識ト技能トヲ啓発習得セシメ」「帝国ニ帰服スルノ心情ヲ懐抱」させることがあげられている(28)。

「教化意見書」は、朝鮮における同化政策を否定しているのではない。朝鮮人は天皇にたいして「忠」であることはできないが、「順」であることはできるという点から、朝鮮人の「順良化」を提言しているのである。けれども、「最モ厳正ナル意義ニ於ケル朝鮮民族ノ同化《ジャパニゼーション》トハ彼等ヲシテ日本民族ノ言語風俗習慣等ヲ採用模倣セシメ更ニ進ミテ日本民族ノ忠君愛国ノ精神(忠義心)ヲ体得セシムルコトヲ云フ」のであり、「同化ノ本髄ハ寧其内的方面タル精神ニアル(29)」のであるなら、日本の朝鮮にたいする同化政策は、アメリカ合衆国とおなじように「外面」にとどまり、けっしてほんとうの意味での「同化」は達成できないことになるのではあるまいか。

ここには、近代日本における「国体」「国家」「国民」概念をめぐるパラドックスが露呈している。日本が自然主義的「国体」概念に固執すればするほど、異民族の「同化」はそもそも論理的に不可能になるのである。異民族を同化するということは、日本民族が日本民族たりうる本質を、人為的に異民族に植えつけることを意味する。そうであるなら、異民族の同化が可能であるということは、国家と国民との関係がけっして〈自然〉に根ざすものではなく、人為的にも成り立ちうることを証明してしまうのである。

けれども、そうかといって、異民族の同化政策を放棄することもできなかった。日本の植民地支配が内地延長主義をとったのは、イデオロギーのレベルでいえば、本国と植民地との関係が西欧諸国におけるような〈支配─被支配〉の関係による暴力的支配ではなく、あくまで天皇を中心とした同質的な支配空間の自然的拡大であるという論理を貫こうとしたからである。したがって、同化政策を放棄するなら、植民地統治の正当性そのものが失われてしまうのである。

そこで、近代日本はどのような方策をとったのか。それはきわめて巧妙にしくまれた差別的同化政策の道である。ほんとうの意味で「同化」が「日本人化」を意味するのなら、植民地の異民族にも日本人と同等の政治的・社会的権利があたえられてしかるべきである。ところが、そうはならず、植民地の被支配民族はあらゆる政治的・社会的権利を奪われた従属的な地位におかれたままだった。「教化意見書」はこのことを、「徹頭徹尾朝鮮ハ日本民族ノ発展スベキ植民地トシテ経営シ朝鮮民族ハ日本民族ニ対シテ従属的位置ニ立タシムルコト盖必要ナルベシ」[30]といいあらわしている。つまり、日本における「同化」とは、日本が自由に搾取しうる対象をつくる「差別化」にほかならなかった。同化政策がすすめばすすむほど、「差別化」がすすむという逆説的な過程がこうしてすすめられたのである。しかし、このような差別的同化主義において、言語は特別な威力を発揮することができる。言語はたんなる「社会生活の形式」ではありえないが、そうかといって、ひたすら土着的で移植不可能な習俗でもありえない。いかに天皇への忠誠心が日本人の心に生まれながらに宿っていたとしても、生まれながらに日本語を話す日本人などひとりもいない。しかも、言語はほかの民俗的習俗と異なり、教育をつうじて外国人も学ぶことができるのである。言語は〈内面〉と〈外面〉とを、〈自然〉と〈人為〉を媒介することによって、はじめて言語たりえるのである。このように精緻でしかも強力な社会的要素がほかにあるだろうか。

「教化意見書」が「日本語の普及」に「順良化」のおおきな支えを見いだしたのは、理由のないことではない。右に述べた「国家」の自然主義的概念と「同化」の可能性とのあいだのパラドックスから脱出しうるほとんど唯一の道が、まさに言語――「国語」――をつうじた同化政策だったのである[31]。

それでは、保科にとっての「同化」とは、いかなるものだったのだろうか。注目すべきことに、「教化意見書」のいうような、天皇への絶対的帰依心をもつという意味での「忠良化」には、保科は数ある著作のなかでひとこともふれていない。保科のいう「同化」とは、ある意味では、意見書のいう「教化」に近いのであるが、そのときでも「同化」よりも一段階低いものとしてはとらえられていない。「教化意見書」のいう「厳正ノ意味ニ於ケル同化」とは、おそらく日本だけにしか通用しない特異な概念であろうが、保科のいう「同化」はそうではない。保科は、あくまでプロイセンやオーストリア＝ハンガリー帝国などヨーロッパ近代国家の言語政策に範を仰ぎ、それを日本で実行しようとしたのである。その意味で、保科のいう「同化」は、植民地にたいする国民統合政策以上のものでも以下でもない。保科の提言する言語政策には、皇道主義的・国粋主義的要素はいたって希薄なのである。

嗅覚するどい山田孝雄は、このことを感づいていた。だからこそ山田は、ことあるごとに保科の主張にまっこうから反撃を加えたのである。

しかし、保科のように「同化」をとらえるならば、「国語」の自然性は後退していく。だからこそ、「国語政策」が必要になるのであるが、その意味で保科は「国語」を「人為」の世界にみちびきいれようとしたのである。だがそのとき、「国語」には新たな局面が待ちうけていた。もはや大日本帝国における「国語」が日本語であることは、自明な「自然」ではなく、なんらかの法的措置によって基礎づけられることが必要になったのである。それが「国語」から「国家語」への道であった。

第一三章　満洲国と「国家語」

一　多民族国家「満洲国」

保科は、「三・一独立運動」の脅威を目のあたりにして動揺する朝鮮総督府にたいして、大日本帝国のとるべき言語政策の方向を明確なかたちで提言した。それからほぼ十年後、保科がまたもや日本帝国にたいして新たな寄与をしなければならない機会が訪れた。それは、一九三一年(昭和六)の「満洲事変」の勃発と翌年の「満洲国」の建国という事態である。

一九三一(昭和六)年九月、「柳条湖事件」を自己演出した関東軍は、中国東北部をまたたくまに軍事占領した。そして、ほぼ半年後の一九三二年(昭和七)三月には「満洲国」という国家が忽然と姿を現わしたのである。むりやりに作りあげた「満洲国」だけに、その正当性を宣伝しようと、さまざまな方策が企てられていた。なかでも、「王道楽土」「五族協和」などの空虚なスローガンは、それをもっとも象徴的に表わすものであった。

「五族」とは「建国宣言」にあげられた「原有の漢族、満族、蒙族、および日本、朝鮮の各族」のことである。「満洲国」ではこの五つの民族が「協和」し、地上のユートピアともいうべき「王道楽土」を創造するのだとまじめに論じられた。「満洲国」の建国の理念にとって、「多民族国家」であることは積極的な意味をもっていた。

多民族国家であることは、同時に多言語国家であることを意味する。それでは「五族」の各民族語は、いったいどのような位置づけをあたえられるべきなのだろうか。官庁、裁判、学校その他の公的機関では何語が用いられるべきなのだろうか。おそらく、「満洲国」首脳は、このような問題にほとんど心を砕いたことはなかったにちがいない。かれらは「五族協和」が日本の支配を隠蔽するための粉飾であることを知っていたであろうが、しかしともかくそれを主張しようとするならば、言語の問題についていかに深い配慮が必要になるかということまでは考えが及んでいなかった。のちにも見るように、「満洲国」では公用語が何語であるかは、法的にけっして定められなかったのである。

ところが、「満洲国」が多民族多言語国家であることは、保科孝一にとっては見すごすことのできない重要な問題であった。第一一章で見たように、保科はプロイセン＝ドイツのポーランドにたいする言語政策に、植民地朝鮮における日本の言語政策の指針を見いだしていた。そしてその際、植民地で単一言語主義をとったプロイセンと異なり、オーストリア＝ハンガリー帝国が多民族多言語であったがために内部から崩壊したことを保科は知りぬいていた。その多民族多言語国家が「満洲国」として誕生したのである。そして保科は、だれもがおおげさな美辞麗句を唱えるばかりで、多民族多言語国家であるということの意味をまったく理解していないことに危機感をつのらせた。多民族多言語国家が、どのようにして崩壊をまぬがれるか、その処方箋を保科は「国家語」という概念のなかに探りあてたのである。

二 「政治的国語問題」と多民族国家

保科は「満洲国」建国の翌年の一九三三年(昭和八)の五月に『国家語の問題について』、一〇月に『国語政策論』という二つの著作をあいついで世におくりだす。この二つの著作の中で、保科は、オーストリア＝ハンガリー帝国の例を反面教師としながら、植民地と「満蒙新国家」でおこなうべき言語政策の方向を指し示した。さらにこの二著の内容は、一九三六年(昭和一一)の『国語政策』の中で、ほとんど同じかたちで繰りかえされる(同じ内容の繰りかえしは、生涯にわたる保科の著作の著しい特色であった)。

これらの著作を貫く保科の思想はつぎのようにまとめられるだろう。国語と民族と国家とはたがいがたがいの成長を支えあい、栄養を補給しあう生命体である。したがって、国語の標準化の問題はただちに、国家体制の統一に結びつくことになるし、民族と国家の勢力の拡大はただちに、国語の拡張をおのずからひきおこすこととなる。国語は国家にしたがい、また国家は国語にしたがう。国家体制を堅固にし、民族精神を昂揚させるのは、保科が繰りかえしていう「国語の微妙なる力」によるのである。そして、その国語の力を存分に発揮させるためには、どうしても国家による一貫した国語政策が必要になってくる。ところが、日本国家は国語政策のもつ重大な使命をまったく認識していない。このことが保科の憂慮するところとなった。保科はいう。

「我国においては、これまで国語政策の重要性に対してあまり深い関心を有つ人がなかつたが、いまや台湾・朝鮮等の植民地を領有し、満蒙や中華民国等とは一層密接な関係を有するようになつたのであるから、今において、確固たる国語政策を樹立し、以ておういに国運の伸展を促すことは実に刻下の一大急務である。(1)」

まず保科は、国語問題といわれるものには二つの種類があるという。ひとつは標準語の制定、文体の統一、国字の改良、仮名遣いの決定などの問題に代表される「人文的国語問題」である。これらは一国内のひとつの言語についての問題であるから、「その結果において政治上になんらの影響をも及ぼさない(2)」。それにたいして、「政治的国語問題」というものがある。保科によれば、多民族多言語で構成される国家では、各民族がみずからの民族語の権利を主張して譲らないことが多いので、「国語問題」が必然的に「政治的」な色彩を帯びてくるのである。「一体異民族が相集つて一つの国家を構成するか、あるいは民族としては同種であつても、それぞれ固有の言語を有するとき、それらの国家がいずれの言語によつて国務を執行するかは、かならずや重要な問題としてあらわれて来るのである。(3)」つまり、「政治的国語問題」は、「国家語(Staatssprache)」制定の問題に帰着するのである(ただし、「人文的」および「政治的」の二つの「国語問題」は、概念上は区別されているとはいえ、現実には連続するものであり、またお互いに規定しあうものであると、保科は考えていた。この点については次章で論じる)。

「政治的国語問題」とは、多言語国家における統一的な言語体制をいかにして保持するかという問題である。保科はまず「政治的国語問題」の発生する言語領域を定める。それは公用語、教育語、裁判語、軍隊語の四つの領域である。公用語とは「国務を執行する場合はもちろんのこと、市町村における願書や届書に至るまで、公的生活に用いられる一切を網羅したものを言う(4)」。教育語は学校で何語を用いて授業をするかの問題、裁判語は裁判の審理、供述書、法廷での使用言語などにかかわり、軍隊語は軍隊における用語や命令語に関するものである。「国家語」とは、これら四つの領域を統括するものとして法的に規定された概念である。これらの領域で何語の使用が許可され、何語が禁止されるかは、ひとつひとつの民族にとって死活問題となる。保科はそれぞれの領域でどのような問題がおこっているかを、各国の例をふまえて具体的に論じているが、ここでは省略する。

しかし、「政治的国語問題」はこれだけにかぎらない。上の四つの領域はいわば水平的に並列するものであるが、「国家語(Staatssprache)」の下に、各州により規定される「地方語(Landessprache)」、現実に各民族の話す「民族語(Volkssprache-Stammsprache)」という垂直的な秩序が交差することによって、「政治的国語問題」はいちだんと複雑になる。この三つのレベルは階層的ヒエラルキーをなしており、「国家語は地方語や民族語に比して、すこぶる優越した地位に存する」と保科はいう。「地方語は国家語に従属し、民族語はまた地方語に従属することになるのである。地方語は各州各地方における最高地方官庁の公用語であるし、各高等専門学校における授業語である。その他地方議会や地方官庁における公用語であり、また総督や地方における各種の会議における公用語である。(5)」

こうした観点から保科は、オーストリア゠ハンガリー帝国、スイス、ベルギーなどの多言語国家における言語問題をつぶさに検討していく。そして、保科がそのなかでもっとも重要視したのは、オーストリア゠ハンガリー帝国の例である。構成する民族の数の多さ、民族問題の深刻さという点からみて、オーストリア゠ハンガリー帝国は、「政治的国語問題」のひとつの典型をしめしていたからである。

すでに述べたように、保科の学問は、日本の伝統的国語学にたいするヨーロッパ近代言語学の圧倒的優越性という認識の上に立っていたが、言語政策においてもまた、ひたすらヨーロッパに学ぼうとしていたようである。戦時下になると、保科も時局向けに「日本精神」を説くようになるのだが、のちに述べるように、その立場は山田孝雄などの伝統的国語学の精神に貫かれた主張とは基本的に異質なものであった。保科の場合は、国粋主義の国語学者がおこなう空論とは異なって、オーストリア＝ハンガリー帝国という「政治的国語問題」の具体的なモデルがあった。プロイセンの言語政策を論じたときと同様に、保科は今日の研究者にとっても十分参照に耐え得るほど、オーストリア＝ハンガリー帝国における言語問題の歴史的変遷を詳細にあとづけていく。

三　オーストリア＝ハンガリー帝国における「国家語」論争

保科は「オーストロ＝ハンガリーにおける国家語(Staatssprache)とゆう語はきわめて新しいもので、これまで法律等にかつて用いられたことがない[(6)]」という。一八四八年の議会の演説で用いられたのが初めてであり、その後、一八八〇年には「ドイツ語を国家語として規定すべし」という建議案がある代議士から提出された。そのとき「国家語の概念につき、種々の質問が起つたが、しかし、何人もこれに対して明確な答弁を与えることが出来なかつた[(7)]」。そして、一八八三年の帝国議会では、この建議案をめぐって「国家語」が何を指すかについての論争がおこるが、保科によれば、議員たちはおのおのの立場から「政治上好都合な解釈を下して居るものが多く、科学的に的確な定義を下したものがない[(8)]」という。

そこで保科は、スイスの国家学者ブリュンチュリの説をとりいれながら、自分なりにいちおうの解釈をほどこそうとするが、結局は「国家語とは国務を執行するために用いられるものを言う」というはなはだ「穏健な」結論におちつく。(9)ただし、保科によれば、このように規定するなら、「国家語」には「外的国家語(äussere Staatssprache)」と「内的国家語(innere Staatssprache)」の二種類があることになる。前者は国家間の関係において用いられるもの、後者は「国民に対する国家の権力関係において使用せられるもの(10)」である。もちろん、保科が重要視するのは、後者の「内的国家語」のほうである。その場合、「その内的国家語の用いられる範囲における国務は、官省・学校および公共生活の三種を網羅する(11)」とされる。この観点から保科は、公用語(Geschäftssprache, Amtssprache, Dienstsprache)、教育語(Unterrichtssprache)、裁判語(Gerichtssprache)、軍隊語(命令語 Kommandosprache・部隊語 Regimentssprache)の四つの分野での言語問題を、歴史的事態にそくしてくわしく論じていく。このような保科の整理の仕方は、今日の社会言語学の手法と異ならない。

なお、「国家語」「地方語」「民族語」という三つの概念のうちで最も誤解が生じやすいのは、おそらく二番目の「地方語(Landessprache)」であろう。「地方語」と訳された「ランデスシュプラーヘ」は、方言をさすのでも、ある地方でとくに用いられる民族語をさすのでもない。それは、ある地方すなわち行政単位としての「州」の官庁、議会、学校、裁判所等々で用いられることが認められた言語のことである。[12] したがって、ある言語が「地方語」となるには、権力による認知が必要となる。この点で「地方語」は、分権的な連邦国家、たとえばスイスなどでは、縮小した「国家語」に近い内容を帯びている。「国家語」も「地方語」も、多言語多民族の状況を背景として生まれてきた概念であるだけに、日本のような風土ではなかなか的確に把握しにくい側面をもっているのはたしかである。事実、保科自身にしてからが、たとえば植民地朝鮮においては朝鮮語が「地方語」であるというように、[13] しばしば「地方語」と「民族語」とを混同している。植民地時代の朝鮮語をかりに「地方語(Landessprache)」と呼びうる場合があるとすれば、朝鮮がたとえば連邦制国家における「州」に相当する程度の比較的高度な自治体制をそなえていなければならなかったはずである。

保科の論述には混乱しているところがあるのだが、おそらく保科は「国家語」というものを抽象的に定義することにさほど関心はなかったのではないかと思われる。保科が注目したのは「国家語」をめぐって現実に生じた民族間の闘争のほうであった。

保科の叙述を要約するとつぎのようになる。十九世紀前半まで、オーストリア・ハプスブルク帝国は、プロイセンのような「独化政策(Germanisierungspolitik)」をとっていたわけではないが、そこでの事実上の国家語はドイツ語であった。そこに一八四八年の「反抗運動」が到来する。保科はこの「四八年革命」を基本的には民族闘争としてとらえている。

つまり、「非ドイツ語民族が国民的自覚を引起し、ドイツ語の優勢に対して反抗せんとする気勢を示して来た。その反抗運動の目的は、かれらの民族語を国家語として、ドイツ語と同等の待遇を獲ようと言うのであった」[14]。帝国議会の憲法制定委員会においては、「非ドイツ語民族の代表者」が「墺国におけるすべての民族は均等の権利(Gleichberechtigung)を有する」ことを主張し、一八四九年三月に制定された憲法では「すべての民族は均等の権利を有する。そのいずれの民族も、かれらの国民性および言語の尊重擁護に対して、毀損せられることなき権利を有する」という条文がもりこまれた[15]。そして、つぎの十の言語を公用語として認めるようになった。すなわち、ドイツ語、イタリア語、マジャール語(ハンガリー語)、チェコ語、ポーランド語、ルテニア語(ウクライナ語)、スロヴェニア語、セルビア語、クロアチア語、ルーマニア語である。

ところが、はやくも一八五一年には右の条文をふくむ憲法は廃棄され、「その後政府の独化政策がます〳〵激烈に赴」いた。とりわけ教育語においては、一八五三年一二月と一八五五年一月の内閣訓令によって「ハンガリーおよびドイツ語とスラーウ語の混用地方とにおけるギムナジウムをことごとく独化してしまった」[16]。しかし、ふたたび非ドイツ語民族の反抗は激烈となり、「ついに一千八百六十年に至って爆発した」。つまり、「墺洪国における国家語問題を撤廃せんことを企て、「各民族と各地方の均等の擁護、均等の権利、均等の義務」Gleicher Schutz für alle Stämme und Länder. Gleiches Recht, Gleiche Pflichten を唱え、各地方から代表者を選出してその目的の達成に努力した(17)」のである。こののち保科は、一八六一年から一八六五年までのオーストリア議会における激しい言語論争をくわしく紹介しているが、いまは省いておこう。

その論争のはてに、一八六七年一二月に制定されたオーストリア＝ハンガリー帝国憲法には、つぎのような条文が第十九条としてもりこまれた。

「国内におけるすべての民族は均等の権利を有する。しかして、各民族はかれらの国民性〔これは Nationalität の訳語であり、ここでは「民族性」の方がふさわしいのではないかと思われるが、保科の訳文のままにしておく〕および言語の尊重擁護において毀損せられることなき権利を有する。

すべての地方語は学校・官庁および公共生活において均等の権利を有することは、国家によつて承認せられる。各種の民族の居住する地方においては公立学校が設備せられる。しかも、他の民族語を強制的に使用せしめられることなく、自己の母語によつて必要な教育を与えることが出来る。(18)」

この憲法第十九条によって、オーストリア＝ハンガリー帝国の言語問題はいちおうの決着をみたのだが、保科はその決着が帝国自体の崩壊をまねいたと考えていた。保科はこういうのである。

「もし国民性および言語の尊重擁護と権利の均等に関する精神を貫徹せんとすれば、

国家語の問題は起つて来ないはずである。ことに国家語の問題はスラーウ主義・マジャール主義およびドイツ主義とまつたく相容れないものであるし、国民性および言語の尊重擁護とはさらに一層衝突すべき運命を有するものである。すなわち国家語の立場から見れば地方語や民族語の発展を許さんのである。民族間問題から見ると、国家語のごとき、オーストロ＝ハンガリーにおいては、永遠にその存在を許さんのである。(19)」

つまり保科は、多民族多言語国家は「国家語制定」の道か、あるいは「民族の均等の権利の承認」の道のふたつのうちひとつを選択しなければならないというのである。なぜなら、この両者はけっして両立することができないからである。しかし、後者の道を選ぶなら、民族どうしの闘争はけっして消滅せず、ひいては国家の基礎が危うくなる。とするなら、とるべき道はただひとつ、明確な法律によって「国家語」を制定し、「民族の均等の権利」を否定することである。保科がオーストリア＝ハンガリー帝国から学んだ教訓はこのようなものであった。

四 「国家語」の構想

保科は、多民族国家であっても「二民族語の並用はたゞ止むを得ざるに出でたもので、国家語としては単行でなければその意味をなさない[20]」という考えを基本にしていた。それは当然、植民地にもあてはまる。「植民地における官庁やその他の公共生活における用語はすべて治者の言語によるべきで、こゝに治者と被治者の限界が存するのである。[21]」『国家語の問題について』では、保科はより直接的にこう述べている。「植民地も国家の一部である以上、一の国家語によつてこれを統制し、かれらの母語は私的生活にのみ用いさせるようにすべきである[22]」と。こうして保科は、「多民族国家」である大日本帝国において、公用語、教育語、裁判語、軍隊語のそれぞれの領域で、日本語が唯一の「国家語」であることをはっきり法的に規定する必要があると主張するのである。

それでは「満洲国」ではどうか。この時点で保科は、「満洲国」の国家語を日本語に定めるようには提案していない。ただ、「満蒙新国家の人民は日本語を学ぶことが最大必要条件」であり、「満蒙新国家も〔……〕日本語によつてわが国との親和と協力を維持し、これによりその国策を確立することが刻下の最大急務[23]」といういいかたにとどめている。おそらく、「建国」まもない「満洲国」に、ただちに「国家語制定」を要求するのは時期尚早であると判断したためではなかろうか。しかし、その保科も、一九四二年(昭和一七)の『大東亜共栄圏と国語政策』になると、「満洲国」では「日本語を以て国家語に決定することが、もつとも賢明な方策であると信ずる[24]」と述べている。

けれども、じつは、「満洲国」の担当官僚のあいだでは、「満洲国」では「単行の国家語」は不可能であるという意見がかなり強かった。丸山林平は「満洲国に於ける日本語」(25)という論文のなかで、「満洲国は複合民族の国家であるから、その国語が単一の言語であり得ないことは自明の理である」という。ただし丸山によれば、満洲国にはまだ憲法が制定されておらず、「学制要綱」「学校令」「学校規程」などの教育関係の法令のなかでしか、「国語」は法的位置づけをあたえられていない。そこでそれらの法令を丹念に調べた結果、丸山は「満洲国の国語は、日本語・満語・蒙古語の三種である」が、「日本語は右の三種の言語の中で最も重視されてゐる」という結論に達する。

建国大学教授であった重松信弘の「満洲国に於ける日本語の地位」(26)という論文は、よりするどく本質をついている。重松は、「日本語が国語とせられてゐると云ふ事は、自分の知る限りでは学制要項及び学校規定等に見える」だけであるが、「学校規定はその性質が日本の省令にほゞ相当するものであらうから、未だ国法としての充分な権威を持つものとは云ひ難い」という。そこで重松は、「学問的立場」から「国語」という概念の意味を明確にしようとする。「国語なる概念は国家との関聯を無くして考へる事は出来ない」のであるから、「国語」は「単純な言語学的概念」ではなく「一種の政治的概念」であることになる。重松は日本語での「国語」の用法には「言語学的概念と政治的概念との混乱」があるという興味深い指摘をおこない、「満洲国」という多民族状況にも通用するように「国語」概念を明確化しようとする。重松によると、「国語」とはその国家の「中枢民族」

が用いるもので、しかも「その国家存立の基礎を為す文化の母胎言語」である。この定義によるなら、「国語」は必ずしもひとつでなければならないわけではない。『世界のあらゆる国家には国家存立の根基を為す国家精神・国民文化を包蔵する言語があるが、それが日本では単一であり、満洲国では二種(又は三種)であるだけ」のちがいである。そこで重松はこう結論づける。「満洲国」の「建国精神」が「日本の指導と現地諸民族の協力」にあるかぎり、「国語が二元的(問題を単純ならしめる為仮りに現地民族の言語を単一としても)となることは、満洲国としては免れられぬ宿命なのである」と。ただし重松は、ふたつの「国語」が平等であるべきではなく日本語が他言語に優越する「指導力」をもつことを確認している。

しかし、これらの論者がいずれも「国家語」ではなく、「国語」という語を用いていることには注意する必要がある。

保科が「国家語」という意味は、たとえば山田孝雄が「国語」とは「日本国家の標準語」であるというときの意味とまったく異なっている。山田のいう「日本国家の標準語」とは、日本古来の文化的伝統を形成し、しかも「万世一系」の「国体」の伝統と結びついた精神主義的・国粋主義的な概念である。ところが、保科のいう「国家語」には、そうした精神主義・国粋主義の意味合いはまったくない。右にくわしく述べたように、「国家語」はあくまで法的規定によって定められなければならず、厳密な意味で「政治的概念」なのである。

ところが、言語の世界に「政治的概念」を介入させようとするときに、きまってそれを妨害するものとしてあらわれるのが「国語」なのである。「国語」という表現は、それ自体は「政治的概念」でありながら、じつはその政治性を隠蔽し、言語を自明化し、自然化する働きを帯びている。ところが、「国家語」という概念は、その隠しておくべき政治性をあらわにしてしまうのである。

「国家語」という概念は、当時の日本ではまったく知られておらず、今日でもまだなじみのうすい表現である。今も昔も、ことばの問題を自明のこととして通り過ぎてしまう日本の風土では、「国家語」概念を導入しようとした保科の試みは、完全に不発に終わらざるをえなかった(27)。

当時の国語学者の中には、「国家語」という用語に積極的に反対するむきもあった。安藤正次は「学者の間には、国家語制定の要を説く人がある」と、それとなく保科のことを指してつぎのように批判を加えている。「国家語といふのは、あらゆる機関の公用語もしくは国家が国務を執行するに用ゐる言語の義に解して然るべき」であるが、「しかしながら、その国家語を制定するといふのも、もとより無から有をつくり出すのではなく、その国家内における在来の言語のいづれかを国家の公的用語として指定することを意味するのであるから、つまり、国家の名によつて国語を公認するといふことと大差がない。これは、一面においては、国語なるものを強化することのやうにも見えるが、他の一面においては、国語の勢力範囲を限定する如き嫌がある」[28]と。

山田孝雄ならまだしも、ここで安藤正次によって批判されたのは、保科にとってはかなりの痛撃であったはずである。なぜなら、安藤正次は、保科とおなじく上田万年の弟子にあたり、国語調査委員会では保科とともに数々の作業にあたった僚友であったからである（たとえば、一九一八年（大正七）に文部省が発行した『外来語問題に関する独逸に於ける国語運動』という小冊子は、保科と安藤の共著である）。しかも、漢字、仮名遣い、標準語、口語文などの国語政策にかんしては、安藤正次は保科とほとんどおなじ立場にたっていた。さらに、安藤は国語調査委員会委員をつとめた後、台湾総督府と台北大学に勤務し、日本の植民地言語政策の基礎づけに苦心していた。保科孝一と安藤正次は、戦前の日本の言語政策史をになう双璧であるとさえいえるのである。そして戦後になると、安藤は山本有三とともに「国民の国語運動連盟」の中心人物となった。

なぜ「国家語」という概念が、「国語」の体制をむしろ弱体化させるように感じられたのかは、きわめて興味のある問題である。たしかに、国家語を政府機関の使用する言語というふうにとらえ、その他の領域を管轄外とするならば、あらゆる場面で絶対的権威をもつべき「国語」の座をゆるがすことになるだろう。安藤が恐れたのは、「国家語」が〈政治〉の場面に限定されることで、かえって「国語」の権威がゆらぐことであった。

安藤正次は、これとはべつの点でも保科を批判している。安藤は「学者のうちには、国語問題を、人文的国語問題・政治的国語問題の二つにわかち、〔……〕この両種の問題を解決するのが国語政策であるとゆう意見をもつている人がある」と、またもやそれとなく保科を批判する。そして、つぎのようにいう。「これも一つの見方である。しかし、わたくしは、いわゆる政治的国語問題も、国家がこれを政治的意図の下にとりあげることによつて、はじめて政治的のものになるのであつて、それらも、本質的には、いわゆる人文的国語問題と異なるところがないと考えている。(29)」

安藤には、言語は政府が政策の対象としてとりあげる以前に、すでに「政治的」なものであるという認識が欠けていた。だからこそ、「国家語」という概念は、かえって「国語」を人為と政策の世界に呼びこんでしまうものとしてとらえられたのである。「国語」は人為のかなたの「自然」の世界に横たわっているべきものであった。

ところが、保科には、政策の次元以前に、言語そのものが現実世界では政治力として作用するという醒めた認識があった。保科は、ことあるごとに「民族を団結するもっとも強固なるバンドは〔……〕言語にまさるものはない(30)」と繰りかえし主張したが、民族と言語の一体性は支配民族だけではなく、被支配民族にとっても同じようにあてはまることに気づいていた。民族が存続しようとするかぎり、その民族がみずからの母語の権利を主張するのは当然のことであり、支配民族と被支配民族のあいだには、言語闘争がかならず起こらざるをえない。したがって、「国内に異民族を抱有するか、あるいはあらたに植民地を領有するに至つた場合には、早晩かならず政治的国語問題が起つて来る[31]」と保科は信じていた。そして、支配民族にとって、被支配民族のそうした要求がいかに執拗でおそるべき結果をもたらすかを、保科はオーストリア゠ハンガリー帝国の例から知りぬいていた。そこで保科はあらゆる民族語の地位の上昇にたいする防波堤として「国家語」をもちだしてきたのである。

ある民族語が、地方語さらに国家語の地位を要求することは、支配体制の崩壊につながることを保科は予見していた。だからこそ保科は頑強に複数国語制に反対する。「朝鮮で二重国語の状態を生じた場合には、朝鮮人の数がはるかに多いのであるから、ついには日本語が朝鮮語に圧迫せられ、事端を繁くするに相違ない[32]。」そして、保科はつぎのように将来への懸念を示している。「すでに鮮人の代議士も議政壇上に送られて居るが、今後その数も年とともに増加するであろう。それらの人々はもちろん日本語を用いるのであるが、将来なんらかの機会に母語の使用を要求するかも知れない。その時にはじめて国家語の問題が正式にあらわれてくるのである[33]。」

オーストリア゠ハンガリー帝国においては「政治的国語問題」を解決するために「国家語」が提案されたのだが、保科は、多民族国家大日本帝国に「政治的国語問題」を発生させないようにと、その制定を要求したのである。保科がいくら「国家語」の「科学的な定義」づけを試みようとも、それは学問の名による免罪符を手にいれようとする学者的衒いにすぎなかった。保科はいわば日本語にとっての防災頭巾として「国家語」制定の必要を説いたのである。

この時期、保科は「国家語」の問題と並んで、ヨーロッパ各地で爆発した「汎民族運動」に大きな関心をよせていた。オーストリア゠ハンガリー帝国における汎ドイツ主義、汎スラヴ主義、汎マジャール主義相互の激突は、保科にとって、民族闘争の究極のすがたの体現であった。そして、汎民族運動において民族の生命力はなによりもまず言語によって養成されるとみなされたため、「民族の闘争と共に言語の闘争が起つて来た」[34]と保科はとらえていた。

「汎民族運動」とは、一般には、同系統の言語を話す民族の諸集団を、既存の国境を無視して併合しようとする運動とされているが、保科はむしろ言語や民族の系統にかかわりなく、支配言語の領域の拡大によって他民族を自民族に同化しようとする運動、保科のことばによれば「民族固有の勢力を拡張せんとする運動」ととらえていた。保科にとっては、民族が一つの生命体である以上、「民族の闘争」「言語の闘争」は宿命的なことだった。この「闘争」は善悪の判断をこえて、民族と言語の本性から発するものなのである。保科はこう述べている。

「各民族の言語はあくまでその固有の領土を保持し、あるいはさらに一歩を進めて他の領域を犯そうとするので、その結果激甚なる闘争をかもすようになるわけであるが、おそらくこの闘争は永遠に解消することはなかろう。オーストロ＝ハンガリーにおけるがごとく、たとい憲法によって各民族語の権利均等を保障したところで、決して民族が満足しない、やはりあくまで自己の勢力範囲を拡張しようと努めるに相違ない。さすればこれに対して確固たる国語政策を樹立する必要のあることは言を待たない。(35)」

この面からみれば、「国家語」の制定は、国外へ「汎民族運動」をすすめるための第一歩であり、強力な武器となるはずであった。そして、「国家語」の中でも、なかんずく「教育語」は「重大な使命」をになっている。なぜなら、「教育語」は、「民族固有の精神と性情を健全に啓培し得るものであると同時に、他の民族を同化する偉大な力を有する(36)」からである。保科はヨーロッパの「汎民族運動」をつぎつぎに紹介した後、日本がとるべき「汎民族運動」の方向を示唆している。「東洋の各民族にわが国の文化や言語を移植普及させることは、大和民族の勢力を発展せしめるのに、もっとも緊要な方法である(37)」と。そして保科はその手はじめに、大陸各地への日本語学校の設立が急務だと力説する。「大東亜共栄圏」はすぐ目前にあったのである。

第一四章　「共栄圏語」と日本語の「国際化」

一　「満洲国」における「カナ国字論」

前章では、保科が日本語を「満洲国」における「国家語」、あるいは少なくとも他言語に優越する特権的地位をもつ言語にしたてあげようとしたことを見てきた。しかし、保科はあるがままの日本語をそのまま「満洲国」へ「移植」しようとはしなかった。保科は、ここでも「国語改革」の意志を貫こうとした。保科はつぎのようにいう。「満洲国」の建設にとってもっとも重要な課題は教育の普及であるが、「漢字によってかれらをあらたに教育することは非常に困難なこと」であるので、「満蒙においては、一層すみやかに漢字の煩累から離れてなんらかの方法により教育の普及を図らなければならぬ」。そのためには「日本語をできるだけ急速に普及せしめ、仮名を国字として知識の開発と文化の進展を期することがもっとも賢明な方法」だというのである。(1) 漢字を使用しない民族にとって、漢字が教育の障害となっているだけではない。漢字の「日本音」と「支那音」がはなはだしく隔たっているため、漢字使用民族のあいだでも正確な意思の疎通が妨げられている。それを避けるには、「漢字を捨てて仮名によつて教育を与えるが得策」だというのである。(2)

このような考えは、けっして現実ばなれしたものではなかった。実際に「満洲国」当局は、漢字を捨ててカナを国字にしようと企てたことがあるのである。

満洲国国務院総務庁秘書官さらには参事官をつとめ、のちに建国大学教授にも就任した神尾弌春《かずはる》の回想によると、あるとき「関東軍、日本大使館、満洲国各官庁、協和会の通訳官が団結して、満洲国の国字を日本のカナにしよう、との運動をおこした」という。とりわけ「漢字を捨ててカナをもって国字とせよ、との通訳連中の意見」は強硬だった。しかし、満鉄関係者のあいだではそれに反対の声がつよく、神尾が反対意見を代表して国務院に申し出た。そしてある日、神尾が国務庁に呼びだされると、「カナ国字問題は採用しないことにした、との言明」があって、一件落着したというのである。(3)

いったい、これはいつの話だろうか。神尾の回想のなかには「ちょうどホロンバイル方面の、言語の調査を終えての帰途という服部四郎博士が来ておられ、私の話を聞いて憂慮された」とある。服部四郎が約二年半の「満洲国」での言語調査を終えて帰国したのが一九三六年(昭和一一)二月であるから、(4)神尾の回想にまちがいがなければ、「カナ国字論」がおこったのはちょうどその頃であることになる。

しかし、満洲国での「カナ国字論」はこれで終わりを告げたわけではない。一九三九年

(昭和一四)六月に開かれた第一回国語対策協議会(この協議会についてはのちにくわしく論じる)では、満洲国代表から「只今満洲国デハ東亜仮名ト云フモノ、研究ニ著手シテ居リマス」という報告がなされた。それによれば、「一ツノ表音文字ヲ覚エタナラバ日本文モ読メ、同時ニ漢文モ読メ、蒙古文モ読メルト云フ都合ノ好イモノガアレバ宜イト云フノデ、特ニ日本語ノ片仮名ヲ基ニシタ東亜仮名ト云フモノヲ拵ヘヨウ」(5)としたのである。おそらくその作業の結実が、一九四三年(昭和一八)に文教部国語調査委員会が発表した『「満語カナ」趣意書並に解説書』である。(6)「満語カナ」とは、日本のカタカナを用いて中国語を表記するように工夫したものであるが、結局実施されることがないままに、「満洲国」は崩壊する。

神尾の話によると、服部はカナ国字論の話を聞いて「憂慮」したそうだが、服部の書いたものからすると、服部自身の考えはそうではなかった。当時服部は「日本民族は、将来漢字を棄て表音文字(ローマ字・仮名等)を絶対に採る必要がある」(7)という立場だったのである。

服部は「漢字が日本語そのものを壊している事実は著しいものである」という。表音文字を採用すれば、「日本人にとって国語学習が遥かに楽になる」ばかりでなく、「漢字を使用しない異民族に日本語の学習がどれ程容易となるかわからない」。それにたいして「漢字保存論の根拠は、感傷的なものかそれ程重要でない」。そして、服部は「日本語は表音

文字を採用することによって始めて世界的言語となり得るであろう」と断言するのである。(8)

禁欲的な研究態度で知られ、専門の言語学以外のことはめったに口にしない服部であるが、ここには日本語の現状にたいするじつに率直な意見が吐露されている。戦後になると服部は、音韻論の研究と紹介に並々ならぬ熱意をかたむけるが、おそらくそのエネルギー源はじつはこのようなところにあったにちがいない。なぜなら、文字表記の問題をつきつめれば、結局のところ、どのような音素単位を設定するかという音韻論の問題にゆきつくからである。『音韻論と正書法』(一九五一年／昭和二六)という、服部にしてはめずらしく社会的発言を多くふくむ書物が、こうして生れたのである。

「満洲国」建設にせよ「大東亜共栄圏」建設にせよ、そこでは日本の支配圏の拡大のために、つねに「日本語の普及」という課題がもっとも重要な課題として掲げられていた。こうして、日本軍のあとにはかならず日本語教師がやってきたのである。しかし、「普及」させるべき「日本語」とはいったいなにか。発音、アクセント、仮名遣い、漢字、文法、語彙、語法、文体のそれぞれの点で、いったいどのような「日本語」を教えればよいのだろうか。これらの問題が緊急に解決すべきものとして、一挙におしよせてきたのである。こうして「大東亜共栄圏」への「日本語の普及」が問題になればなるほど、そもそも日本語はどのような言語であるべきかという問題に必然的にはねかえってこざるをえなかった。いわば「日本語の国際化」の問題が前面にあらわれてきたのである。

ほとんどもっぱらヨーロッパの言語問題について詳細に論じてきた保科は、一九四二年(昭和一七)一〇月にいたって、『大東亜共栄圏と国語政策』という書物を刊行する。これは戦前における保科の最後の著作であって、それまでの保科の言語政策にたいする見解を集約しているものと見ることができよう。

二　『大東亜共栄圏と国語政策』

本書にあらわれる保科の立論は素朴で単純である。まず保科は、「民族固有の精神は、祖先伝来の国語の中にすべて融け込んでゐる」(9)のであるから、「各民族が自己の国語を、他の民族の上に移植して、文化を普及せしめることが、民族的勢力を拡張するために、もつとも効果的な方策である」(10)という、いままでとあまりかわりばえのしない主張をおこなう。しかし、こんどは現実のほうが保科の先を行っていた。

「大東亜共栄圏」の樹立をめざした東南アジアへの日本軍の「進撃」は、軍事的占領だけでなく、「日本精神」の種を占領地に植えつけることをめざしていた。そして、そのためのまず第一の課題が「日本語」の普及であるとされたため、日本軍の占領下に入った各地には、多くの「日本語学校」が設立され、「日本精神」の注入のための日本語教育がおしすすめられた。保科はこうした事態の進行にあわせて、「共栄圏内の各民族を統合し、大日本帝国をその盟主として仰がしめるには、まず日本語を共栄圏内の通用語とすることが、もつとも緊要な条件である」[11]と主張する。そして、台湾・朝鮮などの植民地での「国語政策」の成功をふりかえったのち、マレーシア、インドネシア、ベトナム、フィリピン、タイ、ビルマ、中国大陸における日本語学校の設置状況や教科書編纂などの「国語教育」の現状を整理し、未来への指針を与えようとした。

では、なぜ日本語が「共栄圏内の通用語」にならねばならないのか。ここでも保科は、いたって「言語学的」な説明をおこなう。ひとつは、政治的・文化的に優位にある言語は、他の民族にたいして吸引的な「感化力」をもつからである。つまり、「文化の遅れて居る国民が、その優れて居る国民に接した場合には、その国民の言語を、多量に輸入することは、古来言語史上における、一般の通則である。しかるに、いまや大東亜共栄圏が建設せられ、わが国が盟主となつて、その健全なる発展を指導する重責を担つて居るのである」[12]というのである。この「言語史上における、一般の通則」にのっとっている以上、「それらの民族の上に、日本語の普及することは、水の低きに就くやうなもの」[13]なのである。

もうひとつの理由は、東南アジアでは異なる民族のあいだだけでなく、ひとつの民族のあいだでも、きわめて多様なことばが話されているために、統一的な共通語が必要だからだという。保科は、フィリピン群島では四十の異なることばが話されていること(保科はこの四十の言語名をあげている)、また、「サギル島にはチヤモロ語・パラウ語・サギ語、セレベス島にはトンテムボアン・ボラアン＝モンゴンドウ・ホロンタロ・マカサル・トラヂャ・ブギスの諸語、ボルネオ島にはダヤク・ティドン・ボロガン・タラカンの諸語、ジャワ島にはスンダ語・ジャワ語・マドゥラ語、スマトラ島にはバリ語・アチエ語・ミナンガバウ語・バタク語・メンタウエ語・ニアス語、マレイ半島およびスマトラ島にマレイ語が行はれてゐる」(14) ことを指摘する。これほどの多言語状況で意思の疎通をはかろうとすれば、当然ひとつの共通語が必要になる。その役目を果たすのが日本語だというのである。

もちろん、このような多言語状況のなかでコミュニケーションの必要がおこれば、なんらかの「橋渡し言語」が選ばれるだろう。また、げんに戦後独立した東南アジア諸国にとって、統一的な「国民語」を形成することがきわめて重要な課題だったことはいうまでもない。けれども、そうした言語選択は、当のコミュニケーションにかかわるひとびとが自発的におこなうべきものであろう。言語的・文化的な理由から日本語が「東亜共通語」になるべきだという主張は、軍事的・政治的支配の不当性をおおいかくすための隠れみのにすぎない。

こうして、この著作には「すべて優秀なる国民の言語が、一般に強大な感化力を有するものであるから、共栄圏の盟主たる日本の言語が、当然その資格を具備してゐるので、これに対して圏内の民族に、不満や反対のあるべきはずがない」(15) という、かれの学問的教養には似つかわしくない空虚で独断に満ちた文化帝国主義的発言が繰りかえしあらわれることになる。

ただし、ここには保科の立論の特徴がよくあらわれている。ちょうど国内の標準語制定の問題がそうであったように、言語政策というものは、自然的な過程のなかに潜在的に存在する優越言語の「感化力」を、人為の力で強化するだけなのだという論理が、保科の議論を貫いているのである。こうして、「標準語」も「国家語」も「共栄圏語」も、どんなに権力の介入があろうとも、結果においてはそれが自然の合理にかなったものだという錯覚を生むことになる。言語の政治性に敏感だったはずの保科でさえ一生この錯覚から離れられなかった。

しかし、このような保科の立論のなかには、当時この種の著作に蔓延していた神がかりの皇道主義的主張はほとんど見られないということは、注意しておかなければならない。保科は「言霊の幸はふ国」を誉めたたえることはせず、「国語の伝統」についてもまったく言及しない。この著作で保科がもっとも頼りにした事例は、あいかわらずプロイセンとオーストリア＝ハンガリー帝国の言語政策であった。しかも保科の主張は、精神主義的色彩がうすく、きわめて功利的でもあり「文化主義的」でもあった。したがって、保科の論理は、「敗戦」以後も決定的な打撃を受けることなく生きのびる可能性をもっていたのである。

三　『世界に伸び行く日本語』

この『大東亜共栄圏と国語政策』は、題名とことなり、けっして「大東亜共栄圏」だけに議論を限定していない。保科は、「全世界を通して日本語熱が急激に高まりつゝある状勢であるが、かくのごときはわが国運の進展のもたらした結果に外ならぬ[16]」と誉めたたえる。べつのところで保科は、ヨーロッパの言語政策を例にひきつつ、このように述べている。「平和の間に言語を通してわが文化を他の民族に植ゑつけ、知らず〳〵の間に、勢力を発展せしめようとする工作も、さかんに遂行されて来たのである。その工作の第一は、他の民族の上に学校を設立して、その子弟を教育することである[17]」と。保科によれば、植民地や占領地にかぎらず、他民族のあいだに自民族の言語をひろめ、言語教育をほどこすことは、すでに「民族的勢力拡張策の一[18]」なのである。なぜなら、言語を学習することは、言語に内包されている民族の思想を身につけることにほかならないから、どのようなかたちであれ言語教育は「思想の同化」の第一歩なのである。保科は、海外の大学が日本語講座を設けることは、日本語の「勢力拡張」のしるしなのであり、その意味では「共栄圏」への「日本語進出」と本質的なちがいはないと考えていた。そうであれば、ロンドン大学やパリ東洋語学校の日本語講座は、植民地の「国民学校」と同様、りっぱに「国語政策」

の一翼をになっていることになる。

保科は、外務省文化事業部が発表した「外国ニ於テ外国人ニ日本文化並ニ日本語ヲ教授スル学校団体等一覧表」をそのまま転載し、代表的なものについて講座の沿革、教授陣の構成、講義内容、教材などを紹介している。保科によれば、そのひとつひとつが「日本語の普及」のための貴重な部隊なのである。

この「外務省文化事業部」自体、一定の国策のなかで生まれた部局である。この事業部は一九三九年(昭和一四)に『世界に伸び行く日本語』というそのものずばりの題名をもつパンフレットを刊行している。それによると、一九三三年(昭和八)に日本が国際連盟を脱退した際、「列国が優秀な我が文化を理解することなく、従つて帝国の正当な主張と立場とが無視せられて、我国が非常な損失を招いて居る」[19]ことを憂慮したひとびとが、「国際文化事業」をすすめるため、総裁に高松宮、会長に近衛文麿をすえ、一九三四年(昭和九)四月に財団法人国際文化振興会を発足させた。それに連動して、一九三五年(昭和一〇)八月には外務省内に国際文化事業を専門に担当する文化事業部第三課が新設され、一九三八年(昭和一三)一二月からは文化事業部第二課に移行した。この文化事業部第二課の重要な任務のうちには、「海外各地大学等に於ける日本文化講座及日本語講座等の設置及其の補助、指導、監督等の事務」「日本語海外普及の仕事」があげられていた[20]。ちなみに近衛文麿は、一九三〇年(昭和五)に創設された「国語協会」の会長でもあった。この「国語協会」は、一九三七年(昭和一二)に国語愛護同盟、言語問題談話会と合同改組し、機関誌『国語運動』を創刊する。この『国語運動』は、「日本語進出」と「国語改良」を結びつける立場にあった代表的な雑誌であった。

『世界に伸び行く日本語』というパンフレットは、その時点で世界各地で開かれている日本語講座を網羅的に紹介することを目的としていた。しかし、ここには当時「日本語の普及」と呼ばれていたものが、どのような意味をもっていたかが率直に語られている。それによると「言葉の海外進出は国力の発展と不可分」[21]であるが、日本語の普及はそれ自体が目的ではない。その第一の目的は「日本語によって日本の文化や国民精神を理解させる」ことにある。しかも、「国際文化事業は文化を以てし思想を以てする一つの戦」「常に止むことの無い戦」[22]なのである。保科のみならず、世界への「日本語普及」をこころがけていた文部当局は、それを「平和の間に」おこなわれる「工作」であり、ひいては〈言語戦〉と位置づけていたのである。

ところが、この戦争の武器が問題であった。いったい日本語は〈言語戦〉に勝利するだけの威力と性能をもつ武器であろうか。文化事業部もこの点が気がかりであったにちがいない。そこで、『世界に伸び行く日本語』では、「複雑な日本語」を外国人が覚えるのは容易なことではないから、「日本語を外国人に向くやうに整理し、如何なる日本語を外国人に教へる可きかと云ふ問題[23]」を研究する必要があり、それにもとづいて「基礎日本語の如きもの」[24]をつくらなければならないと提言するのである。

すでに英文学者の土居光知は、C・オグデンの考案したBasic Englishを参考にして、語彙を千語に制限し文法を簡略化した「基礎日本語」の体系を完成させていた。そして、その目的のひとつは、「朝鮮や台湾の人々に日本語を教へることが非常にむづかしいといはれて居り」「これから満洲でも日本語を教へることが必要」なときに、「その時自然のままの、整理されない、日本語を以つてするならばまた失敗するのではないかと心配」したからだという。[25]土居はこの「基礎日本語」をたずさえて、一九三七年(昭和一二)からロンドン大学極東言語文化部日本語科で日本語教授にあたることになる。

この土居の試みを先駆として、さまざまな方面から調査研究がなされた。たとえば、そのひとつが、日常生活に不可欠な最小限の単語からなる「基本語彙」の選定である。石黒修によれば、「基本語彙」の調査は、「最近の急激な日本語の海外進出といふ新しい事態に伴ふ国語教育の反省」から生まれたのであり、「内に対しては国語の改善、外に対しては国語の進出に資することも出来る」という。[26]

こうして海外への「日本語の普及」「日本語の進出」の問題は、めぐりめぐって「国語改革」の問題にいきつくことになった。ながらく植民地で日本語教授につとめてきた山口喜一郎は、「我が国語の外地進出の形勢は内に向つて現代口語の改善と整理とを促し、言語教授の方法を変化さすであらう」[27]とさえ述べた。

保科孝一がもっとも憂慮していたのも、まさにこの問題であった。そして保科はこれらの論者よりもさらに徹底的であった。まるでなにかに憤っているかのように、保科はいう。「わが国には、現在のところ、明確な標準語が存在してゐない、しかも一般の国民は毫もこれを怪しまないのである。かくのごとく、わが国民の日本語に対する自粛反省の念が足りないことが、海外に日本語を進出せしめるに当て、大なる障碍をなしてゐることが痛感される。」[28]

四　第一回国語対策協議会

平井昌夫は「昭和十一、二年ごろから論ぜられはじめた日本語の海外進出についての問題は、昭和十四年になると、にわかに盛んになつた」と述べている[29]。事実、その頃からジャーナリズムは「日本語の海外進出」にかんする特集をさかんに組むようになった。また、政府官庁、民間団体がいっせいに、日本語教本の作成、基本語彙表の確立、日本語教師養成などに取りくみはじめた。

一九三九年(昭和一四)にあった最大のできごとは、なんといっても六月二〇日・二一日・二二日の三日間にかけて文部省が開いた国語対策協議会であろう。この協議会は、日本語教科書の編纂のために、文部省が朝鮮総督府、台湾総督府、関東局、南洋庁、満洲国、さらに興亜院の華北・華中・蒙疆・厦門の各連絡部の関係者を招いて開催した会議である。学者代表としては、藤村作、小倉進平、久松潜一、神保格が参加している。また、文部省代表のひとりとして保科孝一の名前も見える。ただし保科は会議ではひとことも発言していない。

会議は荒木文部大臣の「我ガ国語ハ我ガ国民ノ間ニ貫流スル精神的血液」であり、「我ガ国民ハコノ精神的血液ニヨツテ鞏ク結バレテヰルノデアリマス(30)」ということばで幕をあける。いうまでもなく、これは上田万年の「国語と国家と」のなかのことばの引き写しである。しかし、会議はこの上田ゆかりの美辞麗句ではすまされないほど、紛糾に紛糾をかさねるのである。

「国語」の普及を自画自賛する発言もないわけではないが、むしろ発言のほとんどは実際の「日本語教育」での現場に即した具体的なものだった。そして、各地の代表はみな異口同音に、日本語以外の言語を母語とする者に日本語を教えることがどんなにむずかしいかを訴え、それにたいする文部当局の理解が十分ではないことを嘆く。そして話題は教科書編纂だけにとどまらず、教授法、教材選定、教員の養成法、さらには教員の待遇問題にまでひろがっていく。

ひとつの対立は、あくまで「内地」用の教科書が「外地」でも基本となるべきだとする文部省の立場と、教科書はむしろ現地で編纂した方が教育上の効果があがるとする「外地」の立場との対立であった。とりわけ「満洲国」の立場は微妙であった。満洲国代表は、植民地でも「外地」でもない「独立国家トシテ特殊事情」(31)にあることをあからさまに表明し、文部省と一触即発の状態にまでおちいるのである。

さらに教科書編纂の問題は、日本語それ自体の問題にゆきつく。各代表者の発言からは、どのような日本語を教えればよいのかに確信のもてない様子がまざまざとうかがえる。そして、アクセント、発音、語法、語彙などすべての面で、「標準語」が定まっていないことに不満が集まる。満洲国代表の福井優は、教師が「日本語其ノモノ、本質カラ見直サナケレバナラヌト云フ状態」(32)にたびたび陥ることを嘆いている。また、朝鮮総督府の森田梧郎は「東北ノ人モ九州ノ人モ朝鮮ニハ各方面カラ来テ、実ハ朝鮮人ヂヤナク内地人ノ「アクセント」ガ統一シナイデ困ツテ居ル」(33)という。そして森田は、標準語の問題は「何時モブツカル暗礁」であり、「吾々ガ選ビ上ゲヨウトシマス言葉ガ果シテ標準語デアルカドウカト云フコトノ見当ノ付キカネル場合ガ決シテ少クナイ」という実情を訴え、「此ノ日本語教科書編纂ヲ機会ニ標準語ト標準語法ノ制定ヲ是非ヤツテ戴キタイ」(34)と、文部省に要求するのである。

もうひとつの大きな問題は、日本語教科書における仮名遣いをどうするかという点であった。当時朝鮮では小学校低学年までは表音式仮名遣いが、高学年から歴史的仮名遣いが用いられていたが、そうした不統一な状態にはだれしも不満をもっていた。そして、各代表者が強調するのは、「外地」における日本語教育は、目よりも耳と口を、つまり文字言語ではなく音声言語を中心にしなければならないという点であった。そうであるなら、文字表記としては、表音的仮名遣いこそ最良の策であるということになる。

満洲国代表の一谷清昭は、「外地ニ於ケル仮名遣ハ絶対ニ表音ニ依ラナケレバナラナイ」と断言し、さらに「漢字ハ成ルベク使ハナイコト、漢字ハ成ルベク少クスルコト」を要求する。[35]この点で華中代表の坂本一郎のつぎのような意見は核心をついていた。「日本語ヲ考ヘルト、ドウシテモ発音的仮名遣、或ハソレデナイマデモ、ソレニ近イモノニ改善シテ行クベキ必要ガアルカト思ヒマス、現在ノ日本ノ国定教科書ノ仮名遣ハ、吾々ノ年輩ノ者デ間違ヒナク書ケル人ハ何人アルカ、自国人デサヘ能ク書ケナイ言葉ヲ外国人ニ強制スルト云フコトハ到底出来ナイ。[36]」

仮名遣いの問題は、教科書にどのような文字表記を採用するべきかという技術的なものではなかった。「内地」代表の神保格は、「外地」において表音式仮名遣いを用いていたとしても、それは発音記号としての音声表記なのであって仮名遣いとはいえないという意見であった。[37]つまり、日本語の正式の仮名遣いとしては、歴史的仮名遣いしかないということである。

じつはこのような見方は、国語学者橋本進吉の仮名遣い論を基礎にしている。橋本は、日本語の本来の歴史的仮名遣いはヨーロッパ語の正書法とはことなり、「単なる音を仮名で書く場合のきまりでなく、語を仮名で書く場合のきまりである」という。[38]「語を書く」というのは、同音の異なる語を書きわけるためのしくみということであり、音との対応は本質的ではないということである。それにたいして、「表音的仮名遣は、音を基準とし、音を写すを原則とするものであるとすれば、一種の表音記号と見てよい[39]」。したがって、「仮名遣〔歴史的仮名遣いのこと〕と表音的仮名遣とは互に相容れぬ別個の理念の上に立つ[40]」ということになる。

日本語の真正の仮名遣いはあくまで歴史的仮名遣いであり、表音的仮名遣いは「外国人」用に使用する教育的便法であるという考えは、じつは「内地」の「国語」と「外国人」のための「日本語」とのあいだに一線を画そうとする考え方なのである。さらにそれは、「外地」での日本語改革は認めるが、それをできるだけ「内地」にも波及させないようにするための苦しまぎれの立場をあらわしていたといえよう。

保科はこの立場に断固反対だった。保科は「〔大東亜共栄圏の〕これらの住民に、日本語を授ける場合には、古典の仮名遣によらずに、現代の標準的発音に従て、発音される通に書きあらはす表音的仮名遣に依ることが、得策であることは言をまたない[41]」という。そして、「古典の仮名遣を強硬に支持しようとしてゐる人々の中には、発音符号として発音通に書きあらはし、外国人に日本語を授けようと主張する人」がいることを批判する。保科は「表音的仮名遣といふ名称を避けて、発音符号といふことは、すこしく無理な感があるので、むしろ堂々と表音的仮名遣に依る方が、外地において日本語を授けるのに、かへって有利であると信ずる」[42]と断言する。

保科は、これら「外地」でおこなわれるべき「改革」と国内の「国語改革」との歩調をあわせようとしていたのである。そして、国語対策協議会に集まった「外地」の各代表者も、これとほぼおなじ意見であった。発言者たちは、結局問題は「内地」の日本語そのものにあるという主張をくりひろげる。そして、早急に国内で「国語改革」、「日本語の整理」を断行するように要求するのである。

第一日目を終えたときに、司会の近藤図書局長がふともらした発言は印象的である。「詰リ吾々ガ生レテカラ死ヌマデ日本ノ国語ノ中ニ育ツテ国語ノ中ニ大キクナツテ居ル者ハ、国語ニ対スル認識ヲハツキリト見究メルコトガ出来ナイノデアリマス、〔……〕此ノ時局ニ対処シテ、本当ニ各地ニ日本語ヲ普及シヨウトスレバ、根本ノ問題トシテ何トシテモ国語ノ本質其ノモノニブツカツテ来ルノデアリマス。」[43]焦燥にかられたこの近藤の発言は、協議会に参加したすべての者の本音に近かったのではないだろうか。

協議会の最終日には、以下の項目を第一にかかげた決議が採択された。

一、国語ノ調査統一機関設置ノ件

日本語ノ海外普及ノタメニハ日本語ノ整理統一ヲ以テ喫緊ノ事トナス宜シク文部省ニ強力ナル国語ノ調査統一機関ヲ新設シテ速ニ国語問題ノ解決ヲ図ラレタシ

その他の項目は「日本語教育連絡機関設置ノ件」「日本語指導者養成ノ件」「標準日本語辞典編纂ノ件」「日本歌詞・楽曲撰定ノ件」「レコード並ニ発声映画製作ノ件」であった(44)。

この決議を受けるかたちで、一九四〇年(昭和一五)一一月には文部省図書局内に国語課が新設され、同年一二月には興亜院と文部省の援助のもとに日本語教育振興会が設立されるのである。

五　第二回国語対策協議会

第二回国語対策協議会は、一九四一年(昭和一六)一月二〇・二一・二二日の三日間にわたって開かれた。ところが、第二回目の協議会が開かれたことは、これまでまったく知られていなかった。それには理由がある。第一回協議会の速記録は秘密文書あつかいではあるが、いちおう活字に印刷されて省内に頒布されたが、この第二回協議会の速記録は、原稿用紙のままたばねられて文部省内に放置されていたからである。しかもそのうち、第一日目の速記録は失われているし、協議会に参加した全員のリストが掲げられていないので、発言者以外にだれが参加していたかがわからない。いずれにせよ、この第二回協議会の速記録が活字化されなかった理由はよくわからない。しかし、これは第一回のものに劣らず貴重な資料である。とくにこの第二回協議会では、「日本語教育」にあたっていた日本語教師の本音が、第一回よりもあからさまなかたちで現われている。

第二回国語対策協議会の議題は、「本省ニ於ケル国語調査及ビ日本語教科用図書編纂ノ現状」というものであった。すでに省内に「国語課」を設置した文部省は、「純正ナ日本語――方言的ナ或ハ曲ゲラレタ見憎イ言葉デナク、標準的ナ正シイ美シイ言葉ヲ海外ニ普及」させようという意向をしめす。しかしやはりこの第二回国語対策協議会においても、第一回と同じ趣旨の発言があいついだ。標準語、アクセント、基本語彙、発音と語法の基準、日本語にたいする児童の母語からの干渉等々の問題が、あいかわらずとりあげられた。[45]けれども、この第二回協議会で突如あらわれたのが、意外にも、現地でいわばことばの模範を提供する立場にある日本人の話す日本語にたいする不満であった。

台湾代表の米田亀太郎はつぎのように嘆いている。「尚、国語指導ハ正シイ批判ガ最モ重要デアルノニ台湾ニ於ケル国語指導ニ当ル者ガ、内地ノ、北ハ千島カラ四国九州ニ至ル各地カラ集リマシテ、人格ト素養トニ間然スル所ガナイト致シマシテモ、外国語トスル国語教授ノ経験ニ乏シク且ツ各地各様ノアクセントノ所有者デアリ、更ニ又本島語ヲ持ツタ台湾人教師ニ依ツテ指導サレマスノデ、国語指導ノ成績ガ上リ憎イノデアリマス。」[46]

「満洲国」代表の今井栄は、「満洲国」における日本語の状態をつぎのように述べている。

「アチラニ参ツテ居リマス日系ハ、名古屋以西、殊ニ九州ノ人ガ非常ニ多イノデアリマシテ、アチラノ日本語ハ大体関西方言ヲ使ツテ居リマス。然シソレガ必ズシモ大阪ノ言葉トカ九州ノ言葉トカ申セマセンガ、何トナク関西的ナ日本語デゴザイマス。然モ国ノ方針ガ東京ノ標準語ヲ日本語トスルト決メマシタノハ、後程オ話イタシマスガチヨット実例トシテ困ル場合ガ多イノデアリマス。[47]」つまり、「日本人自身ノ日本語ガ方言的ニ少シ困ル問題ヲ含ンデキル[48]」というのである。

また、関東州の大石初太郎はこのようにいう。「先ヅ国語政策ニ関スル点カラ申述ベマスト、第一ニ大陸現地ニ於ケル日本人ノ国語教育ノ刷新ヲ図ル、其ノ根本トシテ内地ノ国語教育改革ガ極メテ肝要ト思フノデアリマス。〔……〕然ルニ現在ノ関東州デモ満洲国デモ北支デモ、現地ニ於ケル日本人ノ日本語ハドウ云フ風カト云フト、各種ノ方言ガ雑居イタシマシテ統一的ナ一方言ノ代用モナサヌ実ニ乱雑デアル。無論標準語トハ極メテ遠イノデアリマス。[49]」そして、大石は「国語教育ノ問題ハ更ニ一歩溯ツテ考ヘマスレバ国語整理統一ノ問題ニナルノデアリマシテ其処カラ出発シナケレバナラヌノデアリマス[50]」と結論する。

「満洲国」代表の大塚正明になると、もっと手きびしい。大塚は日本語の普及のためには、「日本人ノ再訓練」が必要だというのである。大塚の発言は不満を通りこして、ほとんど怒りにちかい。「既ニ大陸ニ在留シテ居リマス日本人モサウデアリマスガ、今日大陸ニ進出スル日本人ノ言葉ノ無統制ハ実ニ甚シイノデアリマス。北満ノ地ニ於テ二百名程ノ日本人ノオ互同志ノ話ガ分ラナカツタ事実ガアツタノデアリマス。此ノ間、新京ノ日本人ノ校長会議デ、日本人ノ先生ニ満語ノ講習ヲ開クコトガ決メラレマシタ時ニ、某校長ガ日本語ノ講習ヲ開イテ戴キタイト申シテ笑ハレタノデアリマス。然シ私ハ決シテ笑ヒ事デハナイト思フノデアリマス。〔……〕学校ニ於ケル日本語建設ガ社会面ニ於テ破壊サレテキル。其ノ破壊者ガ日本人デアル。ソレデハドウニモナラヌト思フノデアリマス。大陸ニ発展スル者ハ何レモ日本語ノ不具者デアリマス(51)。」

このような発言の前では、「純正ナ日本語」を「普及」させたいという文部省のことばは、あまりに空疎に響いてしまう。しかし、これこそ現地の日本語教師の本音であったのである。

協議会での審議の最後を飾ったのは、東大国語学教授橋本進吉のつぎのような発言であった。この橋本のことばは、協議会をしめくくるものとしてじつに印象的である。というのは、「日本語の普及」を論じれば論じるほど、つきつめれば問題は国内の「国語問題」に戻ってくることが、よく現われているからである。橋本はこう述べている。

「其ノ外日本語教授ニ関スル色〻ナ御意見ヲ伺ヒマシタガ、其ノ色〻ナ困難或ハ不備ナ点ト云フモノハ、単ニ外地外国デノ日本語ノ問題デナク、実ハ内地ノ国語教育ノ問題デアルト考ヘマス。二国語併用ニ依ツテ起ル色〻ノ困難ニツイテノオ話ガアリマシタガ、之モ大分性質程度ガ違ヒマスガ、矢張リ内地ニ於テモ同様ナ事情ガアルト私ハ考ヘルノデアリマス。日本ノ大部分ニ於テ小学校ニ入ツテ来ル子供ハ既ニ日本語ヲ覚エテ居ルト申シマスガ、其ノ日本語ハ何カト云フト、方言デアリマス。所ガ学校デ教ヘル国語ハ決シテサウ云フモノデアッテハナラナイノデアリマス。ソレハ日本全国ニ共通スル言葉デナクテハナラヌ。即チ標準語デアリマス。方言ト標準語トノ相異ハ地方ニ依ッテ程度ノ差ハアリマスガ、ソノ方言ヲ使ッテ居ル子供ニ標準語ヲ教ヘルト云フコトニナル。ソレデハ学校ニ行ケバ標準語ヲ習ッテ方言ハ使ハナイカト云フトサウデハナイ。家庭ヤ子供仲間デハ方言ヲ使フノデゴザイマス。コレハ矢張リ二語併用ト云フコトニナルノデアリマス。〔……〕是ハ日本語自身ノ問題、内地ノ国語問題トシテモ重大ナ問題デアル。(52)」

協議会の最終日には、つぎのような「第二回国語対策協議会希望決議」が採択された。これはどの出版物にも載録されていないので、あえて全文を掲げる。

一　内外ニ於ケル日本語教育ノ連絡ヲ図ル件

内地外地ニ於ケル国語教育ト海外ニ於ケル日本語教育ノ連絡ヲ図ルハ東亜新秩序建設ノ根基ニ培フ為ニ喫緊ノ事トナス。之ガ為文部省ニ於テ適当ナル連絡機関ヲ設置シ且関係者ヲ外地満洲国及ビ中華民国等ニ派遣セラレタシ

一　日本語教授者養成ノ件

醇正ナル日本語普及ノ為ニハ優良ナル日本語教授者ヲ多数養成セザルベカラズ。之ガ為文部省ニ於テ有力ナル日本語教授者養成機関ヲ速カニ設置セラレタシ

一　国語ノ整理統一機関拡充強化ノ件

日本語ノ海外普及ノ為ニハ国語ノ整理統一ヲ以テ喫緊ノ事トナス、第一回ノ本協議会ニ於テハ参加者全員一致ヲ以テ文部省ニ強力ナ国語調査統一機関ヲ設置シテ速カニ国語問題ノ解決ヲ図ラレタイ旨希望決議シタル所先般図書局ニ国語課ノ新設ヲ見タルノハ洵ニ慶賀ノ至リニ堪エズ。然ルニ時局ノ進展ハ国語ニ関スル諸問題ノ急速ナ解決ヲ必要トス。宜シク其ノ機構ヲ拡充強化シテ国語ノ調査研究並ニ整理統一ノ促進ヲ期セラレタシ(53)

そして、おそらくこの「希望決議」を受けたのであろうが、一九四一年(昭和一六)二月二五日には、「国語国字ノ整理統一ニ関スル閣議申合事項」が発表される。その内容はつぎのとおりである。

国語・国字ノ調査研究並ビニ整理統一ヲ図ルハ、国民精神ノ作興上又国民教育ノ能率増進上、更ニ東亜ノ共通語トシテ醇正ナル日本語ノ普及上、現下極メテ喫緊ノ事ナリ、故ニ政府ハ之ヲ重要ナル国策トシテ左ノ申合ヲナス

一、文部省ニ於テ国語国字ノ調査研究並ビニ整理統一ヲ促進シ、内閣及ビ各省ハ之ニ協力スルコト

一、前項ニ依リ整理統一セラレタル事項ハ閣議ノ決定ヲ経テ内閣及ビ各省速カニ之ヲ実行スルコト(54)

六　国語改革と日本語の普及

一九四二年（昭和一七）一〇月に刊行された保科の著書『大東亜共栄圏と国語政策』などのような意味をもつのかは、これまで述べてきた文脈を背景にして理解しなければならない。

日本語がいかに「共栄圏」へ、さらには全世界にひろがったとしても、保科は心の底では、その結果に悲観的であった。保科はつぎのようにいう。

「半世紀にも足らぬ短日月の間に、かくも急速に発展普及した国語は、おそらく日本語をおいて他に例を見ないであらう。まことに慶賀の至りに堪へない。しかるに、一面から見ると、その成果において、はなはだ遺憾な点の多々存することも否み難い。かくのごときは、土壌の罪でなくして、種子の不良に帰することを思はざるを得ないのである。すなはちわが国語は言語として明確な標準がなく、標準語と地方語との限界すら明確でない。その上文字の組織が複雑にして不規則、これを一とほり学ぶことは、日本人すら至難の業とされて居る。(55)」

保科は、日本語の「海外進出」をはばむような要因が、日本語そのものの中にあるという苦い認識をもっていた。「共栄圏の盟主たる日本の言語が、当然その〔共栄圏語たる〕資格を具備してゐる」といいながら、その「資格」の内実はきわめて貧弱なものであると保科は考えていた。日本語には確固とした「標準型」がなく、語彙の基準も発音の基準もない。むずかしい漢字、漢語が氾濫し、仮名遣いは発音と一致せず、話しことばと書きことばはあまりにもかけはなれている。これらの問題を解決しなければ、日本語が海外に普及することはむずかしいと保科は断言するのである。これは「大東亜共栄圏」内の各民族にたいしても、もちろんあてはまる。「新附の民に教授すべき日本語とは、どういふ種類のものか」[56]と保科は問いかける。日本語が「共栄圏語」になろうとしたその瞬間、明治以来、未解決のままつもりつもった「国語国字問題」が緊急に解決すべきものとして、はっきりとその実体を現わしたのである。

日本語の「海外進出」にあわせて日本語そのものを改良しなければならないと考えるならば、問題はたんに「整理統一」だけにとどまらず、日本語の「簡易化」にまで突き進まざるをえなかった。一九四二年(昭和一七)四月に国語協会とカナモジカイは、共同で内閣に「大東亜建設に際し国語国策の確立につき建議」という建議書を提出した。そこでは「これまでのわが国語は極めて複雑かつ不規則であるから、この際思いきつた整理改善を加えて、これを簡易化しなければ、大東亜の通用語として、ひろく普及せしめることは、とうてい望めない」と主張されていた。そして、具体的な方針として、「文体はすべて口語体とすること」「わかりやすい言葉を用いること」「発音を正しく統一すること」「文字はカタカナとすること」「かなづかいは、字音・国語とも発音式にすること」「左横書きと分ち書きをすること」の六点が提言されていた。『大東亜共栄圏と国語政策』のなかで、保科は共感をこめてこの建議書を全文掲載している。[57]

このような、いわば急進的な「国語改良」の動きに拍車をかけたのは、なんと陸軍による改革であった。大量の兵力動員に迫られた結果、軍全体の平均学力が低下し、兵器の操作にさえ支障をきたすようになったため、軍は兵器用語を簡易化しなければならなかった。こうして一九四〇年(昭和一五)二月の「兵器名称及用語ノ簡易化ニ関スル規程」では「尋常小学校ヲ卒業」した者が読み書きできることを目指した千二百三十五字の漢字制限がおこなわれ、同年五月の「兵器用語集」では難解な漢語の日常語への言い換えがおこなわれた(そこには「敵性用語」であるはずのかなりの外来語が認められている)。さらに一九四一年(昭和一六)三月の「兵器ニ関スル仮名遣要領」では、徹底的な表音的仮名遣いを採り入れた。こうした企ては、陸軍内部にとどまったとはいえ、永年保科が望んでいたものと一致していた。保科は、この陸軍の用語改革をきわめて望ましい方向づけを示すものとして、著書の中でかなりの頁数をさいてくわしく紹介している。[58]

保科が『大東亜共栄圏と国語政策』において強調するのは、まさに、こうした「国語改良」の必要性であり、それによる「標準語」の制定なのであった。社会生活上必要な「基本語彙」の選定、発音とアクセントの統一、表音かなづかいの採用、漢字の制限、統一した「口語法」の制定、「達意平明の口語文」の使用などがそれである。さらに、その教授法に関しては、「直接法」に則した教科書の編纂、日本語教師の専門的養成などを保科は切に望んでいた。

これらの言語改革の方向は、保科が一九〇一年(明治三四)に「国語調査委員会」補助委員になった時から、一貫して説いてきたところであった。保科は「日本語の海外進出」論に、戦時を利用して軽薄に便乗したわけではない。むしろ、かれの年来の願望であった「国語改革」を実現させる好機が訪れたと思ったにちがいない。国内では「国語の伝統」にはばまれてきた「国語改革」であるが、ひとたび「海外進出」すればそこには伝統という障害物はない。したがって、まず「海外」で「国語改良」を進めたのちに、その波を「国内」にも及ぼそうとしたのである。

七　「国粋派」の反撃

しかし、こうした「国語改良」論はつねに保守派の国語学者、文学者からの攻撃にさらされつづけてきた。とくに山田孝雄を筆頭として国粋派の国語学者たちは、「外国人教育」のために日本語を改革しようとするのは、国体にもとづく「国語」の神聖な伝統にたいする冒瀆でしかないと声をあらだてた。

ここでもやはり先頭に立ったのは山田孝雄である。一九四〇年(昭和一五)四月に特集「東亜に於ける日本語」を組んだ雑誌『文学』に発表された山田の「所謂国語問題の帰趨」という論説は、日本語の「進出」と「改良」を結びつけようとする一派への憤懣で満ちあふれている。

「国語が乱雑だとか無統制だとかいふが、その乱雑無統制になるやうにしたのは何人であるか。これには明治維新以後の羅馬字採用論者、漢字排斥論者、仮名遣破壊論者等所謂国語政策論、国語改良運動をやつた者共の責任の大なるものがある。(59)」

「それ故に無統制乱雑になつたのは国語の内部に原因があるので無くしてそれら国語政策論者が私見を勝手に実行して国家の教育を蹂躪し国語の純正を淆乱した為に生じたものである。かやうな訳であるからして、その統制せらるべく、整理せらるべきはそれら国語論者自身の上に存するのである。(60)」

山田の攻撃は、ほとんど保科にねらいをさだめているといってよい。山田は、「国語の伝統」と「国家の権威」を無視した改革論は「国家の権威を無視し、自己を以て国家以上のものだとするのであつて、それは一の反逆である(61)」とまでいいきる。このような山田の「改革派」にたいする攻撃は、すでに第三部でくわしく見たから、ここではこれ以上繰りかえさない。

山田はさらに「国語がむつかしいから簡単にせよといふやうな論」に攻撃の矛先を向け

る。山田によれば、「日本人でありながら日本語がむつかしいなどいふのは外国人の言ふことを聞いて、それに阿諛迎合した卑屈心の発露」なのである。したがって、「国語が東亜大陸に進出するにつきて、国語がむつかしいから何とか簡単にせねばならぬといふ論」は「卑屈な俗論」にすぎない。「外国人に教へるのだから仮名遣は発音式にやるがよいなどといふ俗論は真正面から排斥せねばならぬ。」山田によれば、日本語を覚えるというこ とは、「それが伝統として存する、その伝統を無条件で、継承するといふこと」につきるのである。(62)

第九章でふれた「日本国語会」の結成のきっかけは、国語審議会が発表した「標準漢字表」だけではなく、右に見てきたような日本語の「統制整理」「簡易化」の動きにたいする反発があったのである。

「日本語の海外進出」にともなう「国語国字改良」論は、保守的国粋派からの攻撃によって、しだいに劣勢になっていく。といって、もちろん、日本語を「大東亜共栄圏語」に仕立てあげようという主張がなくなったわけではない。それは「皇国史観」と「皇道主義」を楯にとりながら、あくまでも純正かつ伝統的な日本語に忠誠をつくすべきだという方向に凝集していく。

保科の『大東亜共栄圏と国語政策』の約一年後に刊行された志田延義の『大東亜言語建設の基本』(一九四三年/昭和一八)は、そうした方向を典型的に打ち出したものである。

志田によれば、「日本語を大東亜に普及」することは「我が肇国の精神を識り、大東亜の生命圏としての一体関係を感得し、〔……〕皇国日本を中心とする新しく正しい秩序を建設する覚悟を堅からしめるため」である。日本語を「東亜の共通語」にしようとすること自体は、この「本質的なる立場」からみれば「従属する目標」だというのである。(63) このような皇道主義的・精神主義的な主張が、志田の著書には色濃くあらわれている。

志田にしても「日本語普及の課題は、〔……〕国語問題の解決並びに国語教育の徹底と相伴なふべき問題(64)」であることを否定はしない。しかし、その出発点は「言霊の幸はふ国、言霊の佐くる国として、国語を尊重」することであり、「国語問題の解決」は「かゝる国語の伝統に立つて正当なる進展乃至育成に必要なる構へを成就する」以外のことではないという。(65) したがって、「目前の便宜主義に立つて機械的に整理したり、国語の対外的普及策に捉はれるあまり、簡単なる形式のみを追ふことは、厳に戒むべき(66)」であり、「単にむつかしいといふ論者のしばく主張するやうな、無雑作で矯激な改革を敢へてすることは、伝統否定の意図と結合するところが多い(67)」のである。いうまでもなく、志田は漢字制限にも表音的仮名遣いにも反対する。漢字と歴史的仮名遣いは「国語の伝統」「国語の本質」にほかならないからである。

このような志田の立論の核心にあるのは、山田孝雄とも通ずるような特異な「国語」概念のとらえかたである。志田はつぎのようにいう。

「国語は国体を守護し国民の養正育成にはたらきつゝ、国体に支へられてゐる。「国語」は「わがくにのことば」の謂ひであつて、国際的に考へられる並列的な意味に於ける日本語の謂ひではない。「わがくに」と云ふ意識は、飜訳語のやうな語感を伴なつて一部に用ゐられるに至つた「われわれの国」と云ふ意識とは異なる。「ことば」にしても、科学言語学的言語として考へられたものではない。(68)」

つまり「国語」は、日本語をあらゆる言語のうちのひとつとしてとらえることを拒む概念なのである。そして、「国語」が「科学言語学」によっては理解不可能なものである以上、「国語学」が「言語学」のなかに包摂されることはありえない。第三部でみた国語学と言語学との対立のイデオロギー性が、ここには十分にあらわれているといえよう。

これほどまでに「国体論」的な「国語」のとらえかたは、たしかに山田孝雄や志田延義に特有のものかもしれない。けれども、「国語」と「日本語」とが異なるという意識は、はばひろく分かちもたれていたのである。

さきに見た第二回国語対策協議会の希望決議をもういちどみてほしい。それによると、「内地外地」では「国語教育」が、「海外」では「日本語教育」がほどこされることになっている。このような使い分けは、各地の代表者たちもはっきり意識していた。ことに朝鮮と台湾の代表は、「日本語」をしりぞけ「国語」に固執した。(69)朝鮮代表の森田梧郎は「朝鮮ニ於キマシテハ日本語教授デナクシテ国語教授デアリマス」といい、台湾代表の小林正一は「私モ日本語ト申シマストドウカト思ヒマスノデ国語ト致シタイト思ヒマス」[70]という。いったい、この使い分けの底には、どのような心理があるのだろうか。

この点で、森田とともに朝鮮代表として参加していた寺島安の発言は、きわめて興味ぶかい。寺島は「私共長イ間朝鮮ノ教育ニ携ハッテキル者ト致シマシテハ日本語ト聞クトドウモ余所ノ国ノヤウナ気ガ致シマシテ、ドウモ国語ト言ハナケレバ気ガ済マナイ」[71]というのである。つまり、「日本語」という語は「外国語」の響きがするというのである。それにたいして、「国語」は外からの視線が入りこむことを絶対に許さず、その内側に存在する者だけがとらえることのできる言語の姿なのである。しかし、「国語」が内部からだけとらえられるものだとしても、その内部はけっして外部と対立するものではない。いな、「国語」にとっては対立すべき外部が存在しないのである。外部との対立のない内部とは、もはや厳密な意味では「内部」ともいえなくなる。したがって、「外部」の抑制がない以上、「国語」の世界はひたすら自閉的になりながら、無限に膨張し肥大化することが可能なのである。「八紘一宇」の精神とは、そのような自己閉塞と無限の膨張が合体した精神の運動のはてに見いだされた誇大妄想的理念であろう。

「国語」がこのようなものであるかぎり、保科の「国語改革」は必然的に失敗せざるをえなかったろう。なぜなら、保科は「日本語」の視点から「国語改革」をおこなおうとしたからである。しかし、その一方で、志田延義にしても、『大東亜言語建設の基本』と題された著書の半分以上をついやして国内の「国語問題」と「国語教育」を論じなくてはならず、「標準語」の確立が急務であると述べざるをえなかったことを見ると、保科のとりあげた問題がいかに根深いものであったかがわかる。

ここに現われているのは、近代日本の背負った「国語」の理念そのものが内包する矛盾なのである。

八　「共栄圏語」の夢

保科の「日本語の海外進出」に「日本語の改良」を結びつけた議論は、国粋主義的な発想から来るものではなかった。だからこそ、保科は「敗戦」後も何のためらいもなく、戦時にかれが主張したことをそのまま提言することができた。すでに述べたように、保科の言語思想にとって「敗戦」はそれほど深刻な打撃になっていない。というよりも、保科の「国語」の理念からみれば、「戦前」と「戦後」のあいだに断絶は存在しないのである。五十年に及ぶ国語改革の仕事を回想した『国語問題五十年』(一九四九年／昭和二四)の終りの部分で保科は、「日本語の海外普及」についてつぎのように述べている。

「いまや敗戦の結果、これまでひろく普及した日本語も、今後年とともにその勢力を失うであろうことは、またやむを得ないことである。しかし、日本民族はふたたび立ちなおって、世界の平和と文化に寄与する時がかならず来るであろうから、日本語を学ぶものがふたたびあらわれてくるに相違ない。しかるに、これまで外国人が日本語を学ぶに当って、一般に苦しんだことは、日本に標準語が確立していないことであった。発音にも一定の標準がないし、標準語の辞典も手にすることができない。〔……〕であるから、日本語を普及させるには、まず標準語を確立し、その辞典を編さんし、そのよるべきところに迷わせないようにしなければならぬ。〔……〕要するに、外国人をして安心して日本語を学びうるだけの用意を整えておく必要のあることを、ここに筆をさしおくに当って、特に強調するゆえんである。(72)」

こうして見てくると、保科の数々の提言が、今話題となっている「日本語の国際化」(73)に際して生じてくる問題とあまりにも多くの共通点をもっていることに驚かざるをえない。たとえば、数年前、野元菊雄らが考案した「簡約日本語(74)」の動機や発想は、戦前の土居光知の「基礎日本語」、また右に述べた「国語協会」の「基本語彙」にもとづく日本語の「簡易化」と、それほどかけはなれてはいない。むしろそれらの改革案が「海外普及」と同時に、国内の「国語改革」をも意図していた点においては、今よりはるかに急進的な主張をふくんでいたことは否定しがたいのである。今いったいだれが、保科も全面的に賛同した「国語協会」の建議案にあるように、「漢字が国民常用の文字として使われることは、次第になくなつて行くであらう。それは国語進歩の必然の歩みである(75)」と勇敢に断言することができるであろうか。

ところが、「武器としての日本語」を提唱する声もまじって聞えてくる今日の「日本語の国際化」ブームにはむしろ、保科の夢みた「共栄圏語」のにおいがただよっている。これは「共栄圏民」の後裔特有の偏見にもとづく過敏な反応ではないのである。

結び

近代日本の「国語政策」が暴力的だったのは、「国語」の強大さではなく、その脆弱さのあらわれであった。これは「大日本帝国」の暴力性が、日本の「近代」の脆弱さのあらわれであったことと比例している。植民地において、いな、国内においてさえ、日本はけっして一貫した言語政策を打ち立てることはできなかった。

「国語」の脆弱さ、貧困さに絶望した者は森有礼だけではなかった。たとえば、志賀直哉が第二次大戦後に、フランス語を国語に採用したらどうかという提案をしたことはよく知られている。しかし、森有礼や志賀直哉よりもっと大胆な発想をした者がいた。それは北一輝である。

ファシストの聖典とみなされた北一輝の『国家改造案原理大綱』(一九一九年(大正八)執筆)のなかの「国民教育ノ権利」の部分に、「英語ヲ廃シテ国際語《エスペラント》ヲ課シ第二国語トス」という一項がある。[1] 北自身がつけた註によると、日本はイギリスの植民地ではないのだから、英語を学ぶ必要はまったくないというのがひとつの理由である。それではなぜ日本語専用にせずに、「国際語《エスペラント》」を「第二国語」の地位にすえるのだろうか。「第二国語」という言い方からすれば、たんなる学習言語としてではなく、一定の公的機能をになうことを予想している。じつは、そこで北がもくろんだ計画は驚くべきものであった。北はつぎのようにいうのである。

「実ニ他ノ欧米諸国ニ見サル国字改良漢字廃止言文一致羅馬字採用等ノ議論紛出ニ見ル如ク国民全部ノ大苦悩ハ日本ノ言語文字ノ甚タシク劣悪ナルコトニアリ。其ノ最モ急進的ナル羅馬字採用ヲ決行スルトキ幾分文字ノ不便ハ免ルベキモ言語ノ組織其者ガ思想ノ配列表現ニ於テ悉ク心理的法則ニ背反セルコトハ英語ヲ訳シ漢文ヲ読ムニ凡テ日本文ガ顚倒シテ配列セラレタルヲ発見スベシ。国語問題ハ文字又ハ単語ノミノ問題ニ非ズシテ言語ノ組織根底ヨリノ革命ナラサルベカラズ。[2]」

英語や漢文に比べて日本語の語順が「顚倒」していることを慨嘆している点は、北の言語観の偏狭さをしめしているだろう。あらゆる言語は文法的に優劣はないという言語学の考えからすれば、たしかに北の議論はまったくの愚論だといえよう。けれども、そのことよりも重要なのは、北が「劣悪ナル」日本語に絶望していたということなのである。そこで北は「言語ノ組織根底ヨリノ革命」を企てる。

「最モ不便ナル国語ニ苦シム日本ハ其ノ苦痛ヲ迯ル、タメニ先ツ第二国語トシテ並用スルトキ自然淘汰ノ原則ニヨリテ五十年ノ後ニハ国民全部ガ自ラ国際語ヲ第一国語トシテ使用スルニ至ルベク、今日ノ日本語ハ特殊ノ研究者ニ取リテ梵語ラテン語ノ取扱ヲ受クベシ。(3)」

「梵語ラテン語ノ取扱」といえばきこえはいいが、それはただちに日本語を「特殊ノ研究者」用の「死語」においやることになる。北一輝は「日本語」を絶滅させようとしていたのである。しかし、絶滅するのは日本語だけではない。

北がいうには、日本の領土はそのうちシベリアやオーストラリアまで拡張するであろうが、住民に英語やロシア語をそのまま話させるわけにはいかない。しかし、だからといって、かれらに日本語を強制することもできない。北はその理由をこのように述べる。「此ニ対シテ朝鮮ニ日本語ヲ強制シタル如ク我自ラ不便ニ苦シム国語ヲ比較的好良ナル国語ヲ有スル欧人ニ強制スル能ハズ(4)」と。

「劣悪ナル」日本語は朝鮮民族に強制することはできても、その他の「好良ナル」国語をもつ民族、とくにヨーロッパ人には強制できないというのである。それほどまでに「劣悪」な日本語を強制された朝鮮民族は、なんとみじめな犠牲の羊になったことだろう。

それでは、いったい広大な日本帝国の領土を統一する言語となるべきなのは、何語だろうか。それは、日本語ではなく、なんとエスペラント語だったのである。

「劣悪ナル者ガ亡ヒテ優秀ナル者ガ残存スル自然淘汰律ハ日本語ト国際語ノ存亡ヲ決スル如ク百年ヲ出デスシテ日本領土内ノ欧洲各国語、支那、印度、朝鮮語ハ国際語ノ

タメニ亡ブベシ。言語ノ統一ナクシテ大領土ヲ有スルコトハ只瓦解ニ至ルマテノ菫花一朝ノ栄ノミ。」(5)

これはじつに驚くべき企てだった。エスペラント語をたんなる学習言語としてでなく「第二国語」にすれば、「劣悪なる」日本語は「優勝劣敗」の進化論の法則にてらして絶滅するしか道はないというのである。北の論にしたがうなら、五十年ののちには天皇さえも日本語ではなくエスペラント語で話すことになってしまう。山田孝雄がもしこれを読んだならどんなに激怒したことだろう。そして、北を上田や保科とおなじ「国家への反逆者」と断罪したにちがいない。いったい北の信奉者たちは、この部分をどのように読んだのだろうか。おそらくかれらは言語のことなどには、まったく関心がなかったのであろうか。

このような北の議論は、荒唐無稽なものとして一蹴することもできよう。しかし、これほどまでに荒唐無稽な計画を立てざるをえなかったほど、北一輝は日本語に絶望していたのだろう。そして、この絶望のいくばくかは、上田万年と保科孝一も共有していたものなのである。

上田も保科も、「国字改良漢字廃止言文一致羅馬字採用等ノ議論紛出」に決着をつけ、「国民全部ノ大苦悩」である「劣悪ナル」「日本ノ言語文字」を改良しようとしたのである。そして、上田も保科も「国語問題ハ文字又ハ単語ノミノ問題ニ非ズシテ言語ノ組織根底ヨリノ革命ナラサルベカラズ」ということをふかく理解していた。しかし、上田と保科は、森有礼や北一輝とは逆方向にあゆんだ。上田と保科は、「日本ノ言語文字」の改良のための処方箋を「国語」の理念のなかに見出そうと望んだのである。

上田万年は他のだれにもまして「国語と国家と」との結びつきを熱烈に説いたが、その「国語」は、山田孝雄のいう「伝統」から断たれたところにこそ、成立するしかなかった。しかも上田は、日本では「国語」に対する意識がまったく育っていないことをたびたび嘆いていた。上田にとって「国語」とは、あるがままの日本語の姿ではなく、一定の方向づけのもとに実現する言語の理想像なのである。そして、その方向づけをあたえるものこそ、近代言語学だった。

保科孝一は、この上田万年の「国語」の理念をそっくりそのまま引き継いだ。そして保科は、およそ半世紀にわたり、一貫して日本の言語政策、言語教育の確立に愚直とも言えるほどに身をつくしてきた。今日の日本の「学問」の雰囲気の中で、保科孝一は無視され、ほとんど忘れ去られようとしているが、保科の言語思想は、タブーの合財袋の中に一括して捨て去ってしまえるほどには、単純でない。くりかえし述べたように、保科の思想は、国内での「標準語」制定、植民地と「大東亜共栄圏」での「同化政策」の推進など、国家主義的・帝国主義的側面をもつと同時に、漢字制限、表音仮名遣いの採用、口語文の普及など「国語民主化」ともいえる側面をあわせもっていた。

しかも、注目すべきことに、保科の言語認識の基幹をなすものは、国語調査委員会の補助委員になったときから戦後にいたるまでの五十年間、変わることはなかったのである。「大東亜戦争」も「敗戦」も保科の思想を根底から覆すことはできなかった。それは、この一貫性が保科の言語観そのものから生まれたものだったからである。右に述べた保科の言語思想の二面性は、保科自身にとっては、けっして矛盾するものではなかった。これは、保科が折衷的であったり徹底しない思考の持ち主だったからだけではない。「国語」の理念は、この二面性を統合するだけのダイナミズムがあった。

保科の侵略主義的な発言は、浅薄な政治への便乗からではなく、上田がしあげた「国語」の理念そのものの中から引き出されてきた。保科は、森有礼のいう「日本語の貧しさ」を同時代の誰よりも痛感していた。だからこそ保科は、その貧しい国語に躍動する生命力をあたえようと、国語の「海外進出」を渇望したのである。言語と民族とは切り離しがたく結びあっているとかたく信じていた保科は、この認識を「帝国日本語」の躍進にも、被支配民族の言語の抑圧にも同様に適用したのである。

近代日本語が担わざるをえなかったさまざまな問題が、宿命のように、保科孝一という官僚学者の肩にのしかかっていた。そしてまた、これらの問題はいまもけっして清算されてはいないし、解決ずみでもない。

考えてみると、山田孝雄の「国語」の思想は、上田と保科の「国語」の思想の対偶表現であった。上田と保科は、日本語の現状にたえず不満をいだきつづけていたが、山田孝雄にとっては「国語」の世界、とりわけ「国体」の伝統に支えられた「国語」だけがあればそれで十分だった。山田の「国語」は、非日本語という外部との対立によって成り立つ世界ではないため、閉ざされた内部がそのまま無限に膨張することのできる自己妄想の世界をつくった。「八紘一宇」の言語的イデオロギーとはおそらくそうしたものであろう。

このような山田孝雄の神がかった「国語」の思想は、そのままのかたちではもはやよみがえることはないだろう。しかし、「国体」の伝統ではなく、今度は「文化」の伝統の連続性という文化主義的言説に衣をかえて、「国語」の純粋性と伝統を称揚することは、いまでも十分可能である。そのような立場に立つ者は、山田孝雄が憤慨したように、国語改良論は伝統を破壊する改革派官僚のしわざであると主張してやまないだろう。

それにくらべれば、上田と保科の「国語」の思想は、「敗戦」をこえて生き残った。戦後の「国語改革」が保科の長年の努力の結実であるばかりではない。ここ十年ほどでブームになった「日本語の国際化」とは、上田と保科の言説の延長線上に位置づけることができる。本書で論じたように、現在「日本語の国際化」をめぐってさまざまに論じられる話題は、ほとんどが戦前に保科孝一がとりあげたものだった。このように考えてみると、あまり見栄えのしない保科を、「国際化」の先駆者として祭り上げることもできるだろう。

しかし、保科がひそかに心にいだいていた言語政策の夢を見おとしてはならない。すなわち、「国家語」と「共栄圏語」は、保科の言語政策の究極の目標であった。言語はその内部において宿命的に政治的なものをかかえこんでいることを理解しない「日本語の国際化」論は、「国家語」と「共栄圏語」の思想へと直結するであろう。

おそらく、保守派と改革派との「国語」をめぐるヘゲモニー争いは、これからも続くであろうが、その争いそのものが日本の「言語的近代」の表現をかたちづくってきたと見なければならない。保守派と改革派の両者が争いのなかで相互に補完しあいつつ、「国語」の思想は揺るぎないものになってきたのである。

なぜなら、保守派も改革派も、ひとつの暗黙の前提を分かちもっていたからである。その前提とは、日本語のゆるぎない同一性である。山田孝雄と上田・保科とでは、この同一性が成立するレベルはかなり異なり、むしろ敵対しあう関係にあったにせよ、日本語がひとつの同一的な実体であるという信念は両者でかわることはなかった。

すなわち、日本語の同一性を暗黙の前提としているかぎり、「国語」の舞台の外には出られないのである。その意味で、「国語」の思想は、近代日本の言語認識の世界を限界づける地平線をなしている。しかし、いまや、その地平線の向こうには――アイザック・ドイッチャーの「非ユダヤ的ユダヤ人」という言い方をかりるなら――多様で無定形な「非日本的日本語」のつぶやきが聞こえてくるであろう。「国語」の思想が、「国家語」と「共栄圏語」の思想に変貌するかどうかは、これら「非日本的日本語」の声をどのくらい真摯に受けとめるかにかかっているのである。

注

はじめに

（1）ベネディクト・アンダーソン『想像の共同体』白石隆・白石さや訳、リブロポート、一九八七年、二一九頁。
（2）同書、一七頁。
（3）亀井孝「「こくご」とはいかなることばなりや」『亀井孝論文集1・日本語学のために』吉川弘文館、一九七一年、二二九頁。原文は分かち書き。
（4）同書、二三二頁。

序　章

（1）『森有礼全集』第一巻、宣文堂書店、一九七二年、三〇五―三一〇頁所収。
（2）『森有礼全集』第三巻、宣文堂書店、一九七二年、二六三―二六七頁所収。いわゆる「日本語廃止論」を論じた部分は二六五―二六七頁。
（3）山田孝雄『国語学史要』岩波書店、一九三五年、二九八頁。
（4）時枝誠記『国語学史』岩波書店、一九四〇年、改版一九六六年、一五七頁。
（5）時枝誠記『国語問題のために――国語問題白書』東京大学出版会、一九六二年、四〇頁。
（6）保科孝一『国語と日本精神』実業之日本社、一九三六年、一一頁。

(7) 平井昌夫『国語国字問題の歴史』昭森社、一九四八年、一七三頁。
(8) 大野晋「国語改革の歴史(戦前)」、丸谷才一編『日本語の世界16・国語改革を批判する』中央公論社、一九八三年、一九頁。
(9) 『森有礼全集』第一巻、三一〇頁。
(10) 同書、三〇九―三一〇頁。
(11) 同書、三一〇頁。
(12) 同書解説、九四頁参照のこと。
(13) 同書、三〇八頁。
(14) 同書解説、九四頁。
(15) "On the Adoption of the English Language in Japan. By Prof. W. D. Whitney"『森有礼全集』第三巻、四一六頁。
(16) 同書、四二二頁。
(17) 同書、四二一頁。
(18) 同書解説、二六頁。
(19) 同書、四二〇頁。
(20) 同書、二六五―二六六頁。
(21) 同書、二六六頁。
(22) 同箇所。
(23) 同箇所。

(24)『森有礼全集』第一巻解説、九五頁。
(25) 同書、三一〇頁。
(26) 同書、三〇九頁。森は、「漢字を単純な音声文字に還元して漢字の使用を止めようとする試みがいくつかなされたが、目を通じて親しんだことばがあまりに多いため、それらを耳のことばで覚えることは大変な支障をひきおこすだろうし、まったく実行不可能であろう」（全集第三巻、二六五—二六六頁）という。この森の指摘は、じつに予言的である。事実、次章で見るように、明治十年代末に日本ではじめてローマ字運動が勃興したとき、最初の実行者たちは、ひたすら漢文書き下しの文章をローマ字化して、意味不明の文章をつくるばかりであった。こうした傾向に反対し、ローマ字化の前提条件は言文一致であることを指摘し、日本のローマ字運動を次の段階におしすすめたのは、東京大学博言学科講師に招かれていたB・H・チェンバレンであった。
(27) 田中克彦『国家語をこえて』筑摩書房、一九八九年、一四—一六頁。
(28) 鈴木孝夫「日本語国際化への障害」、日本未来学会編『日本語は国際語になるか』TBSブリタニカ、一九八九年、一五頁。
(29) F・クルマスは、森有礼についてこう述べている。「日本は、世界でも稀な言語上の均質性を誇る国である。従って、右に挙げた森の大胆極りない提案、日本語を廃して西洋の言語、ここでは英語、と取り代えるというのは、ほとんど話にもならない」（F・クルマス『言語と国家——言語計画ならびに言語政策の研究』山下公子訳、岩波書店、一九八七年、三三一頁）。しかし、日本の「言語上の均質性」（もしそんなものがあったとして）は、明治以降の言語政策の結果であることを考えれば、この論拠が時代錯誤であると同時に、原因と結果をとりちがえた暴論であることはあきらかである。じつは、このような言い方自体が、「国語国字問題」の自明の前提を何の疑いもなく繰り返しているにすぎない。森有礼の議論を真剣に受け止めることなく、「話にもならない」愚論として葬り去ることこそ、近代日本の言語意識がその根拠を脅かされないためにたえず目指してきたものなのである。外国人研究者のあいだにさえも、このような想像力不足の言説があいもかわらず大手をふるっているのをみると、日本の「国語」神話の影響力がいかに大きかったかがわかる。

(30) *An Elementary Grammar of the Japanese Language, with Easy Progressive Exercises*, Trübner & Co., London, 1873. 馬場の『日本語文典』英語原文は『馬場辰猪全集』第一巻、岩波書店、一九八七年、巻末、三―一〇九頁所収。『馬場辰猪全集』第一巻、二〇九―二一四頁には、その序文の日本語訳がおさめられており、引用はそこからおこなうが、若干の語句と文末表現を改めた。

(31) 『馬場辰猪全集』第一巻、二〇九頁。

(32) 同書、二一〇頁。

(33) 同書、二一一―二一二頁。

(34) 同書、二一二頁。こうした議論の中で馬場は、ジョン・ロックの『人間悟性論』をたびたび引き合いに出す。馬場はロックの言語論の本質的な意義をふかく理解していたようである。まさにロックが目指したのは、「言語記号の恣意性」という原理にもとづいて、絶対的で普遍的な価値をもつ「聖なる言語」という理念を否定することだったからである。この点については、Aarsleff, Hans, *From Locke to Saussure*, University of Minnesota Press, Minneapolis, 1982. を参照。

(35) 『馬場辰猪全集』第一巻、二一一頁。

(36) 同書、二一三頁。

(37) 同書、二一三―二一四頁。
(38) 萩原延壽『馬場辰猪』中央公論社、一九六七年、四二―四三頁。
(39) 萩原延壽『馬場辰猪』三九頁、『馬場辰猪全集』第一巻解題、二六九―二七〇頁。
(40) 山田孝雄『国語学史要』二九九頁。
(41) 同書、三〇〇頁。
(42) 『馬場辰猪全集』第一巻、巻末、二八頁。ただし、この文例のような口語日本語、もっと正確に言えば口語東京語は、けっして馬場自身の「母語」ではなかった。『馬場辰猪自伝』の次の一節は、馬場個人の問題をこえて、当時の日本の言語状況の一端をかいまみせてくれるだけに印象的である。馬場が福沢諭吉の慶応義塾に入学したときの話である。「それから、辰猪は同学の人々に逢つたが、それは皆辰猪よりは年長であつて、皆なで三十人であつた。辰猪はさういふ馴染のない人々の間へ入れられたので、可なり弱つてしまつた。彼は同学の人々の言葉が解からなかつた。それ等の人々の言葉は辰猪の国元の言葉とはひどく違つたものであつたのだ。辰猪は土佐へ帰つて、友人たちに逢ひ度いと思ふことが度々であつた」(『馬場辰猪全集』第三巻、岩波書店、一九八八年、六五頁)。
(43) 萩原延壽『馬場辰猪』九四頁。

第一章

(1) E・コセリウ「言語体系・言語慣用・言」原誠・上田博人訳、『コセリウ言語学選集2』三修社、一九八一年、所収。ただし、ここではNormaの訳語を「言語慣用」とはせず、「規範」とした。また、Hablaは、「言」と訳されているが、それでは意味がわかりにくいので、その内容の点から「実現体」とした。

(2) W・J・オング『声の文化と文字の文化』桜井直文・林正寛・糟谷啓介訳、藤原書店、一九九一年。

(3) 西尾実・久松潜一監修『国語国字教育史料総覧』国語教育研究会、一九六九年、一七—二〇頁所収。

(4) 同書、一七頁。

(5) 同書、一八頁。

(6) 同書、一七頁。

(7) 同箇所。

(8) 同書、一八頁。

(9) 吉田澄夫・井之口有一編『明治以降国語問題論集』風間書房、一九六四年、三九—四三頁所収。

(10) 同書、四〇頁。

(11) 野口武彦は、前島の「漢字御廃止之議」が「慶応二年に実在したかどうかは少し吟味してかかる必要がある」と述べている(『三人称の発見まで』筑摩書房、一九九四年、一九五頁)。野口は、当時の「国語改革」の「始発点をできるだけ過去にさかのぼらせる要請があった」(同書、一九六頁)ために三十年以上も前の前島の建白書が公刊されたのだが、ほんとうに当時そのような建議があったかどうかは疑わしいと推測しているが、ここではいちおう通説に従っておく。

(12) 山本正秀『近代文体発生の史的研究』岩波書店、一九六五年、一〇一—一〇三頁参照。

(13) 西尾実・久松潜一監修『国語国字教育史料総覧』二三―二八頁所収。
(14) 同書、二八―二九頁所収。
(15) 清水卯三郎「ものわり の はしご」序文、山本正秀編著『近代文体形成史料集成・発生篇』桜楓社、一九七八年、一四六―一四八頁所収。また、山本正秀『近代文体発生の史的研究』一八五―一八九頁も参照。
(16) 平井昌夫『国語国字問題の歴史』一八一頁以下に詳しい。
(17) 西尾実・久松潜一監修『国語国字教育史料総覧』三三―三六頁所収。
(18) 同書、三三頁。
(19) 同書、三四頁。
(20) 吉田澄夫・井之口有一編『明治以降国語問題論集』七四―七九頁所収。
(21) 山本正秀『近代文体発生の史的研究』三一四頁より引用。
(22) 同書、二六二頁より引用。
(23) 山本正秀編著『近代文体形成史料集成・発生篇』二五五―二六〇頁所収。
(24) 同書、二五六頁。
(25) 西尾実・久松潜一監修『国語国字教育史料総覧』九二頁。
(26) 同書、五三―五八頁所収。
(27) 吉田澄夫・井之口有一共編『国字問題論集』冨山房、一九五〇年、五九頁(上巻)。
(28) 西尾実・久松潜一監修『国語国字教育史料総覧』七九―八二頁所収。
(29) 同書、八一頁。

(30) 同書、一〇七―一〇九頁所収。

(31) この論文は、のちに上田万年『国語のため』冨山房、初版一八九五年、訂正再版一八九七年、二〇二―二三八頁に収録される。西尾実・久松潜一監修『国語国字教育史料総覧』七三―七八頁にも所収。

(32)『国語のため』二〇七頁。

(33) 西尾実・久松潜一監修『国語国字教育史料総覧』一〇九頁。

(34) 同書、一二五頁。

(35) 柳田国男「標準語の話」、『標準語と方言』所収、『定本柳田國男集』第一八巻、筑摩書房、一九六三年、五一七頁。

第二章

(1) 明治文化研究会編『明治文化全集』第二四巻(文明開化篇)、日本評論社、一九二九年、第二版一九六七年、「開化世相の裏表――『新聞雑誌』抄」明治七年五月、五二四頁。

(2)『福沢諭吉選集』第一二巻、岩波書店、一九八一年、四九頁。

(3) 同箇所。

(4)『福沢諭吉選集』第一巻、岩波書店、一九八〇年、一〇一頁。

(5)『福沢諭吉選集』第一二巻、一四四頁。

(6) 西尾実・久松潜一監修『国語国字教育史料総覧』一八頁。

(7) 山本正秀『近代文体発生の史的研究』三九頁。

(8) 吉田澄夫・井之口有一編『明治以降国語問題論集』一六九―一七四頁所収。
(9) 同書、一七五―一七六頁。
(10) 同書、一七七頁。
(11) 同書、一七八頁。
(12) 同書、一八二頁。
(13) 同書、一八一頁。
(14) 同書、一八六頁。
(15) 同書、一八七頁。
(16) 同書、二一六頁。原文はローマ字文。
(17) 同書、二一九頁。原文はローマ字文。
(18) 同書、二二一頁。
(19) 山本正秀編著『近代文体形成史料集成・成立篇』桜楓社、一九七九年、四八五―四九〇頁所収。
(20) 吉田澄夫・井之口有一編『明治以降国語問題論集』二二四―二三三頁所収。
(21) 同書、二三三頁。
(22) 同書、二三四―二四五頁所収。
(23) 同書、二三四頁。
(24) 同書、二三五頁。
(25) 同書、二三七頁。
(26) 山本正秀『近代文体発生の史的研究』六六六頁。

(27) J・C・ヘボン『和英語林集成』第二版、上海、美華書院、一八七二年、序文一四頁。
(28) J・C・ヘボン『和英語林集成』第三版、丸善商社書店、一八八六年、序文一三頁。
(29) 山本正秀編著『近代文体形成史料集成・発生篇』二二四頁所収。
(30) 山本正秀『近代文体発生の史的研究』四四〇頁に引用。
(31) 一八八六年(明治一九)公布の小学校令、中学校令、師範学校令、帝国大学令は、国体教育主義を唱えた初代文部大臣森有礼の主導のもと、教育の国家統制を確立したもので、教科書検定制がはじめて定められ、教科に兵式体操が導入された。その小学校令にもとづく文部省編輯局編纂『尋常小学読本』(一八八七年/明治二〇)は、その緒言で「一地方ノ方言ト、鄙野ニ渉レルモノトヲ除キ」(山本正秀『近代文体発生の史的研究』四三三頁)とのべるだけで、東京語を積極的に標準語として設定する意図を明言してはいない。この教科書の編纂にふかくかかわった伊沢修二によれば、「デアリマス」体を採用したのは、東京語をもふくめたあらゆる方言的性格をさけたためであり、また、用言の促音便の特殊な書法「取りて」も、「各地方ノ唱法ニ従ヒテ之ヲ訓マシムル」ためだという(同書、四三六頁)。つまりそれは「とりて」とも「とって」とも読んでよいことになる。
(32) 山本正秀『近代文体発生の史的研究』四九二頁。
(33) 『鷗外選集』第二巻、岩波書店、一九七八年、五四頁。
(34) 『日本語の歴史6・新しい国語への歩み』平凡社、一九六五年、三五―三六頁。
(35) 吉田澄夫・井之口有一編『明治以降国語問題論集』四八七―四九七頁所収。原文は分かち書き。
(36) 同書、四五五―四六七頁所収。原文は分かち書き。
(37) 同書、四五八頁。

(38) 山本正秀編著『近代文体形成史料集成・発生篇』四九八頁所収。
(39) 山本正秀『近代文体発生の史的研究』六八八頁。
(40) 同書、四九、五二頁。
(41) 吉田澄夫・井之口有一編『明治以降国語問題論集』三一七—三三〇頁所収。
(42) 同書、二九七—三一二頁所収。
(43) 林甕臣「言文一致会主旨」、西尾実・久松潜一監修『国語国字教育史料総覧』一一七—一一八頁。原文は分かち書き。
(44) マリウス・B・ジャンセン「近代化に対する日本人の態度の変遷」、マリウス・B・ジャンセン編『日本における近代化の問題』細谷千博編訳、岩波書店、一九六八年、七八頁以下。
(45) 吉田澄夫・井之口有一編『明治以降国語問題論集』二八八—二八九頁。

第三章

(1) 『亀井孝論文集1・日本語学のために』二四〇頁。さらに、京極興一「「国語」「邦語」「日本語」について——近世から明治前期に至る」『国語学』第一四六集、一九八六年九月、も参照。
(2) 山本正秀『近代文体発生の史的研究』七一頁。
(3) 同箇所。
(4) 同書、八三頁。
(5) 柴田昌吉・子安峻『附音挿図英和字彙』日就社、一八七三年。
(6) 柴田昌吉・子安峻『増補訂正英和字彙第二版』日就社、一八八二年。

(7) Lobscheid, William, *English and Chinese Dictionary*, Daily Press, Hongkong, 1866–69.
(8) 森岡健二編著『近代語の成立——明治期語彙編』明治書院、一九六九年、九五頁。
(9) 西尾実・久松潜一監修『国語国字教育史料総覧』一七—二〇頁。
(10) 吉田澄夫・井之口有一編『明治以降国語問題論集』三九—四三頁。
(11) 吉田澄夫・井之口有一共編『国字問題論集』五一—六一頁(上巻)。
(12) 西尾実・久松潜一監修『国語国字教育史料総覧』二三—二八頁。
(13) 吉田澄夫・井之口有一共編『国字問題論集』五九頁(上巻)。
(14) 明治文化研究会編『明治文化全集』第一巻(憲政篇)、日本評論社、一九二八年、第二版一九五五年、「集議院日誌」明治二年九月一二日・一七日、一六九—一七二頁。
(15)『日本語の歴史6・新しい国語への歩み』二〇九頁。
(16)『福沢諭吉選集』第二巻、岩波書店、一九八一年、二三六頁。この福沢の『文字之教』(一八七三年/明治六)は、子供用の読本として書かれてはいるが、明治初期の漢字節減のこころみとしても、また、福沢の文体実践の例としても、注目すべきである。
(17) 明治文化研究会編『明治文化全集』第一巻(憲政篇)、一七三頁。
(18) 松本三之介編『近代日本思想大系30・明治思想集Ⅰ』筑摩書房、一九七六年、七六—九五頁所収。
(19)『日本語の歴史6・新しい国語への歩み』二〇九頁。
(20) 吉田澄夫・井之口有一編『明治以降国語問題論集』五九—六二頁所収。
(21) 同書、六三—六四頁所収。

(22) 松本三之介編『近代日本思想大系30・明治思想集Ⅰ』二六三―二六四頁所収。
(23) 西尾実・久松潜一監修『国語国字教育史料総覧』三〇―三二頁。
(24) B・H・チェンバレン『日本小文典』文部省編輯局、一八八七年、一頁。
(25) 吉田澄夫・井之口有一編『明治以降国語問題論集』八四―九五頁所収。
(26) 同書、八七頁。
(27) 山本正秀編著『近代文体形成史料集成・発生篇』四〇五頁。
(28) 同箇所。
(29) 吉田澄夫・井之口有一編『明治以降国語問題諸案集成／語彙・用語・辞典・国語問題と教育編』風間書房、一九七二年、二八八―三二二頁所収。
(30) 同書、二九一頁。
(31) 吉田澄夫・井之口有一編『明治以降国語問題諸案集成下巻／文体・語法・音韻・方言編』風間書房、一九七三年、二四九―二五〇頁。
(32) 同書、二七六頁。
(33) 同箇所。
(34) 同書、二七四―二七五頁。
(35) 『森有礼全集』第一巻、三四四頁。
(36) この点については、山本正秀『近代文体発生の史的研究』七四〇―七六二頁を参照。
(37) 『明治文学全集44・落合直文・上田万年・芳賀矢一・藤岡作太郎集』筑摩書房、一九六八年、一一〇頁。

(38) 同書、七頁。
(39) 同書、九頁。
(40) 同書、九―一〇頁。
(41) 同書、一〇頁。
(42) 同書、三―五頁。
(43) 同書、三六―三九頁。
(44) 『日本語の歴史6・新しい国語への歩み』二六八頁より引用。
(45) 同書、二六九頁。
(46) 「本書編纂ノ大意」、吉田澄夫・井之口有一編『明治以降国語問題諸案集成/語彙・用語・辞典・国語問題と教育編』二九三頁。
(47) 山本正秀編著『近代文体形成史料集成・発生篇』四〇五―四一三頁所収。
(48) 同書、四〇五―四〇六頁。
(49) 同書、四〇六頁。
(50) 同書、四〇七頁。
(51) 同書、四〇九―四一〇頁。
(52) 同書、四一〇頁。

第四章

(1) 『明治文学全集44・落合直文・上田万年・芳賀矢一・藤岡作太郎集』一八四頁。

（2）同書、一八五頁。

（3）同箇所。

（4）同書、一八八頁。

（5）同書、一八一頁。

（6）同箇所。

（7）同書、一八二頁。

（8）F・ド・ソシュール『一般言語学講義』小林英夫訳、岩波書店、一九七二年、四〇頁。

（9）この点に関しては、田中克彦『言語学とは何か』岩波書店、一九九三年、参照。F・ニューマイヤー『抗争する言語学』馬場彰・仁科弘之訳、岩波書店、一九九四年、も参考になる。

（10）『明治文学全集44・落合直文・上田万年・芳賀矢一・藤岡作太郎集』一七〇頁。

（11）Silverstein, Michael ed., *Whitney on Language. Selected Writings of Willicm Dwight Whitney*, MIT Press, Cambridge, 1971.

（12）保科孝一抄訳『言語発達論』冨山房、一八九九年。

（13）『明治文学全集44・落合直文・上田万年・芳賀矢一・藤岡作太郎集』一七九頁。

（14）同箇所。

（15）同書、一〇七頁。

（16）同箇所。

（17）同書、一〇八頁。

（18）同書、一五四頁。

(19) 中内敏夫『日本教育のナショナリズム』(第三文明社、一九八五年)は、「日清戦争の勃発あたりを境目にして」「上田万年の転向」があったと論じているが(同書、一五八―一五九頁)、ここで論じた国語学と言語学との関係、さらにそれにもとづく国語政策の構想に関しては、上田万年の立場は一貫していたと思われる。

(20) 大野晋『日本語と世界』講談社学術文庫、一九八九年、二四―二五頁。

(21) 田中克彦「ヒフミの倍加説」、『国家語をこえて』二五一―二五四頁。

(22) 言語学史上における青年文法学派の位置づけについては、H・ペデルセン『言語学史』伊東只正訳、こびあん書房、一九七四年、M・イヴィッチ『言語学の流れ』早田輝洋・井上史雄訳、みすず書房、一九七四年、風間喜代三『言語学の誕生』岩波書店、一九七八年、R・H・ロウビンズ『言語学史』中村完・後藤斉訳、研究社出版、一九九二年、などを参照。

(23) 上田万年『言語学』(新村出筆録、柴田武校訂、教育出版、一九七五年)は、このときの講義を聴講した新村出の講義ノートをもとにしている。

(24) 上田万年『言語学』二九頁。

(25) 同書、三二頁。

(26) 同書、八〇頁。

(27) Koerner, Konrad, The Neogrammarian Doctrine: Breakthrough or extension of the Schleicherian paradigm. A problem in linguistic Historiography, in Koerner, K., *Practicing Linguistic Historiography*, John Benjamin, Amsterdam, 1989, pp. 79–100.

(28) Amsterdamska, Olga, *Schools of Thought. The Development of Linguistics from Bopp to Sau-*

ssure, D. Reidel, Dordrecht, 1987. とくに第四章と第五章を参照。

(29) アムステルダムスカによると、ドイツの大学では、一八六〇年から学生数が爆発的に増加し、一八八一年には一八六一年の二倍の学生数を数えた。ライプチッヒ大学では、同時期に学生数が五倍にもなった。それに応じて、一八六四年から一八八〇年にかけて正教授ポストは三〇％増加した。しかも、文献学の講座の増加はめざましく、同時期に五三％の伸びをしめした。そのなかでも、非古典語文献学は、一八六四年の四十七講座から一八八〇年には八十二講座（七四％増）に増え、一八九〇年には九十三講座にまで達した。文献学分野での専門雑誌の増加は、十五（一八六〇年）→二十（一八七〇年）→三十二（一八七五年）→四十四（一八八〇年）のようであった。

(30) 同書、とくに一三七―一四三頁。

(31) アムステルダムスカによれば、青年文法学派は、シュライヒャーがおこなったような原初の「語根」の再構という目標をきっぱりと捨て去った。青年文法学派にとって、「再構成の目標は、仮説的な原初の語根や屈折の起源を発見しようとすることでなく、確認できる限りでもっとも古い形式に到達することであるべきであり、また、個々の言語の歴史を通じて、その音声的・類推的変形をあとづけることであるべきだった。青年文法学派によって出された問いは、もはや「何が原初の形式で、それはどのように衰退したか？」というものではなく、「何が再構成しうるもっとも古い形式であり、それはどのように変化したか？」というものだった」（同書、九八頁）。つまり、青年文法学派にとって問題だったのは、もはや神話的な「起源」ではなく、実証的に確認しうるかぎりの過去であった。これはドイツ統一にあたってプロイセン＝ドイツが、神話的大ドイツ主義を捨て、現実的小ドイツ主義をとったことと並行しているのではなかろうか。

(32) 佐々木力『科学革命の歴史構造』下巻、岩波書店、一九八五年、三二八頁。

(33) 同箇所。

(34) 梅根悟監修『世界教育史大系12・ドイツ教育史Ⅱ』講談社、一九七七年、第四章「国民的教育制度の形成過程」にくわしい。プロイセンのギムナジウムについては、一二一―一五頁を参照。

(35) 以下の叙述は、前注の『世界教育史大系12・ドイツ教育史Ⅱ』、そして、Townson, Michael, *Mothertongue and Fatherland. Language and Politics in German*, Manchester U. P., Manchester, 1992. に多くを負っている。

(36) 原文は、Townson M., *op. cit.*, p. 116 に引用されている。

(37) Kirkness, Alan, *Zur Sprachreinigung im Deutschen 1789–1871. Eine historische Dokumentation*, Teil 1, TBL Verlag Gunter Narr, Tübingen, 1975, pp. 369 ff.; Townson, M., *op. cit.*, pp. 98 ff. を参照。「全ドイツ言語協会」の歴史と活動に関しては、保科孝一と安藤正次による『外来語問題に関する独逸に於ける国語運動』(文部省、一九一八年)と加茂正一『ドイツの国語醇化』(日独文化協会、一九四四年)がいまだに参考になる。その他には、E・ケルヴェル、H・ルートヴィヒ『洗練されたドイツ語――その育成の歩み』乙政潤訳、白水社、一九七七年、P・v・ポーレンツ『ドイツ語史』岩崎英二郎・塩谷饒・金子亨・吉島茂訳、白水社、一九七四年。

(38) Kirkness, Alan, *op. cit.*, p. 372 に引用。

(39) Kirkness, Alan, *op. cit.*, pp. 386–7, 475.

第五章

（1）上田万年『国語のため』一―二八頁、『明治文学全集44・落合直文・上田万年・芳賀矢一・藤岡作太郎集』一〇八―一一三頁。引用は後者からおこなう。
（2）『明治文学全集44・落合直文・上田万年・芳賀矢一・藤岡作太郎集』一〇八頁。
（3）同書、一一〇頁。
（4）同書、一〇九頁。
（5）同書、一一〇頁。
（6）上田は日本も「一人種」から成るわけではないと述べているが、そのとき上田の念頭にあったのはアイヌ民族のことではまったくなく、「皇別、神別、諸蕃」という『新撰姓氏録』以来の概念である。この「皇別、神別、諸蕃」という天皇家との距離によって階層化された古代の氏族分類は、第二次大戦以前の日本では「民族」概念と混同され、日本がもともと多民族国家であったことの証拠として用いられた。そして、それはすなわち植民地侵略と同化主義を正当化する歴史的口実となったのである。この点については、小熊英二『単一民族神話の起源』新曜社、一九九五年、を参照。
（7）『明治文学全集44・落合直文・上田万年・芳賀矢一・藤岡作太郎集』一〇九頁。
（8）同書、一一〇頁。
（9）同箇所。
（10）同箇所。
（11）同書、一一一頁。
（12）海後宗臣編『日本教科書大系・近代編』第七巻「国語(四)」講談社、一九六三年、一五〇―一五一頁。

(13)『明治文学全集44・落合直文・上田万年・芳賀矢一・藤岡作太郎集』一一一頁。
(14)同箇所。
(15)同箇所。
(16)神島二郎『近代日本の精神構造』岩波書店、一九六一年。
(17)『明治文学全集44・落合直文・上田万年・芳賀矢一・藤岡作太郎集』一一一頁。
(18)同箇所。
(19)同書、一一二頁。
(20)同書、一一三頁。
(21)同箇所。

第六章

(1)『明治文学全集44・落合直文・上田万年・芳賀矢一・藤岡作太郎集』一一四頁。
(2)同書、一一五頁。
(3)同書、一一六頁。
(4)同箇所。
(5)ただし、「中古文」という概念で、落合は鎌倉時代のことばを、大概は平安時代前期のことばを指している。
(6)『明治文学全集44・落合直文・上田万年・芳賀矢一・藤岡作太郎集』一一七頁。
(7)同箇所。

（8）同箇所。
（9）この論文は『明治文学全集44・落合直文・上田万年・芳賀矢一・藤岡作太郎集』に収められていない。吉田澄夫・井之口有一編『明治以降国語問題論集』五〇二—五〇八頁所収。引用は同書よりおこなう。
（10）吉田澄夫・井之口有一編『明治以降国語問題論集』五〇二頁。
（11）同書、五〇六頁。
（12）同箇所。
（13）同書、五〇八頁。
（14）同書、五〇七頁。
（15）横山源之助『内地雑居後之日本』岩波文庫、一九五四年、一四頁。
（16）同書、一六頁。
（17）『明治文学全集44・落合直文・上田万年・芳賀矢一・藤岡作太郎集』一一五頁。
（18）同書、一三一頁。
（19）同箇所。
（20）同箇所。
（21）同書、一三三頁。
（22）同書、一三四頁。
（23）同箇所。
（24）西尾実・久松潜一監修『国語国字教育史料総覧』一〇七—一〇九頁。

(25) 吉田澄夫・井之口有一編『明治以降国語問題論集』二八八―二八九頁。
(26) 文部省教科書局国語課編『国語調査沿革資料』一九四九年、五九頁。
(27) 保科孝一「国語調査委員会決議事項について」、吉田澄夫・井之口有一編『明治以降国語問題論集』一一六頁。
(28) 『太陽』第六巻第六号、一九〇〇年六月、一〇二頁。
(29) 言文一致運動における上田万年と『言語学雑誌』の重要な役割については、山本正秀「上田万年の口語文体成立上の功績」、『言文一致の歴史論考続篇』桜楓社、一九八一年、四二四―四五一頁所収、を参照。
(30) 吉田澄夫・井之口有一編『明治以降国語問題論集』三四三―三四四頁。
(31) 同書、三四九頁。
(32) 同書、一一二―一一三頁。
(33) 同書、一一五頁。
(34) 『明治文学全集44・落合直文・上田万年・芳賀矢一・藤岡作太郎集』一一六頁。
(35) 増淵恒吉編『国語教育史資料第五巻・教育課程史』東京法令出版、一九八一年、七一頁。
(36) 海後宗臣編『井上毅の教育政策』東京大学出版会、一九六八年、二四四頁。
(37) 増淵恒吉編『国語教育史資料第五巻・教育課程史』五〇頁。
(38) 同書、七三頁。
(39) 吉田澄夫・井之口有一編『明治以降国語問題諸案集成／語彙・用語・辞典・国語問題と教育編』四七七頁。

(40) 保科孝一「国語調査委員会決議事項について」、吉田澄夫・井之口有一編『明治以降国語問題論集』一一一頁。
(41) ちなみに、オトウサン、オカアサン、ニイサン、ネエサンという、いまでは親しい呼びかたはこの教科書ではじめて登場し、家族名称が統一化された。言語という表象制度において、〈家族〉が国家支配体制に完全にくみこまれたとみることができよう。すでに法律面では、一八九八年(明治三一)の民法公布によって、武家的家族法が一般の民衆にまで強制されていた。
(42) この有名なことばは、上田万年『国語のため』の題辞にかかげられており、『明治文学全集44・落合直文・上田万年・芳賀矢一・藤岡作太郎集』には収録されていない。
(43) 『明治文学全集44・落合直文・上田万年・芳賀矢一・藤岡作太郎集』一一四頁。
(44) 同書、一五四―一五五頁。
(45) 同書、一六八―一六九頁。
(46) 時枝誠記「朝鮮に於ける国語政策及び国語教育の将来」、『日本語』日本語教育振興会、一九四二年八月号、五四―六三頁。石剛『植民地支配と日本語』三元社、一九九三年、一三八―一四二頁、川村湊『海を渡った日本語』青土社、一九九四年、二三六―二四七頁も参照。
(47) 上田万年『国語学の十講』通俗大学会、京華堂、一九一六年、三六―三八頁。
(48) 同書、二一頁。
(49) 同書、二二頁。
(50) 同書、二四頁。
(51) 同書、一八五頁。

(52) 同書、一八六―一八七頁。
(53) 同書、二頁。
(54) 同書、五頁。
(55) 同書、一七一頁。
(56) 同書、一七二―一七三頁。
(57) 同書、一八八―一八九頁。

第七章

(1) 吉田澄夫「土台作りに終始した保科孝一」、波多野完治・岩淵悦太郎・平山輝男・大久保忠利監修『新・日本語講座9・現代日本語の建設に苦労した人々』汐文社、一九七五年、二〇五―二一六頁所収。
(2) 大久保忠利『一億人の国語国字問題』三省堂、一九七八年、四三頁。
(3) 杉森久英「国語改革の歴史(戦後)」、丸谷才一編『日本語の世界16・国語改革を批判する』一〇六頁。
(4) 保科孝一『国語便覧――当用漢字・現代かなづかい解説』教育図書研究会、一九四九年、一一―二頁。

第八章

(1) 亀井孝『亀井孝論文集1・日本語学のために』吉川弘文館、一九七一年。

（2）新村出「上田先生をしのぶ」（初出『国語と国文学』一九三七年一二月）、『明治文学全集44・落合直文・上田万年・芳賀矢一・藤岡作太郎集』四〇二—四〇四頁。

（3）新村出「言語学概論」、『岩波講座日本文学』第二〇回、岩波書店、一九三三年、所収、八頁。

（4）根来司『時枝誠記研究——言語過程説』明治書院、一九八五年、四二三—四二七頁所収。

（5）保科孝一『国語問題五十年』三養書房、一九四九年、五—六頁。

（6）同書、六頁。

（7）これに関しては、論文選集 *Whitney on Language. Selected Writings of William Dwight Whitney* にロマーン・ヤーコブソンが寄せた刺激的な序文を参照。

（8）『太陽』第五巻第二二号、一八九九年一〇月、二五七頁。また、文芸批評家長谷川天渓も「言文一致とは何ぞや」（『毎日新聞』一九〇〇年一月三一日、山本正秀編著『近代文体形成史料集成・成立篇』二〇九—二一二頁所収）のなかで、保科の『国語学小史』に注目した。

（9）保科孝一『国語学小史』大日本図書、一八九九年、三—四頁。

（10）同書、一〇—一一頁。

（11）同書、四五三—四五四頁。

（12）同書、四五五—四五六頁。

（13）保科孝一『国語学精義』同文館、一九一〇年、一四—一五頁。

（14）同書、三四〇頁。

（15）たとえば、保科孝一『言語学大意』国語伝習所、一九〇〇年、八—一〇頁。

（16）保科孝一『国語学精義』四〇頁。

(17) 保科孝一『言語学大意』九―一〇頁。
(18) 保科孝一『国語学精義』八四―八五頁。
(19) 同書、一四一頁。
(20) 同書、六六七頁。
(21) 同書、六六八頁。
(22) 同書、七三二頁。
(23) 同書、七三一頁。
(24) 山田孝雄『国語学史要』二頁。
(25) 同書、三頁。
(26) 同書、八頁。
(27) 同書、一〇頁。
(28) 同書、「自序」二頁。
(29) 山田孝雄『国語の本質』白水社、一九四三年、三一―三二頁。
(30) このチェンバレンの『日本小文典』は、文部省編輯局から出版されており、政府公認の文法書でもあった。次章で見るように、山田は「国語学」とはあくまで日本人が日本語を研究するときにだけ成立するものだと考えていたから、外国人のチェンバレンが文部省から日本語の文法書を公刊したことに腹立たしい気持ちをもっていたにちがいない。
(31) 時枝誠記『国語学史』三頁。
(32) 同書、八頁。

(33) 同書、七頁。
(34) 同書、八頁。
(35) 同書、一〇頁。
(36) 同書、一一頁。
(37) 同書、一二頁。
(38) 根来司『時枝誠記研究――言語過程説』五〇頁。
(39) 時枝誠記『国語学史』一二―一三頁。
(40) 同書、一三頁。

第九章

(1) チャールズ・C・フリーズ『近代言語学の発達』興津達朗訳、研究社出版、一九六八年、「はしがき」一二頁。引用にあたり訳文を一部改めた。
(2) 同書、二頁。
(3) 保科孝一『国語教授法指針』宝永館書店、一九〇一年、二頁。
(4) 同書、一三四頁。
(5) 保科孝一『言語学』早稲田大学出版部、一九〇二年、一頁。
(6) 文部省教科書局国語課編『国語調査沿革資料』六九頁。
(7) 同書、七三頁。
(8) 同書、八三頁。

(9) 吉田澄夫・井之口有一編『明治以降国語問題論集』五五三―五七四頁所収。
(10) 保科孝一『国語学精義』五七六頁。
(11) 武部良明「国語国字問題の由来」、『岩波講座日本語3・国語国字問題』岩波書店、一九七七年、一八三頁。
(12) 保科孝一『国語学精義』五五二頁。
(13) 同書、五二八頁。
(14) 西尾実・久松潜一監修『国語国字教育史料総覧』三〇八頁。
(15) 平井昌夫『国語国字問題の歴史』三四二―三五九頁参照。
(16) 日本国語会編『国語の尊厳』国民評論社、一九四三年、一五頁。
(17) 同書、二〇頁。
(18) 同書、三七頁。
(19) 同書、五四頁。
(20) 山田孝雄『国語の本質』八頁。
(21) 同書、一二頁。
(22) 同箇所。
(23) 同書、二六頁。
(24) 山田孝雄『国語学史要』「自序」二―三頁。
(25) 山田孝雄『国語の本質』四三頁。
(26) 同書、八一頁。

(27) 同書、五二頁。
(28) 同書、六三頁。
(29) 同書、八〇頁。
(30) 同書、八三頁。
(31) 同書、一〇五頁。
(32) 同書、一一二頁。
(33) 山田孝雄『国語学史要』五頁。
(34) 時枝誠記『国語学史』五―六頁。
(35) 同書、五頁。
(36) 時枝誠記『国語学原論』岩波書店、一九四一年、一五頁。
(37) F・ド・ソシュール『一般言語学講義』一一五頁。
(38) 時枝誠記『国語学原論』一〇五頁。
(39) 時枝誠記『言語生活論』岩波書店、一九七六年、三六頁。
(40) 同書、三七頁。
(41) 同書、三九頁。
(42) 同書、二三三頁。
(43) 同書、二四一頁。
(44) 同書、三六頁。
(45) 同書、三七頁。

(46) 同書、四一頁。
(47) 同書、二四二頁。
(48) 同書、二四三頁。
(49) 杉森久英「国語改革の歴史(戦後)」、丸谷才一編『日本語の世界16・国語改革を批判する』一四五―一六四頁。
(50) 時枝誠記『国語問題のために――国語問題白書』東京大学出版会、一九六二年。

第一〇章

(1) 外間守善『沖縄の言語史』法政大学出版局、一九七一年、八五―九三頁、外間守善『日本語の世界9・沖縄の言葉』中央公論社、一九八一年、三三一―三三八頁、などを参照。
(2) 真田信治『標準語の成立事情』PHP研究所、一九八七年、二〇三―二〇五頁。
(3) 国語学会編『国語学辞典』東京堂出版、一九五五年。
(4) 柴田武「標準語、共通語、方言」、『「ことば」シリーズ6・標準語と方言』文化庁、一九七七年、二三―二四頁。
(5) 吉田澄夫・井之口有一編『明治以降国語問題論集』五〇二―五〇八頁所収。
(6) 吉田澄夫・井之口有一編『明治以降国語問題諸案集成/語彙・用語・辞典・国語問題と教育編』四七七頁。ちなみに、韓国においてもまた「ソウル中流社会の言語」が、いまだに韓国語標準語の規定である。
(7) 保科孝一『言語学大意』一六一頁。

(8) 保科孝一『国語学精義』六六七―六六八頁。
(9) 保科孝一『言語学大意』一六二―一六三頁。
(10) 同書、一六四―一六五頁。
(11) 保科孝一『国語学精義』六九四頁。
(12) 同書、二九二頁。
(13) 保科孝一『国語学精義』七三一頁。
(14) 同書、七四〇頁。
(15) 本書では論じることができなかったが、このような「標準語の思想」をもっともきびしく批判したのが、『国語の将来』『標準語と方言』などにおける柳田国男である。ただし、柳田は「標準語」という概念を全面的に否定するのではない。柳田のいう「標準語」は、つぎのふたつの点で、上田＝保科流の「標準語」と異なる。ひとつは、柳田は「標準語」を言語の「全体」としてではなく、あくまで「語」のレベルでとらえることであり、もうひとつはその「標準語」が「人為的制定」ではなく「自発的選択」によって成立すると考える点である。ともあれ、柳田の言語思想は真剣に検討されるべき価値をもっている。
(16) 保科孝一『国語政策』刀江書院、一九三六年、七―八頁。
(17) 保科孝一『国語学精義』三六一頁。

第一一章

(1) 保科孝一『国語問題五十年』五八頁。

(2) 一九一三年から一九一四年にかけて保科が発表した論文はつぎのとおりである。「独逸における国語国字改良問題の趨勢」『国学院雑誌』一九一三年三、四月、「世界語に対する二大言語学者の批評」『国学院雑誌』一九一三年五月、「言語地理学について」『国学院雑誌』一九一三年一一月、「英国における綴字改良運動の現状」『国学院雑誌』一九一三年一二月、「アルバニアにおける最近の国字国語問題」『国学院雑誌』一九一四年四月、「北米合衆国における綴字改良最近の運動」『国学院雑誌』一九一四年六月、「瑞正における国語問題と政治問題との関係」『国学院雑誌』一九一四年八月、「南阿の国語問題について」『国学院雑誌』一九一四年一二月。
(3) 保科孝一『国語問題五十年』八〇頁。
(4) 伊藤定良『異郷と故郷』東京大学出版会、一九八七年、一三―一五頁。
(5) 同書、一〇頁。
(6) 保科孝一『国語教育及教授の新潮』弘道館、一九一四年、「序」三頁。
(7) 同書、二九三頁。
(8) 同書、二九九頁。
(9) 同書、四三二―四三四頁。
(10) 同書、四二五―四二七頁、四三九―四四三頁。
(11) 同書、三一四頁。
(12) 同書、四三四―四三五頁。
(13) 同書、三一二頁。
(14) 同書、三二一―三二二頁。

(15) 保科孝一『独逸属領時代の波蘭に於ける国語政策』朝鮮総督府、一九二一年、「序言」一頁。
(16) 同書、一四頁。
(17) 同書、七五頁。
(18) 同書、七六頁。
(19) 同書、七八頁。
(20) 同箇所。
(21) 同書、八〇頁。
(22) 同書、八七頁。
(23) 同書、九二―九三頁。
(24) 同書、一一七頁。
(25) 同書、一〇四頁。
(26) 同書、一一五頁。
(27) 同書、「序言」一頁。
(28) 同書、一一五頁。
(29) 伊藤定良『異郷と故郷』二六二頁。
(30) 同書、二六一頁。
(31) 同書、二六一―二六二頁。
(32) 保科孝一『独逸属領時代の波蘭に於ける国語政策』九九―一〇〇頁。
(33) 同書、一〇〇頁。

(34) 同書、一〇二頁。
(35) 同書、一〇四頁。
(36) 保科孝一『国語教育及教授の新潮』三二一頁。
(37) 保科孝一『独逸属領時代の波蘭に於ける国語政策』二六頁。
(38) 同書、「序言」二頁。そこで保科は、「朝鮮の近状を見聞するに、恰も一千八百三十年より同じく五十年に至る期間の独領波蘭に酷似して居る」(「序言」一―二頁)と述べている。それは、一八三〇年のポーゼン州のプロイセンへの「併合」から、一八四八年の民族運動の爆発をへて、一八五〇年にプロイセン憲法体制が確立し植民地体制が安定していく時期にあたる。保科は、植民地支配体制の安定化というこの事態の過程を、朝鮮にオーバーラップさせているのである。保科にとって、「三・一独立運動」が、「波蘭国の再興を促した」「学校ストライキ」に「酷似」していてはすこぶる困るのである。
(39) 同書、六頁。
(40) 同書、七頁。
(41) 同書、八頁。
(42) 同書、九頁。
(43) 同箇所。
(44) 同書、一一―一二頁。
(45) たとえば、朝鮮教育令改正にさいして、朝鮮総督府学務局内の朝鮮教育研究会は『朝鮮教育』第六巻第六号(一九二二年三月)を「教育制度改正記念号」と題して、大々的に改正教育令の解説と宣伝に努めたが、そこには保科孝一の名前はまったく登場しない。もっとも、保科の著作はれっきとした「秘密文書」だったのであるから、保科の名が公にされなくても無理はないかもしれない。

(46) 保科孝一『大東亜共栄圏と国語政策』統正社、一九四二年、二八―二九頁。

第一二章

(1) 宮田節子『朝鮮民衆と「皇民化」政策』未来社、一九八五年、九四頁。
(2) 初出は、『国家学会雑誌』一九三七年二月。『矢内原忠雄全集』第四巻、岩波書店、一九六三年、二七六―三〇六頁所収。引用は同書よりおこなう。
(3) 同書、二九七頁。
(4) 同書、二九九頁。
(5) 同書、三〇一頁。
(6) 『矢内原忠雄全集』第一巻、岩波書店、一九六三年、三二六頁。
(7) 同箇所。
(8) たとえば、梶井陟『朝鮮語を考える』龍渓書舎、一九八〇年、第四章を参照のこと。
(9) 文部省内教育史編纂会編修『明治以降教育制度発達史』第一〇巻、龍吟社、一九三九年、七六頁。
(10) 同書、六五八頁。
(11) 渡部学・阿部洋編『日本植民地教育政策史料集成(朝鮮篇)』第一六巻、龍渓書舎、一九八七年、所収。

(12) 渡部学・阿部洋編『日本植民地教育政策史料集成(朝鮮篇)』第一七巻、龍溪書舎、一九八七年、所収。
(13) 渡部学・阿部洋編『日本植民地教育政策史料集成(朝鮮篇)』第一六巻所収、原資料一―二頁。
(14) 渡部学・阿部洋編『日本植民地教育政策史料集成(朝鮮篇)』第六九巻、龍溪書舎、一九九一年、所収。
(15) 渡部学・阿部洋編『日本植民地教育政策史料集成(朝鮮篇)』第六三巻、龍溪書舎、一九九一年、解説七頁参照。
(16) 渡部学・阿部洋編『日本植民地教育政策史料集成(朝鮮篇)』第六九巻、一頁。
(17) 同書、三頁。
(18) 同書、四頁。
(19) 同書、五頁。
(20) 同書、六頁。
(21) 同書、七頁。
(22) 同書、一四頁。
(23) 同書、一六―一七頁。
(24) 同書、一七―一八頁。
(25) 同書、一九頁。
(26) 同書、一九―二〇頁。
(27) 同書、二二―二三頁。

(28) 同書、二四―二五頁。

(29) 同書、八―九頁。

(30) 同書、二八―二九頁。

(31) 駒込武は、『植民地帝国日本の文化統合』(岩波書店、一九九六年)の第Ⅱ章のなかで「教化意見書」について言及し、興味ぶかい議論を展開している。ただし、記述は重なっているところもあるが、パースペクティヴはここでの分析とはかなり異なっている。駒込は教育政策史の観点から、「教化意見書」が「短期的かつ直接的利益を求める」「日本人植民者の欲求を反映したもの」と見ているが(同書、九二頁)、わたしはむしろ思想史の観点から、「教化意見書」には近代日本における「同化」概念のひとつを理解する際に鍵となる本質的な相があらわれていると考えている。

第一三章

(1) 保科孝一『国語政策』一頁。

(2) 同書、七―八頁。

(3) 同書、一六―一七頁。

(4) 同書、二一頁。

(5) 同書、一四七頁。

(6) 同書、一四八頁。

(7) 同書、一四九頁。

(8) 同書、一五〇頁。

(9) 同書、一五一頁。
(10) 同箇所。
(11) 同書、一五二頁。
(12) 同書、一四七頁。
(13) 保科孝一『国家語の問題について』「東京文理科大学文科紀要」第六巻、一九三三年、六二頁。
(14) 保科孝一『国語政策』一五三頁。
(15) 同書、一五五頁。
(16) 同書、一五七頁。
(17) 同書、一六〇頁。
(18) 同書、一六七頁。
(19) 同書、一六八頁。
(20) 保科孝一『国家語の問題について』七頁。
(21) 保科孝一『国語政策』一〇〇頁。
(22) 保科孝一『国家語の問題について』六二頁。
(23) 保科孝一『国語政策』一三五—一三六頁。
(24) 保科孝一『大東亜共栄圏と国語政策』二五五頁。
(25) 『国語文化講座第六巻・国語進出篇』朝日新聞社、一九四二年、一二〇—一三六頁所収。
(26) 『文学』(特輯・東亜に於ける日本語)、岩波書店、一九四〇年四月号、四五—五六頁所収。
(27) かつて田中克彦が Staatssprache ということばを示したとき、ベルギー出身のグロータースはそれを指して「Max Niemeyer から出ている Lexikon der Germanischen Linguistik(1973)にも、〔……〕Staatssprache は見当たらない。他の類書でも同様である」から、田中が「作った可能性がある」と主張した(「「国語」と日本人」『言語生活』筑摩書房、一九七八年三月号、八六―八七頁)。社会言語学的観点からみて重要なこの語は、過去一世紀のあいだに、それほどなじみのうすいものとなっていたのである。

(28) 安藤正次「国語の政策」、『国語文化講座第一巻・国語問題篇』朝日新聞社、一九四一年、一八―一九頁。

(29) 安藤正次「国語問題と国語政策」、『安藤正次著作集6・言語政策論考』雄山閣、一九七五年、四一二―四一七頁所収。

(30) 保科孝一『国語政策』五六頁。

(31) 同書、三五頁。

(32) 同書、一〇八頁。

(33) 保科孝一『国家語の問題について』六四頁。

(34) 保科孝一『国語政策』一二五頁。

(35) 同書、七〇頁。ここに見られるような一連の保科の発言のなかには、明治以来日本の知識人たちを広くとらえていた社会ダーウィニズムの影響と、ナチズム的な「民族闘争史観」を思わせる表現がある。ナチズムのイデオロギー的源泉のひとつが、オーストリアの汎ゲルマン主義運動にあったことを思えば、保科の「汎民族運動」への着目は、ますます興味深いものとなる。ある意味では、保科はヨーロッパをモデルとした「汎日本主義運動」を推進しようとしたのである。

(36) 保科孝一『国家語の問題について』三四頁。
(37) 保科孝一『国語政策』一三〇頁。

第一四章

(1) 保科孝一『国語政策』一三三頁。
(2) 保科孝一「満蒙新国家と国語政策」、『国語教育を語る』育英書院、一九三二年、二三一頁。
(3) 神尾弌春『まぼろしの満洲国』日中出版、一九八三年、一〇二―一〇五頁。神尾によると、「カナ国字論」の騒動ののちに、今度は「蒙古文字改良」の計画もあったらしい。「しばらくして、興安総省で蒙古文字改良の議が出て、東京外語(現東京外国語大学)の蒙古語科出身の菊竹、佐藤の両元老と私(神尾)で三人委員会を構成し、若干の蒙古語学者および実務家が幹事を命ぜられた。これは、外蒙がソ連の指導でロシヤ文字に似た音標文字を作り、これを使って社会主義経済はもとより、工業方面の著書を刊行しはじめたのに対抗する意味があったらしい。しかし、成案を得ないうちに敗戦となり、実現を見なかった」(同書、一〇五頁)。
(4) 「服部四郎博士略年譜」、『言語研究』第一〇八号、日本言語学会、一九九五年一一月、所収。
(5) 「満洲国」教育史研究会監修『「満洲・満洲国」教育資料集成10・教育内容・方法Ⅱ』、エムティ出版、一九九三年、三〇七―三〇八頁。
(6) この趣意書の要約は、豊田国夫『民族と言語の問題――言語政策の課題とその考察』錦正社、一九六四年、三一八―三二一頁に掲載されている。
(7) 服部四郎「満蒙の諸民族と民族性」(初出『ドルメン』第四巻五号、一九三五年五月)、『一言語

学者の随想』汲古書院、一九九二年、三二頁。

（8）同書、三二―三六頁。

（9）保科孝一『大東亜共栄圏と国語政策』三頁。

（10）同書、九―一〇頁。

（11）同書、一九五頁。

（12）同書、三七五頁。

（13）同書、三七六頁。

（14）同書、一九七頁。

（15）同書、一九九頁。

（16）同書、三〇二頁。

（17）同書、一三八頁。

（18）同書、一三四頁。

（19）外務省文化事業部『世界に伸び行く日本語』一九三九年、三頁。

（20）同書、五―六頁。

（21）同書、七二頁。

（22）同書、七五頁。

（23）同書、六七頁。

（24）同書、六八頁。

（25）土居光知『基礎日本語』六星館、一九三三年、二―三頁。

(26) 石黒修「基本語彙の調査」、国語教育学会編『標準語と国語教育』岩波書店、一九四〇年、二五五―二五六頁。
(27) 山口喜一郎「海外に於ける日本語教育」、国語教育学会編『標準語と国語教育』三九一頁。
(28) 保科孝一『大東亜共栄圏と国語政策』四五四頁。
(29) 平井昌夫『国語国字問題の歴史』三二二頁。
(30) 「国語対策協議会議事録」、「満洲国」教育史研究会監修『「満洲・満洲国」教育資料集成10・教育内容・方法II』二七三頁。
(31) 同書、四七〇頁。
(32) 同書、三〇三頁。
(33) 同書、二八二頁。
(34) 同書、四二八―四二九頁。
(35) 同書、四六五頁。
(36) 同書、四八九頁。
(37) 同書、三七一頁以下。
(38) 橋本進吉「仮名遣の本質」、日本国語会編『国語の尊厳』七八頁。
(39) 同書、九四頁。
(40) 同書、九九頁。
(41) 保科孝一『大東亜共栄圏と国語政策』四一〇頁。
(42) 同書、四一一頁。

(43)「満洲国」教育史研究会監修『「満洲・満洲国」教育資料集成10・教育内容・方法Ⅱ』三五八—三五九頁。

(44) 同書、五一八—五一九頁。

(45)『第二回国語対策協議会議事速記録』第二日、三頁。この速記録の頁番号は、一日ごとにつけられている。また、第二日の一頁から六五頁までは、頁番号が付されていないので、わたしの方でつけた。

(46) 同書、第二日、一二七—一二八頁。

(47) 同書、第二日、二二三—二二四頁。

(48) 同書、第二日、二二六頁。

(49) 同書、第三日、四八—四九頁。

(50) 同書、第三日、五一頁。

(51) 同書、第三日、一五〇—一五二頁。

(52) 同書、第三日、一八一—一八三頁。

(53) 同書、第三日、一九六—二〇三頁から、「希望決議」の朗読部分を整理した。

(54) 文部省教科書局国語課『国語調査沿革資料』一九五頁。

(55) 保科孝一『大東亜共栄圏と国語政策』三四七頁。

(56) 同書、二一〇頁。

(57) 同書、四二七—四三五頁。

(58) 同書、三八—一〇〇頁。

(59)『文学』一九四〇年四月、三頁。
(60) 同上、四頁。
(61) 同上、五頁。
(62) 同上、六―一〇頁。ちなみに、この『文学』特集号では、保科も「日本語の統制を強化せよ」という一文をのせ、山田とことごとく正反対の主張をくりひろげている。つまり、保科と山田という不倶戴天の敵どうしがおなじ特集号で対決しているのである。
(63) 志田延義『大東亜言語建設の基本』畝傍書房、一九四三年、八頁。
(64) 同書、一一頁。
(65) 同書、二二頁。
(66) 同書、三一頁。
(67) 同書、六〇頁。
(68) 同書、一四七頁。引用文からもわかるように、保科と志田の文体はきわめて対照的である。保科の文体が平明なことばづかいで語りかけるようにすすむのにたいして、志田はいりくんだ構文に漢語を多くまじえ、高揚した調子でたたみかける。『大東亜共栄圏と国語政策』のなかで保科は、現代の口語文がいまだに文語の要素に支配されていることの悪例として、つぎのような新聞報道をあげている。「発表された緒戦以来の海軍戦果は、われ等国民をして新しい感激に浸らしめ、世界の耳目を驚倒させずには置かなかつた」(四二〇―四二一頁)。保科から見れば、耳で聞いてもすぐには理解できないこのような文章は悪文のきわみだということになる。ところが志田の文章は、これ以上に難解である。「肇国の精神、皇祖皇宗の御遺業の実現こそ、宇宙根源的生命の歴史的開顕であつて、皇国日本の歴史的建設が、世界の人類の求めるところを与へ生かし、万邦の共栄、人類の福祉を全うし増進する所以である。即ち、人類にとつての根源的なるものは、歴史的に把へられ、建設せられる外に道はない。従つて皇国の道に則る特殊的国民的立場が、唯一の歴史的人類的立場となる」（『大東亜言語建設の基本』五頁）。何をいっているのかほとんど理解できない点で、志田の文章はほとんど呪文かうわごとと異なるところがない。この文体のちがいは、そのまま保科と志田の思想の場所のちがいをあらわしている。保科の思想があやういところで戦後に生きのびられたのは、あるいはこの文体のおかげかもしれない。

(69)　『第二回国語対策協議会』第二日、一八頁。

(70)　同書、第二日、六七頁。

(71)　同書、第二日、四一―四二頁。

(72)　保科孝一『国語問題五十年』二七一―二七二頁。

(73)　一九四二年（昭和一七）に朝日新聞社が刊行した『国語文化講座』の第六巻は「国語進出篇」と題され、「今日の国語進出問題は時局と共に在る」（藤村作「国語の進出と国語教育」、『国語進出篇』二頁）という立場から、植民地、満洲国、占領地での日本語教育が論じられているが、欧米諸国での日本語教育、さらに外国人留学生や日系移民二世に対する日本語教育までもが視野におさめられていた。また、いまのことばでいえば、帰国子女のことばの問題にも関心が寄せられていた。「時局的」な部分をのぞくと、まるで今日の日本語の状況を思いおこさせるものがある。

(74)　一九八八年に国立国語研究所は、当時研究所所長であった野元菊雄のもとで、外国人の日本語学習者のために文法・語彙ともおおはばに簡略化した「簡約日本語」づくりに着手した。この「簡約日本語」は、語尾は「です」「ます」体に統一する、動詞の活用は連用形に限る、基本語彙は一〇〇〇語とする、などの特徴をもち、現在の日本語の慣用にあわない表現も許容するものだったため、社会に賛否両論をひきおこした。

(75) 保科孝一『大東亜共栄圏と国語政策』四三二頁。

結び

(1) 『北一輝著作集』第二巻、みすず書房、一九五九年、二五一頁。

(2) 同書、二五二頁。

(3) 同書、二五三頁。

(4) 同箇所。

(5) 同箇所。岡本幸治は、『北一輝――転換期の思想構造』(ミネルヴァ書房、一九九六年)の第六章「北一輝とエスペラント」で、北の言語論を北の思想の全体像のなかに位置づけようとしており、その点では貴重な考察であるが、北の「エスペラント採用論」だけに注目して、北の日本語にたいする絶望に充分な考慮をはらっていないように思われる。北の言語論は、明治以来の「国語」の思想の展開というコンテクストのなかに位置づけることで、はじめてその意味が明らかになるのである。

あとがき

本書のいくつかの章は、すでに発表した次のような論文がもとになっている。

序章　「森有礼と馬場辰猪の日本語論――「国語」以前の日本語」『思想』岩波書店、一九九〇年九月号。
第八・九章　「国語学と言語学」『現代思想』青土社、一九九四年八月号。
第一一・一三・一四章　「保科孝一と言語政策」『文学』岩波書店、一九八九年五月号。
第一二章　「「同化」とはなにか」『現代思想』青土社、一九九六年六月号。

いずれも、本にまとめるにさいして、あらためて加筆修正をほどこした。
上田万年という名は、「国語」が論じられるときにかならず言及されるようになった。しかし、それに劣らず重要な地位を占めるべきは、日本語のなかに「国家語」という用語とその概念を導入しようとした保科孝一であった。
わたしの指導教授であった田中克彦先生から、つぎのような話をうかがったことがある。

昨年亡くなられた亀井孝先生は、日本語学とは区別されるほんとうの意味での「国語学」、すなわち「国語」という名を冠して語られるさまざまな現象についての学問の建設の必要を説いておられ、そうした点から「誰か保科さんの仕事を顕彰してくれるひとがいればいいね」とおっしゃっておられたということである。

私は保科孝一を顕彰することになったかどうかはわからないが、保科をよく理解してあげられたと思っている。それだけに、お元気な頃の亀井先生にこの本をお見せすることができないのは残念である。

一九九六年一一月

イ・ヨンスク

岩波現代文庫版あとがき

『「国語」という思想』が最初に出版されてからかなりの時間が経過した。初版は一九九六年末だから、およそ十五年の月日が流れたわけである。二〇〇六年には韓国語版(ソミョン出版)が刊行されたし、アメリカのスミス大学のマキ・ヒラノ・ハバード先生の助力を得て、二〇一〇年には英語版がハワイ大学出版局から出版された。これらの翻訳が刊行されるたびに、そのつど新しい読者に出会うことができて、とてもうれしい思いをした。このたび岩波現代文庫の一冊に加えられることになり、おそらくこれまでとは異なる読者の方々と出会うことができると期待している。『「国語」という思想』は、著者であるわたしの手から離れて、予想もしなかった旅に出かけたのだと思う。

正直にいって、『「国語」という思想』がこれほど多くの読者に恵まれるとは、まったく考えていなかった。本のもとになったのは、一橋大学大学院社会学研究科に提出した博士論文であるが、それをもとにした論文をいくつかの雑誌に発表したところ、岩波書店編集部の天野泰明さんから、本にしませんかと声がかけられた。わたしはびっくりすると同時に、とてもうれしく思った。そのことを昨日のように覚えている。わたしは自分が精一杯の力をこめて書いた論文がまとまった本になるだけで十分であり、それ以上のことは望んでいなかった。その本が思いのほか反響を得たので、びっくりしたのは、著者のわたし自身である。

英語版に寄せられた書評のなかに、こういう指摘があった。この本は同時代の安田敏朗、長志珠絵、小森陽一諸氏の著作とともに、一九九〇年代の日本での「国民国家論」の文脈に位置づけられる。これら「国民国家論」には、特有の「目的論的ナラティヴ」があり、そこから来る弱点と限界がこの本にも存在する、と。

たしかに後からふりかえればそうかもしれない。しかし、わたしは『「国語」という思想』を書いていたときに、「国民国家論」のような議論の枠組みはまったく想定していなかった。無我夢中で論文にとりくむだけで精一杯であり、社会の思想状況や学界の動向などに目を配る余裕はなかった。なんらかの枠組みが事前にあったわけではなく、むしろ五里霧中のなかを手さぐりで歩いていった、というほうが自分自身の感覚にはぴったりくる。

それでは、『「国語」という思想』にたどりつくための出発点は何だったのだろうか。なによりもまず、大学院時代に保科孝一の著作に出会ったことである。たしかはじめに読んだのは『国家語の問題について』ではなかったかと思う。当時、社会言語学を勉強していたわたしは、保科がハプスブルク帝国の言語政策を詳細にあとづけたうえで、その成果を植民地や「満洲国」に適用しようとしていた事実を発見して、大きな興味を覚えた。そして、当然のように、保科の先生であった上田万年の著作にも関心を広げていった。しかし、いろいろと調べていくうちに奇妙な光景に出会った。それは、国語学者山田孝雄やその流れを汲むひとびとから、上田万年と保科孝一が「恐るべき思想」をもつ「国語道における革命的分子」とされて、はげしく批判されたことである。あの「国語と国家と」で熱烈な言語ナショナリズムを唱えた上田万年が、なぜ伝統転覆をはかる「革命的分子」とされたのか。植民地での同化的言語政策に熱心だった保科が、なぜ「恐るべき思想」の持ち主とされたのか。じつは、『「国語」という思想』はこの問いを解くために書いたといってもよいくらいである。本の根っこにあるのは、この小さな疑問だった。

そしてもうひとつ。「国語」が近代の産物であるという認識は、べつにわたしがはじめて発見したものではない。そのような指摘は、これまで多くの研究者によってなされてきた。しかしわたしは、さらにつっこんで、「国語」の概念が生まれてくるプロセスは具体的にどういうものだったのかを正確に把握したいという思いがあった。本の題名が「国語というイデオロギー」でないのは、そういう理由である。むしろわたしは、本の副題にあるように、「近代日本の言語認識」の大きな流れをつかみたかった。だから、ひとりひとりの国語学者や言語学者を詳細に論じることよりは、近代日本の言語認識のいくつかの重要なパターンを抜き出すことを心がけた。

『「国語」という思想』を書いたときのわたしといまのわたしはすでに違っている。十五年という歳月が流れると、いくら自分が書いた本であっても、もうすこし客観的に眺めることができる。『「国語」という思想』のポイントのひとつとして、次のことが挙げられる。それは、近代日本の言語ナショナリズムには保科孝一型と山田孝雄型の二つのタイプがあるということである。保科は国語改革派に属し、戦後の国語改革の先駆者であると同時に、植民地での異民族に対する言語的同化政策を推し進めようとした。それに対して、山田はいっさいの改革に反対しただけでなく、そもそも言語によって異民族同化という発想をもたなかったように見える。それは山田が寛容だったからではなく、「国語」を日本人だけが享受することのできる至高の価値としてとどめておきたかったからである。

だからわたしは保科孝一に焦点をあてることで、日本の「戦前」と「戦後」の連続性が描けるのではないかと思った。このことは明示的に論じていないからわかりにくいかもしれないが、そのモチーフがわたしの意識のなかに常にあった。それに対して、明治以前と明治のあいだには断絶線を引いている。つまり、この本を支える歴史認識は、明治以前／明治を「断絶」として、戦前／戦後を「連続」としてとらえていることになる。もちろん、これは現実の時間の問題ではなく視点の問題なので、別の視点をとることも十分に可能であると思う。事実、いまからすると、明治以前と明治を「断絶」として描きすぎたかなという反省がないわけではない。だから、『「国語」という思想』を引き継ぐとすれば、むしろ前近代から近代への連続性を見ていくような研究になるだろう。

もうひとつ反省があるとすれば、わたしは、保科の考え方が現在にまで引き継がれているる一方で、山田孝雄の「国語の思想」はもはや復活しないだろうと述べた。これはなかば期待をこめて書いたのだが、やはり十五年たつと、この判断は早まっていたという気がする。当時は「日本語の国際化」がやかましく論じられていたが、いまではそんなことはだれも口にしなくなった。そうなると、山田孝雄的な「国語の思想」が、「日本人のアイデンティティ」というテーマと結びついて復活するかもしれない。いやそのきざしはすでにあるようにも思える。

しかし、こう書いてしまうと、どうしてもわたしが山田孝雄よりは保科孝一に肩入れしているように見えてしまう。たしかに、保科孝一を主人公にすえているのだから、そういう面がないわけではない。しかしそのことは自分でも気が付いていた。だからわたしは「結び」で、保科と山田は「国語の思想」のなかで相互補完的なものだと書きたくなったのである。この「結び」は蛇足ではないかという意見を述べたひとがいたし、書評のなかでもそういう指摘があった。しかしわたしはそれを書かずにいられなかった。そして、その相互補完的な対立の外部にあることばを「非日本的日本語」として名指したのである。

この「非日本的日本語」とは何ですか、という質問もたびたび受けた。わたしは日本に住む移民たちの使う日本語のことを考えていた。これだけはこの十五年のうちに、さらにはっきりしてきた問題であろう。わたしは、日本で育つ外国籍のこどもたちが日本語と自分たちのことばを用いて生き生きと育ってくれることを願っている。これらのこどもたちの可能性をはばむなら、「国語という思想」にはさっさと退場してもらったほうがよい。そして、上の質問をしてくれたひとには、「この本も非日本的日本語で書かれているのですよ」と小声で答えたくなったものである。

『「国語」という思想』はわたしにも多くの宿題を負わせた。というのは、ここで論じきれなかった問題に目を向けざるをえなかったからである。そのなかのひとつが柳田国男の国語論である。また、同化をめぐる問題として、山路愛山の著作のなかに「狭義の日本人／広義の日本人」という区別があるのを発見したので、それについて論じたものもある。これらはいずれも『「ことば」という幻影』(明石書店、二〇〇九年)に収めてあるので、読んでいただければさいわいである。

とはいえ、細かな事実を網羅的に積み上げていくような研究は、わたしには向いていない。だから、『「国語」という思想』の枠組みをそのままにして、別の事実をつぎつぎと取りあげていくようなことはしたくなかった。そのやり方が間違っているからではなく、自分にとって発見の喜びが少ないからである。それに、いまのわたしは、『「国語」という思想』を書いたときほど、言語という視点に固執する気持ちをもたなくなっていて、もうすこし幅広い文化研究の領域に乗り出していきたいとさえ思っている。

だから、『「国語」という思想』は、わたしにとっても二度と書けない著作ではないかと思う。だからこういってもいいかもしれない。「この本をバトンとして別の誰かに手渡します。これを受け取ったひとは、自由に使ってかまいません。あなたのやりかたで自分の道を精一杯走りつづけてください」と。この現代文庫がそのバトンになってくれればと願わずにはいられない。

二〇一二年一月

イ・ヨンスク

本書は一九九六年一二月、岩波書店より刊行された。

参考文献

B・アンダーソン『想像の共同体』白石隆・白石さや訳，リブロポート，1987年

『安藤正次著作集6・言語政策論考』雄山閣，1975年

M・イヴィッチ『言語学の流れ』早田輝洋・井上史雄訳，みすず書房，1974年

石黒魯平『標準語の問題』三省堂，1944年

伊藤幹治『家族国家観の人類学』ミネルヴァ書房，1982年

伊藤定良『異郷と故郷』東京大学出版会，1987年

岩堀行宏『英和・和英辞典の誕生』図書出版社，1995年

上田万年『国文学』雙々館，1890年

――『国語のため』冨山房，初版1895年，訂正再版1897年

――『国語のため第二』冨山房，1903年

――『国語学の十講』通俗大学会，京華堂，1916年

――『言語学』新村出筆録，柴田武校訂，教育出版，1975年

――『国語学史』新村出筆録，古田東朔校訂，教育出版，1981年

梅根悟『近代国家と民衆教育――プロイセン民衆教育政策史』誠文堂新光社，1967年

――監修『世界教育史大系5・朝鮮教育史』講談社，1975年

――監修『世界教育史大系12・ドイツ教育史Ⅱ』講談社，1977年

大野晋『日本語と世界』講談社，1989年

大久保忠利『一億人の国語国字問題』三省堂，1978年

岡本幸治『北一輝――転換期の思想構造』ミネルヴァ書房，1996年

小熊英二『単一民族神話の起源』新曜社，1995年

W・J・オング『声の文化と文字の文化』桜井直文・林正寛・糟谷啓介訳，藤原書店，1991年

海後宗臣編『日本教科書大系・近代編』第7巻「国語(四)」講談社，1963年

――編『井上毅の教育政策』東京大学出版会，1968年

外務省文化事業部『世界に伸び行く日本語』1939年
風間喜代三『言語学の誕生』岩波書店, 1978年
梶井陟『朝鮮語を考える』龍渓書舎, 1980年
神尾弌春『まぼろしの満洲国』日中出版, 1983年
神島二郎『近代日本の精神構造』岩波書店, 1961年
『亀井孝論文集1・日本語学のために』, 吉川弘文館, 1971年
加茂正一『ドイツの国語醇化』日独文化協会, 1944年
川村湊『海を渡った日本語』青土社, 1994年
『北一輝著作集』第2巻, みすず書房, 1959年
木村宗男編『講座日本語と日本語教育15・日本語教育の歴史』明治書院, 1991年
京極興一「「国語」「邦語」「日本語」について」『国語学』第146集, 1986年9月
金田一春彦『日本語セミナー5・日本語のあゆみ』筑摩書房, 1983年
釘本久春『戦争と日本語』龍文書局, 1944年
F・クルマス『言語と国家 ── 言語計画ならびに言語政策の研究』山下公子訳, 岩波書店, 1987年
E・ケルヴェル, H・ルートヴィヒ『洗練されたドイツ語 ── その育成の歩み』乙政潤訳, 白水社, 1977年
E・F・ケルナー『ソシュールの言語論』山中桂一訳, 大修館書店, 1982年
国語教育学会編『標準語と国語教育』岩波書店, 1940年
『国語文化講座第1巻・国語問題篇』朝日新聞社, 1941年
『国語文化講座第2巻・国語概論篇』朝日新聞社, 1941年
『国語文化講座第3巻・国語教育篇』朝日新聞社, 1941年
『国語文化講座第6巻・国語進出篇』朝日新聞社, 1942年
E・コセリウ「言語体系・言語慣用・言」『コセリウ言語学選集2』原誠・上田博人訳, 三修社, 1981年
駒込武『植民地帝国日本の文化統合』岩波書店, 1996年
H・コーン『ハプスブルク帝国史入門』稲野強ほか訳, 恒文社, 1982年
蔡茂豊『台湾における日本語教育の史的研究 ── 一八九五年〜一九四

五年』東呉大学日本文化研究所，1989年
佐久間鼎『日本語のために』厚生閣，1942年
佐々木力『科学革命の歴史構造』全2巻，岩波書店，1985年
真田信治『標準語の成立事情』PHP研究所，1987年
石剛『植民地支配と日本語』三元社，1993年
塩田紀和『日本の言語政策の研究』くろしお出版，1973年
志賀直哉「国語問題」『志賀直哉全集』第7巻，岩波書店，1974年，所収
志田延義『大東亜言語建設の基本』畝傍書房，1943年
柴田昌吉・子安峻『附音挿図英和字彙』日就社，1873年
―― 『増補訂正英和字彙第二版』日就社，1882年
柴田武「標準語，共通語，方言」『「ことば」シリーズ6・標準語と方言』文化庁，1977年，所収
M・B・ジャンセン編『日本における近代化の問題』細谷千博編訳，岩波書店，1968年
神保格『標準語研究』日本放送出版協会，1941年
新村出「言語学概論」『岩波講座日本文学』第20回，岩波書店，1933年，所収
―― 『国語の規準』敞文館，1943年
杉本つとむ『近代日本語』紀伊国屋書店，1981年
鈴木静夫・横山真佳編著『神聖国家日本とアジア』勁草書房，1984年
鈴木孝夫「日本語国際化への障害」，日本未来学会編『日本語は国際語になるか』TBSブリタニカ，1989年，所収
鈴木康之『国語国字問題の理論』むぎ書房，1977年
F・ド・ソシュール『一般言語学講義』小林英夫訳，岩波書店，1972年
高崎宗司「「大東亜共栄圏」における日本語」『岩波講座日本通史19・近代4』岩波書店，1995年，所収
高森邦明『近代国語教育史』鳩の森書房，1979年
武部良明「国語国字問題の由来」『岩波講座日本語3・国語国字問題』岩波書店，1977年，所収

田中克彦『言語の思想』日本放送出版協会，1975年
——『言語からみた民族と国家』岩波書店，1978年
——『ことばと国家』岩波書店，1981年
——『国家語をこえて』筑摩書房，1989年
——『言語学とは何か』岩波書店，1993年
B・H・チェンバレン『日本小文典』文部省編輯局，1887年
A・J・P・テイラー『ハプスブルク帝国1809〜1918』倉田稔訳，筑摩書房，1987年
土居光知『基礎日本語』六星館，1933年
時枝誠記『国語学史』岩波書店，1940年，改版1966年
——『国語学原論』岩波書店，1941年
——『国語学原論続篇』岩波書店，1955年
——『現代の国語学』有精堂，1956年
——『国語問題と国語教育』増訂版，中教出版，1961年
——『国語問題のために——国語問題白書』東京大学出版会，1962年
——『言語本質論』岩波書店，1973年
——『言語生活論』岩波書店，1976年
豊田国夫『民族と言語の問題——言語政策の課題とその考察』錦正社，1964年
中内敏夫『日本教育のナショナリズム』第三文明社，1985年
——『軍国美談と教科書』岩波書店，1988年
——編『ナショナリズムと教育』国土社，1969年
西尾実・久松潜一監修『国語国字教育史料総覧』国語教育研究会，1969年
日本国語会編『国語の尊厳』国民評論社，1943年
『日本語の歴史6・新しい国語への歩み』平凡社，1965年
『日本語の歴史7・世界のなかの日本語』平凡社，1965年
F・ニューマイヤー『抗争する言語学』馬場彰・仁科弘之訳，岩波書店，1994年
根来司『時枝誠記研究——言語過程説』明治書院，1985年
——『時枝誠記研究——国語教育』明治書院，1988年

野口武彦『三人称の発見まで』筑摩書房，1994 年
野村雅明『漢字の未来』筑摩書房，1988 年
H・パウル『言語史原理』福本喜之助訳，講談社，1976 年
萩原延壽『馬場辰猪』中央公論社，1967 年
橋川文三『ナショナリズム』紀伊国屋書店，1978 年
波多野完治ほか監修『新・日本語講座 9・現代日本語の建設に苦労した人々』汐文社，1975 年
服部四郎『音韻論と正書法』研究社，1951 年，新版，大修館書店，1979 年
——『一言語学者の随想』汲古書院，1992 年
『馬場辰猪全集』全 4 巻，岩波書店，1987-88 年
平井昌夫『国語国字問題の歴史』昭森社，1948 年
『福沢諭吉選集』第 1・2・12 巻，岩波書店，1980,81 年
Ch・C・フリーズ『近代言語学の発達』興津達朗訳，研究社出版，1968 年
『文学』(特輯・東亜に於ける日本語)，岩波書店，1940 年 4 月号
H・ペデルセン『言語学史』伊東只正訳，こびあん書房，1974 年
外間守善『沖縄の言語史』法政大学出版局，1971 年
——『日本語の世界 9・沖縄の言葉』中央公論社，1981 年
保科孝一抄訳『言語発達論』冨山房，1899 年
保科孝一『国語学小史』大日本図書，1899 年
——『言語学大意』国語伝習所，1900 年
——『国語教授法指針』宝永館書店，1901 年
——『言語学』早稲田大学出版部，1902 年
——『改定仮名遣要義』弘道館，1907 年
——『国語学史』早稲田大学出版局，1907 年
——『国語学精義』同文館，1910 年
——『日本口語法』同文館，1911 年
——『国語教育及教授の新潮』弘道館，1914 年
——『国語国字国文改良諸説梗概』教育調査会，1914 年
——『最近国語教授上の諸問題』教育新潮研究会，1915 年
——『国語教授法精義』育英書院，1916 年

——『実用口語法』育英書院，1917 年
——『大正日本文法』育英書院，1918 年
——『独逸属領時代の波蘭に於ける国語政策』朝鮮総督府，1921 年
——『訓練講座国語』社会教育会，1927 年
——『国語教育を語る』育英書院，1932 年
—『国家語の問題について』東京文理科大学文科紀要第六巻，1933 年
——『国語政策論』(国語科学講座 12)，明治書院，1933 年
——『新教授法と我が国語教育』(国語国文学講座第 1 巻)，雄山閣，1933 年
——『新体国語学史』賢文館，1934 年
——『国語と日本精神』実業之日本社，1936 年
——『国語政策』刀江書院，1936 年
——『教師のための文語法』育英書院，1939 年
——『大東亜共栄圏と国語政策』統正社，1942 年
——『和字正濫抄と仮名遣問題』日本放送出版協会，1942 年
——『国語問題五十年』三養書房，1949 年
——『国語便覧 —— 当用漢字・現代かなづかい解説』教育図書研究会，1949 年
——『ある国語学者の回想』朝日新聞社，1952 年
保科孝一・安藤正次『外来語問題に関する独逸に於ける国語運動』文部省，1918 年
P・v・ポーレンツ『ドイツ語史』岩崎英二郎・塩谷饒・金子亨・吉島茂訳，白水社，1974 年
増淵恒吉編『国語教育史資料第五巻・教育課程史』東京法令出版，1981 年
松坂忠則『国語国字論争 —— 復古主義への反論』新興出版社，1962 年
松本三之介編『近代日本思想大系 30・明治思想集Ｉ』筑摩書房，1976 年
丸谷才一編『日本語の世界 16・国語改革を批判する』中央公論社，

1983年
「満洲国」教育史研究会監修『「満洲・満洲国」教育資料集成10・教育内容・方法Ⅱ』エムティ出版，1993年
宮田節子『朝鮮民衆と「皇民化」政策』未来社，1985年
『明治文学全集44・落合直文・上田万年・芳賀矢一・藤岡作太郎集』筑摩書房，1968年
明治文化研究会編『明治文化全集』第1巻(憲政篇)，日本評論社，第2版1955年
明治文化研究会編『明治文化全集』第24巻(文明開化篇)，日本評論社，第2版1967年
『森有礼全集』全3巻，宣文堂書店，1972年
森岡健二編著『近代語の成立――明治期語彙編』明治書院，1969年
文部省教科書局国語課編『国語調査沿革資料』1949年
文部省内教育史編纂会編修『明治以降教育制度発達史』第10巻，龍吟社，1939年
『矢内原忠雄全集』第1・4巻，岩波書店，1963年
柳田国男『国語の将来』『定本柳田國男集』第19巻，筑摩書房，1963年，所収
――『標準語と方言』『定本柳田國男集』第18巻，筑摩書房，1963年，所収
山田孝雄『国語政策の根本問題』宝文館，1932年
――『国語学史要』岩波書店，1935年
――『国語尊重の根本義』白水社，1938年
――『国語学史』宝文館，1943年
――『国語の本質』白水社，1943年
山室信一『キメラ――満洲国の肖像』中公新書，1993年
山本正秀『近代文体発生の史的研究』岩波書店，1965年
――『言文一致の歴史論考続篇』桜楓社，1981年
――編著『近代文体形成史料集成・発生篇』桜楓社，1978年
――編著『近代文体形成史料集成・成立篇』桜楓社，1979年
山本有造編『「満洲国」の研究』緑蔭書房，1995年
吉田澄夫・井之口有一編『国字問題論集』冨山房，1950年

—— 編『明治以降国語問題論集』風間書房，1964 年
—— 編『明治以降国語問題諸案集成』全 2 巻，風間書房，1972-73 年
R・H・ロウビンズ『言語学史』中村完・後藤斉訳，研究社出版，1992 年
渡部学・阿部洋編『日本植民地教育政策史料集成(朝鮮篇)』第 16・17・63・69 巻，龍渓書舎，復刻版 1987，91 年

Amsterdamska, Olga, *Schools of Thought. The Development of Linguistics from Bopp to Saussure*, D. Reidel, Dordrecht, 1987.
Glück, Helmut, *Die preussische-polnische Sprachenpolitik*, Buske, Hamburg, 1979.
Joseph, John Earl, *Eloquence and Power. The Rise of Language Standards and Standard Languages*, Frances Pinter, London, 1987.
Koerner, Konrad, *Practicing Linguistic Historiography*, John Benjamin, Amsterdam, 1989.
Kirkness, Alan, *Zur Sprachreinigung im Deutschen 1789–1871. Eine historische Dokumentation*,Teil 1, TBL Verlag Gunter Narr, Tübingen, 1975.
Scaglione, Aldo ed., *The Emergence of National Languages*, Longo, Ravenna, 1984.
Seton-Watson, Hugh, *Language and National Consciousness*, The British Academy, London, 1981.
Silverstein, Michael ed., *Whitney on Language. Selected Writings of William Dwight Whitney*, MIT Press, Cambridge, 1971.
Thomas, George, *Linguistic Purism*, Longman, London, 1991.
Townson, Michael, *Mother-tongue and Fatherland. Language and Politics in German*, Manchester U. P., Manchester, 1992.
Whitney, William Dwight, *The Life and Growth of Language*, Dover, New York, 1979.

「国語」という思想――近代日本の言語認識

2012年2月16日　第1刷発行
2023年6月26日　第2刷発行

著　者　イ・ヨンスク

発行者　坂本政謙

発行所　株式会社　岩波書店
〒101-8002 東京都千代田区一ツ橋2-5-5

案内 03-5210-4000　営業部 03-5210-4111
https://www.iwanami.co.jp/

印刷・精興社　製本・中永製本

© Lee Yeounsuk 2012
ISBN 978-4-00-600263-3　Printed in Japan

岩波現代文庫創刊二〇年に際して

　二一世紀が始まってからすでに二〇年が経とうとしています。この間のグローバル化の急激な進行は世界のあり方を大きく変えました。世界規模で経済や情報の結びつきが強まるとともに、国境を越えた人の移動は日常の光景となり、今やどこに住んでいても、私たちの暮らしは世界中の様々な出来事と無関係ではいられません。しかし、グローバル化の中で否応なくもたらされる「他者」との出会いや交流は、新たな文化や価値観だけではなく、摩擦や衝突、そしてしばしば憎悪までをも生み出しています。グローバル化にともなう副作用は、その恩恵を遥かにこえていると言わざるを得ません。

　今私たちに求められているのは、国内、国外にかかわらず、異なる歴史や経験、文化を持つ「他者」と向き合い、よりよい関係を結び直してゆくための想像力、構想力ではないでしょうか。

　新世紀の到来を目前にした二〇〇〇年一月に創刊された岩波現代文庫は、この二〇年を通して、哲学や歴史、経済、自然科学から、小説やエッセイ、ルポルタージュにいたるまで幅広いジャンルの書目を刊行してきました。一〇〇〇点を超える書目には、人類が直面してきた様々な課題と、試行錯誤の営みが刻まれています。読書を通した過去の「他者」との出会いから得られる知識や経験は、私たちがよりよい社会を作り上げてゆくために大きな示唆を与えてくれるはずです。

　一冊の本が世界を変える大きな力を持つことを信じ、岩波現代文庫はこれからもさらなるラインナップの充実をめざしてゆきます。

（二〇二〇年一月）

G409
普遍の再生
―リベラリズムの現代世界論―
井上達夫

平和・人権などの普遍的原理は、米国の自国中心主義や欧州の排他的ナショナリズムにより、いまや危機に瀕している。ラディカルなリベラリズムの立場から普遍再生の道を説く。

G410
人権としての教育
堀尾輝久

『人権としての教育』（一九九一年）に「『国民の教育権と教育の自由』論再考」と「憲法と新・旧教育基本法」を追補。その理論の新しさを提示する。〈解説〉世取山洋介

G411
増補版 民衆の教育経験
―戦前・戦中の子どもたち―
大門正克

子どもが教育を受容してゆく過程を、国民国家による統合と、民衆による捉え返しとの間の反復関係（教育経験）として捉え直す。〈解説〉安田常雄・沢山美果子

G412
「鎖国」を見直す
荒野泰典

江戸時代の日本は「鎖国」ではなく「四つの口」で世界につながり、開かれていた――「海禁・華夷秩序」論のエッセンスをまとめる。

G413
哲学の起源
柄谷行人

アテネの直接民主制は、古代イオニアのイソノミア（無支配）再建の企てであった。社会構成体の歴史を刷新する野心的試み。

G414
『キング』の時代
―国民大衆雑誌の公共性―
佐藤卓己

伝説的雑誌『キング』――この国民大衆誌を分析し、「雑誌王」と「講談社文化」が果たした役割を解き明かした雄編がついに文庫化。〈解説〉與那覇 潤

G415
近代家族の成立と終焉 新版
上野千鶴子

ファミリィ・アイデンティティの視点から家族の現実を浮き彫りにし、家族が家族であるための条件を追究した名著、待望の文庫化。「戦後批評の正嫡 江藤淳」他を新たに収録。

G416
兵士たちの戦後史
―戦後日本社会を支えた人びと―
吉田 裕

戦友会に集う者、黙して往時を語らない者……戦後日本の政治文化を支えた人びとの意識のありようを「兵士たちの戦後」の中にさぐる。〈解説〉大串潤児

G417
貨幣システムの世界史
黒田明伸

貨幣の価値は一定であるという我々の常識に反する、貨幣の価値が多元的であるという事例は、歴史上、事欠かない。謎に満ちた貨幣現象を根本から問い直す。

G418
公正としての正義 再説
ジョン・ロールズ
エリン・ケリー編
田中成明
亀本 洋
平井亮輔 訳

『正義論』で有名な著者が自らの理論的到達点を、批判にも応えつつ簡潔に示した好著。文庫版には「訳者解説」を付す。

G419
新編 つぶやきの政治思想
李 静和
秘められた悲しみにまなざしを向け、声にならないつぶやきに耳を澄ます。記憶と忘却、証言と沈黙、ともに生きることをめぐるエッセイ集。鵜飼哲・金石範・崎山多美の応答も。

G420-421
ロールズ 政治哲学史講義(Ⅰ・Ⅱ)
ジョン・ロールズ
サミュエル・フリーマン編
齋藤純一ほか訳
ロールズがハーバードで行ってきた「近代政治哲学」講座の講義録。リベラリズムの伝統をつくった八人の理論家について論じる。

G422
企業中心社会を超えて
―現代日本を〈ジェンダー〉で読む―
大沢真理
長時間労働、過労死、福祉の貧困……。大企業中心の社会が作り出す歪みと痛みをジェンダーの視点から捉え直した先駆的著作。

G423
増補「戦争経験」の戦後史
―語られた体験／証言／記憶―
成田龍一
社会状況に応じて変容してゆく戦争についての語り。その変遷を通して、戦後日本社会の特質を浮き彫りにする。〈解説〉平野啓一郎

G424
定本 酒呑童子の誕生
―もうひとつの日本文化―
髙橋昌明
酒呑童子は都に疫病をはやらすケガレた疫鬼だった――緻密な考証と大胆な推論によって物語の成り立ちを解き明かす。〈解説〉永井路子

2023. 6

岩波現代文庫[学術]

G425
岡本太郎の見た日本
赤坂憲雄

東北、沖縄、そして韓国へ。旅する太郎が見出した日本とは。その道行きを鮮やかに読み解き、思想家としての本質に迫る。

G426
政治と複数性
―民主的な公共性にむけて―
齋藤純一

「余計者」を見棄てようとする脱‐実在化の暴力に抗し、一人ひとりの現われを保障する。開かれた社会統合の可能性を探究する書。

G427
増補 エル・チチョンの怒り
―メキシコ近代とインディオの村―
清水透

メキシコ南端のインディオの村に生きる人びとにとって、国家とは、近代とは何だったのか。近現代メキシコの激動をマヤの末裔たちの視点に寄り添いながら描き出す。

G428
哲おじさんと学くん
―世の中では隠されているいちばん大切なことについて―
永井均

自分は今、なぜこの世に存在しているのか？友だちや先生にわかってもらえない学くんの疑問に哲おじさんが答え、哲学的議論へと発展していく、対話形式の哲学入門。

G429
マインド・タイム
―脳と意識の時間―
ベンジャミン・リベット
下條信輔
安納令奈 訳

実験に裏づけられた驚愕の発見を提示し、脳と心や意識をめぐる深い洞察を展開する。脳神経科学の歴史に残る研究をまとめた一冊。
〈解説〉下條信輔

岩波現代文庫［学術］

G430
被差別部落認識の歴史
―異化と同化の間―
黒川みどり

差別する側、差別を受ける側の双方は部落差別をどのように認識してきたのか――明治から現代に至る軌跡をたどった初めての通史。

G431
文化としての科学／技術
村上陽一郎

近現代に大きく変貌した科学／技術。その質的な変遷を科学史の泰斗がわかりやすく解説、望ましい科学研究や教育のあり方を提言する。

G432
方法としての史学史
―歴史論集1―
成田龍一

歴史学は「なにを」「いかに」論じてきたのか。史学史的な視点から、歴史学のアイデンティティを確認し、可能性を問い直す。現代文庫オリジナル版。〈解説〉戸邉秀明

G433
〈戦後知〉を歴史化する
―歴史論集2―
成田龍一

〈戦後知〉を体現する文学・思想の読解を通じて、歴史学を専門知の閉域から解き放つ試み。現代文庫オリジナル版。〈解説〉戸邉秀明

G434
危機の時代の歴史学のために
―歴史論集3―
成田龍一

時代の危機に立ち向かいながら、自己変革を続ける歴史学。その社会との関係を改めて問い直す「歴史批評」を集成する。〈解説〉戸邉秀明

2023. 6

岩波現代文庫[学術]

G435
宗教と科学の接点
河合隼雄

「たましい」「死」「意識」など、近代科学から取り残されてきた、人間が生きていくために大切な問題を心理療法の視点から考察する。〈解説〉河合俊雄

G436
増補 軍隊と地域
—郷土部隊と民衆意識のゆくえ—
荒川章二

一八八〇年代から敗戦までの静岡を舞台に、矛盾を孕みつつ地域に根づいていった軍が、民衆生活を破壊するに至る過程を描き出す。

G437
歴史が後ずさりするとき
—熱い戦争とメディア—
ウンベルト・エーコ
リッカルド・アマディ訳

歴史があたかも進歩をやめて後ずさりしはじめたかに見える二十一世紀初めの政治・社会の現実を鋭く批判した稀代の知識人の発言集。

G438
増補 女が学者になるとき
—インドネシア研究奮闘記—
倉沢愛子

インドネシア研究の第一人者として知られる著者の原点とも言える日々を綴った半生記。「補章 女は学者をやめられない」を収録。

G439
完本 中国再考
—領域・民族・文化—
葛兆光
辻康吾監訳
永田小絵訳

「中国」とは一体何か？ 複雑な歴史がもたらした国家アイデンティティの特殊性と基本構造を考察し、現代の国際問題を考えるための視座を提供する。

G440
私が進化生物学者になった理由
長谷川眞理子

ドリトル先生の大好きな少女がいかにして進化生物学者になったのか。通説の誤りに気づき、独自の道を切り拓いた人生の歩みを語る。巻末に参考文献一覧付き。

G441
愛について
―アイデンティティと欲望の政治学―
竹村和子

物語を攪乱し、語りえぬものに声を与える。精緻な理論でフェミニズム批評をリードしつづけた著者の代表作、待望の文庫化。〈解説〉新田啓子

G442
宝塚
―変容を続ける「日本モダニズム」―
川崎賢子

百年の歴史を誇る宝塚歌劇団。その魅力を掘り下げ、宝塚の新世紀を展望する。底本を大幅に増補・改訂した宝塚論の決定版。

G443
新版 ナショナリズムの狭間から
―「慰安婦」問題とフェミニズムの課題―
山下英愛

性差別的な社会構造における女性人権問題として、現代の性暴力被害につづく側面を持つ「慰安婦」問題理解の手がかりとなる一冊。

G444
夢・神話・物語と日本人
―エラノス会議講演録―
河合隼雄
河合俊雄訳

河合隼雄が、日本の夢・神話・物語などをもとに日本人の心性を解き明かした講演の記録。著者の代表作に結実する思想のエッセンスが凝縮した一冊。〈解説〉河合俊雄

2023.6

岩波現代文庫［学術］

G445-446
ねじ曲げられた桜（上・下）
―美意識と軍国主義―
大貫恵美子

桜の意味の変遷と学徒特攻隊員の日記分析を通して、日本国家と国民の間に起きた「相互誤認」を証明する。〈解説〉佐藤卓己

G447
正義への責任
アイリス・マリオン・ヤング
岡野八代
池田直子 訳

自助努力が強要される政治の下で、人びとが正義を求めてつながり合う可能性を問う。ヌスバウムによる序文も収録。〈解説〉土屋和代

G448-449
ヨーロッパ覇権以前（上・下）
―もうひとつの世界システム―
J・L・アブー＝ルゴド
佐藤次高ほか訳

近代成立のはるか前、ユーラシア世界は既に一つのシステムをつくりあげていた。豊かな筆致で描き出されるグローバル・ヒストリー。

G450
政治思想史と理論のあいだ
―「他者」をめぐる対話―
小野紀明

政治思想史と政治的規範理論、融合し相克する二者を「他者」を軸に架橋させ、理論の全体像に迫る、政治哲学の画期的な解説書。

G451
平等と効率の福祉革命
―新しい女性の役割―
G・エスピン＝アンデルセン
大沢真理監訳

キャリアを追求する女性と、性別分業に留まる女性との間で広がる格差。福祉国家論の第一人者による、二極化の転換に向けた提言。

2023. 6

岩波現代文庫［学術］

G452
草の根のファシズム
—日本民衆の戦争体験—
吉見義明

戦争を引き起こしたファシズムは民衆が支えていた——従来の戦争観を大きく転換させた名著、待望の文庫化。〈解説〉加藤陽子

G453
日本仏教の社会倫理
—正法を生きる—
島薗進

日本仏教に本来豊かに備わっていた、サッダルマ(正法)を世に現す生き方の系譜を再発見し、新しい日本仏教史像を提示する。

G454
万民の法
ジョン・ロールズ
中山竜一訳

「公正としての正義」の構想を世界に広げ、平和と正義に満ちた国際社会はいかにして実現可能かを追究したロールズ最晩年の主著。

G455
原子・原子核・原子力
—わたしが講義で伝えたかったこと—
山本義隆

原子・原子核について基礎から学び、原子力への理解を深めるための物理入門。予備校での講演に基づきやさしく解説。

G456
ヴァイマル憲法とヒトラー
—戦後民主主義からファシズムへ—
池田浩士

史上最も「民主的」なヴァイマル憲法下で、ヒトラーが合法的に政権を獲得し得たのはなぜなのか。書き下ろしの「後章」を付す。

2023. 6

岩波現代文庫［学術］

G457
現代《いま》を生きる日本史
須田努
清水克行

縄文時代から現代までを、ユニークな題材と最新研究を踏まえた平明な叙述で鮮やかに描く。大学の教養科目の講義から生まれた斬新な日本通史。

G458
小国
―歴史にみる理念と現実―
百瀬宏

大国中心の権力政治を、小国はどのように生き抜いてきたのか。近代以降の小国の実態と変容を辿った出色の国際関係史。

G459
〈共生〉から考える
―倫理学集中講義―
川本隆史

「共生」という言葉に込められたモチーフを現代社会の様々な問題群から考える。やわらかな語り口の講義形式で、倫理学の教科書としても最適。「精選ブックガイド」を付す。

G460
〈個〉の誕生
―キリスト教教理をつくった人びと―
坂口ふみ

「かけがえのなさ」を指し示す新たな存在論が古代末から中世初期の東地中海世界の激動のうちで形成された次第を、哲学・宗教・歴史を横断して描き出す。〈解説＝山本芳久〉

G461
満蒙開拓団
―国策の虜囚―
加藤聖文

満洲事変を契機とする農業移民は、陸軍主導の強力な国策となり、今なお続く悲劇をもたらした。計画から終局までを辿る初の通史。

G462
排除の現象学
赤坂憲雄

いじめ、ホームレス殺害、宗教集団への批判――八十年代の事件の数々から、異人が見出され生贄とされる、共同体の暴力を読み解く。時を超えて現代社会に切実に響く、傑作評論。

G463
越境する民
近代大阪の朝鮮人史
杉原達

暮しの中で朝鮮人と出会った日本人の外国人認識はどのように形成されたのか。その後の研究に大きな影響を与えた「地域からの世界史」。

G464
越境を生きる
ベネディクト・アンダーソン回想録
ベネディクト・アンダーソン
加藤剛訳

『想像の共同体』の著者が、自身の研究と人生を振り返り、学問的・文化的枠組にとらわれず自由に生き、学ぶことの大切さを説く。

G465
我々はどのような生き物なのか
―言語と政治をめぐる二講演―
ノーム・チョムスキー
福井直樹
辻子美保子編訳

政治活動家チョムスキーの土台に科学者としての人間観があることを初めて明確に示した二〇一四年来日時の講演とインタビュー。

G466
ヴァーチャル日本語 役割語の謎
金水敏

現実には存在しなくても、いかにもそれらしく感じる言葉づかい「役割語」。誰がいつ作ったのか。なぜみんなが知っているのか。何のためにあるのか。〈解説〉田中ゆかり

岩波現代文庫[学術]

G467
コレモ日本語アルカ？
―異人のことばが生まれるとき―
金水 敏

ピジンとして生まれた〈アルヨことば〉は役割語となり、それがまとう中国人イメージを変容させつつ生き延びてきた。〈解説〉内田慶市

G468
東北学／忘れられた東北
赤坂憲雄

驚きと喜びに満ちた野辺歩きから、「いくつもの東北」が姿を現し、日本文化像の転換を迫る。「東北学」という方法のマニフェストともなった著作の、増補決定版。